Peacocke · Gottes Wirken in der Welt

Arthur Peacocke

Gottes Wirken in der Welt

Theologie im Zeitalter der Naturwissenschaften

Matthias-Grünewald-Verlag · Mainz

Titel der Originalausgabe:
Theology for a Scientific Age
First published 1990 by Basil Blackwell Ltd, Oxford

Aus dem Englischen übersetzt von Elisabeth Dieckmann

Der Matthias-Grünewald-Verlag ist Mitglied der Verlagsgruppe engagement

Die Deutsche Bibliothek – CIP-Einheitsaufnahme

Peacocke, Arthur:

Gottes Wirken in der Welt : Theologie im Zeitalter der Naturwissenschaften / Arthur Peacocke. Aus dem Engl. übers. von Elisabeth Dieckmann. – Mainz : Matthias-Grünewald-Verl., 1988
Einheitssacht.: Theology for a scientific age <dt.>
ISBN 3-7867-2131-9

Umschlag: Kirsch & Buckel Grafik-Design GmbH, Wiesbaden, unter Verwendung des Fotos „Elementarer Schwefel" von Dr. Bruno P. Kremer, Wachtberg
Satz/DTP: Manfred Werkmeister, Mainz
Druck und Bindung: Legoprint, Lavis

ISBN 3-7867-2131-9

Inhalt

Vorwort

Wer sich mit der Geschichte des Verhältnisses von christlicher Theologie und Naturwissenschaften beschäftigt, kann die gegenwärtigen Kontroversen zwischen den selbsternannten „Konservativen“ und den abschätzig als „Liberale“ Etikettierten nur mit einem starken Gefühl des déjà vu betrachten. Denn die christliche Theologie sah sich immer wieder durch neues Wissen über die natürliche Welt – und sogar über ihre eigenen historischen Ursprünge und heiligen Schriften – herausgefordert, und die Häresien der einen Generation wurden für die nächste zur Orthodoxie. Dies ist in einem Maße der Fall, daß, auch wenn die Christen im zwanzigsten Jahrhundert in Bekenntnis und Gottesdienst die traditionellen Worte gebrauchen, der Inhalt ihres Glaubens nur noch eine entfernte entwicklungsgeschichtliche Ähnlichkeit zu dem aufweist, was im Kontext der Gedankenwelt vergangener Jahrhunderte oder gar des ersten Jahrtausends geglaubt wurde. Denn der Rahmen für Glaubensaussagen über die Natur, die Menschheit und Gott hat sich im Verlauf der Jahrhunderte radikal verändert, und diese Veränderung vollzieht sich im zwanzigsten Jahrhundert schneller denn je.

Es hat keinen Sinn, so zu tun, als seien diese jüngsten Veränderungen für die Mitglieder der großen Kirchen des Westens – die eher für die Bewahrung des Glaubens der Vergangenheit als für eine intelligente, offene Auseinandersetzung mit neuen Formen des Bekenntnisses zu Gott in Christus durch den Heiligen Geist (um das traditionelle Vokabular zu benutzen) bekannt sind – hilfreich gewesen. Das gegenwärtige Aufleben extrem konservativer Positionen sowohl in den als auch außerhalb der Kirchen ist weniger ein Zeichen für einen gestärkten Glauben als ein Ausdruck der Mutlosigkeit angesichts der Herausforderung durch neue Formen der Wahrnehmung der Welt.

Das auf den modernen Naturwissenschaften beruhende Verständnis der Welt gilt gewöhnlich als mit der Religion im allgemeinen und dem christlichen Glauben im besonderen unvereinbar oder sie zumindest unterminierend. Ich bin davon überzeugt, daß dieses weithin anerkannte Urteil auf einem Mißverständnis beruht und daß der Mythos von einer Kluft zwischen der christlichen Theologie und den Naturwissenschaften unsere Kultur schwächt und gleichzeitig das spirituelle und persönliche Leben der Generationen, die ihn für wahr halten, verarmen läßt.

Die Untersuchung dieser Situation, deren Ergebnisse sich in meinen früheren Schriften finden, hat mich veranlaßt, eine Theologie zu entwickeln, die, soweit es in meinen Kräften stand, im Feuer der von den Naturwissenschaften unwiderruflich begründeten neuen Wahrnehmung der Welt geläutert wurde.* Eine solche Theologie muß mit der wissenschaftlichen Betrachtung der Welt in Einklang stehen, keineswegs aber von ihr abgeleitet sein.

In dieser Arbeit wird das unmittelbare, ausdrückliche Thema, die Reflexion der theologischen Implikationen des wissenschaftlichen Weltbildes, von einer Art Grundbaß begleitet, der von traditionellen „Traktaten der Dogmatik“ gebildet wird, nämlich: „Die Natur“ (Teil I, Kap. 1–5) und „Gott“ (Teil II, Kap. 6–10).
Die Arbeit an diesem Werk beinhaltete notwendigerweise einen Prozeß der Reintegration vieler meiner – etwas verstreut veröffentlichten – theologischen Überlegungen (in Arbeiten, die primär der Herausforderung, die die Naturwissenschaften für die Theologie darstellen, gewidmet sind) in eine, wie ich hoffe, schlüssige Theologie. Daher bitte ich meine Leserschaft, mir zu verzeihen, was als Tendenz erscheinen könnte, mich in den Anmerkungen übermäßig oft auf mich selbst zurückzubeziehen. Schließlich ist der Anmerkungsapparat ganz allgemein recht umfangreich geworden, da der Prozeß der Integration es erforderte, die Einsichten anderer Theologen und Wissenschaftler in meine Theologie einzubeziehen, wobei für viele Einzelfragen, die eine gründlichere Erörterung verdienten, im Haupttext kein Raum war. Ich empfehle meiner Leserschaft, zunächst letzterem zu folgen, ohne sich durch den Verweis auf die Anmerkungen unterbrechen zu lassen.
Denn das ganze Unterfangen ist weniger als „apologetische“, denn als – hoffentlich – kreative Theologie gedacht, die auf die reichen, ja verwirrenden Kenntnisse über Sein und Werden der Welt und der Menschheit, die unserer Generation von der Wissenschaft im letzten Jahrzehnt des zwanzigsten Jahrhunderts vermittelt werden, zu reagieren versucht. Ich möchte mit meinen Überlegungen nicht jene beunruhigen, für die die ganz traditionellen Formulierungen und Interpretationen noch Bedeutung besitzen; sie sind vielmehr ein Angebot für jene, die den christlichen „Weg“ gehen möchten, aber bislang glauben, hierzu ohne den Verlust ihrer intellektuellen Integrität nicht in der Lage zu sein.

Arthur Peacocke
Oxford, Mai 1993

* Die Einleitung zu diesem Band enthält Ideen und Textteile, die aus Vorlesungen des Autors stammen, die zum Teil veröffentlicht sind in: Religion and Intellectual Life 2(1985)7–26; 5(1988)45–58; Religion, Science and Public Policy, hg. v. F.T. Birtel, New York 1987, S. 3–29; Cosmos as Creation, hg. v. Ted Peters, Nashville 1989, S. 28–43.

Anmerkung:

„Gott“ ist weder männlich noch weiblich, und ich habe früher bereits (in: Creation and the World of Science, Oxford 1979, S. 141–144) sehr deutlich auf die Notwendigkeit hingewiesen, den Gebrauch sowohl weiblicher Attribute Gottes als auch weiblicher Modelle der Beziehung Gottes zur Welt wiederzugewinnen und auszuweiten. Ich habe daher versucht, die Verwendung männlicher Pronomina in Sätzen über „Gott“ zu vermeiden. Manchmal haben die Anforderungen der englischen Syntax und Euphonie mich jedoch besiegt. Ich bitte meine Leserschaft, mir diese unvermeidlichen Fehltritte nachzusehen und ihnen keine theologische Bedeutung beizumessen.

[Diese Bemerkung des Autors darf auch für die deutsche Übersetzung gelten; Anm. d. Red.]

Einleitung: Die Anliegen von Theologie und Wissenschaft

1. „Wissenschaft und Religion“

Es gibt viele Anzeichen dafür, daß die Menschen im Westen das durch die zeitgenössische Wissenschaft bedingte Verständnis der Welt als mit dem Glauben – in erster Linie dem christlichen Glauben – unvereinbar oder ihn zumindest unterminierend betrachten. Daß dieser Eindruck schon früh im Leben entsteht, belegt – um nur ein Beispiel zu nennen – ein Bericht über den Glauben junger Leute aus dem Jahr 1977.

> „Mit unglaublicher Leichtigkeit wird der Kindheitsglaube auf der Grundlage eines stark vereinfachenden Szientismus zerstört ...
> Allgemein ... beobachten wir ... eine unkritische Übernahme eines naturwissenschaftlichen Vokabulars, das ... veraltet ist und neue Mythen transportiert ... Anstelle einer Religion gehören unsere jungen Leute einer gemäßigten Form der Science Fiction an ...
> Es wächst in uns der Verdacht, daß das imperialistische Vordringen eines rationalistischen, wissenschaftlichen und individualistischen *Vokabulars* einer der entscheidendsten Prozesse ist oder war, die in unserer modernen Welt ablaufen ... Dabei wurde eine *Sprache* verdrängt, die von der modernen Gesellschaft anerkannt wird und mit deren Hilfe Symbole und Rituale beschrieben und ausgedrückt werden können.“[1]

Lesslie Newbigin, der über langjährige Missionserfahrung in der Dritten Welt verfügt, hat vor kurzem in einem allgemeineren Zusammenhang über den sinkenden Einfluß der Kirchen in der modernen westlichen Kultur nachgedacht – einer Kultur, zu der heute nicht nur die Völker Europas und Nordamerikas zählen, sondern auch deren frühere koloniale und kulturelle Ableger sowie jene Teile der Dritten Welt, die aufgrund des Einflusses von Bildung, Medien und fortschreitender Industrialisierung einen „Modernisierungsprozeß“ durchlaufen. Wer sich über die Zukunft der christlichen oder auch jeder anderen Religion Gedanken macht, kann vor dem Einfluß der Wissenschaft auf den Glauben nicht die Augen verschließen. Ihr Aufeinandertreffen ist für Newbigin die entscheidende Stelle, an der es dem Evangelium an Einfluß auf die Menschen des „Westens“ fehlt.[2]
Die Diskussion von Themen, die die Erkenntnisse der Wissenschaft und den allgemein anerkannten christlichen Glauben – oder vielmehr das, was weithin dafür gehalten wird – zueinander in Beziehung setzen, bewegt sich im allgemeinen noch immer auf einem bedrückend niedrigen Niveau – man denke nur an die Auseinandersetzungen über den sogenannten „Kreationismus“ und das Verhältnis einer befruchteten menschlichen Eizelle zur „Seele“ des Menschen in den Vereinigten Staaten, ganz zu schweigen von der Art, wie im

englischen Sprachraum sogar die „seriöse" Presse jede Meinungsverschiedenheit unter Evolutionsbiologen begrüßt, weil sie den „Darwinismus" in Zweifel zu ziehen und so die „Religion" implizit zu rehabilitieren scheint. Jedes Jahr, wenn die *British Association for the Advancement of Science* tagt, findet sich mit Sicherheit ein Journalist, der den Mythos (und um einen Mythos im populären Sinne einer „unwahren Geschichte" handelt es sich, wie die Historiker heute zeigen) wiederbelebt, wie der heilige Georg der Wissenschaft in der Gestalt T.H. Huxleys während der Tagung in Oxford 1860 den Drachen religiöser Intoleranz in der Gestalt des damaligen Bischofs von Oxford, Samuel Wilberforce, besiegte.

Ich möchte, um es ernster auszudrücken, die Vermutung wagen, daß führende westliche Intellektuelle, insbesondere die Wissenschaftler, die allen anderen in diesem Jahrhundert das Tempo vorgegeben haben, der Aussage zustimmen würden, daß die Naturwissenschaften die Manifestation *par excellence* der menschlichen Erkenntnissuche sind. Ich vermute außerdem, daß sie die menschliche Suche nach dem Sinn des Lebens auch als berechtigt anerkennen würden. Einige von ihnen würden vielleicht sogar einräumen, daß die Religion – zusammen mit der Kunst und mit nichtreligiösen Ritualen – eine der fundamentalen Ausdrucksformen dieser unerfüllten menschlichen Sehnsucht ist. Denn die Religion ist vielen Prophezeiungen zum Trotz auch in den Gesellschaften des Westens nicht völlig von der Bildfläche verschwunden, und in vielen Teilen der Welt erlebt sie eindeutig eine Blütezeit. Wenn überhaupt, dann sind Bedürfnis und Verlangen des Menschen, dem Individuum im Universum, soweit es unserer Erkenntnis und Erfahrung zugänglich ist, seinen Sinn und seine Bedeutung zu erschließen, aufgrund der die durch Wissenschaft eröffneten weiteren Horizonte gewachsen und stärker geworden. Denn wir stehen fortwährend vor den Herausforderungen unseres Bewußtseins unserer Sterblichkeit inmitten der freudigen Dynamik des Daseins, des menschlichen Leidens und der gleichzeitigen menschlichen Freude und Begeisterung über die eigenen Leistungen, unseres inneren Transzendierens der Gegenstände unserer Reflexion sowie unserer Verletzlichkeit, die aus der Empfindlichkeit der unwahrscheinlich komplexen Organisation unseres aus der Evolution hervorgegangenen Körpers resultiert: Alle diese Erfahrungen und noch vieles andere mehr nähren in uns Menschen unaufhörlich Sehnsüchte und Bestrebungen, die mit Hilfe der Mittel, die uns die allzu einseitigen wissenschaftlichen Beschreibungen unserer Welt zur Verfügung stellen, offenbar nicht befriedigt werden können. So ist es schließlich vielleicht doch keine so große Überraschung, daß die Untersuchungen z.B. des Alister-Hardy-Forschungszentrums in Oxford gezeigt haben, wie weit verbreitet im stark säkularisierten Großbritannien des ausgehenden zwanzigsten Jahrhunderts Erfahrungen des Gewahrseins einer wohlwollenden unkörperlichen Macht sind, die sich teilweise oder ganz außerhalb des Individuums zu befinden und weit größer als dieses zu sein scheint. Solche Erfahrungen können als eigentliche „religiöse“ Erfahrungen gelten, unabhängig davon, ob diejenigen, die über sie berichten, einer religiösen Institution angehören oder nicht.

Das Christentum ist die Religion, mit der die meisten der in den Gesellschaften des Westens im engeren Sinn aufgewachsenen Menschen vertraut sind. Es hat unsere Kunst, Musik, Architektur, Gebräuche, Gesetze und unausgesprochenen sozialen Voraussetzungen geformt, und über die Art, wie wir Symbole und Sprache verwenden, prägt es die Struktur unseres Denkens noch immer auf unvorhersehbare Weise, und zwar auch bei denen, die sich offen von ihm distanzieren. Wir können vielleicht in einer anderen (z.B. buddhistischen) Kultur, wenn wir sie ein Leben lang studieren und uns in sie vertiefen, so weit heimisch werden, daß „Gott“, wenn es ihn denn gibt, durch die Hilfsmittel dieser Kultur zu uns sprechen kann – allerdings ist es extrem unwahrscheinlich, daß wir im Verlauf einer durchschnittlichen Lebensspanne einen solchen Grad der Reinkulturation erreichen, und es gibt nur sehr wenige Menschen, denen dies tatsächlich gelingt. Eine kluge Abwägung, wie Zeit und Energie fruchtbringend eingesetzt werden können, würde einem westlichen Autor, der die religiösen Erfahrungen der Menschen für eine westliche Leserschaft zu deuten sucht, die Vermutung nahelegen, daß es für sein Vorhaben von Vorteil ist, sich auf das gemeinsame christliche Erbe zu beziehen, auch wenn die Mehrheit dieses nicht mehr zu schätzen weiß. Dieses Verfahren wird in diesem Buch angewandt. Damit soll aber keineswegs gesagt sein, daß andere, nichtchristliche Religionen kein Weg zu der Wirklichkeit sein könnten, die – wie ich behaupten werde – Gott ist.

Da das Ziel der vorliegenden Arbeit außerdem darin besteht, unsere „religiöse“ Begriffsbildung im Licht des auf die Wissenschaften zurückgehenden Weltbildes zu überdenken, gibt es über den gerade genannten kulturell bedingten Grund hinaus wenigstens zwei weitere Gründe, warum das Verhältnis des Christentums zu diesem Weltbild für jede Form der religiösen Erfahrung und Kultur besondere Bedeutung besitzt.

Der erste Grund ist in der Tatsache zu suchen, daß das Christentum des Westens in seiner katholischen, protestantischen und anglikanischen Ausprägung (das orthodoxe Christentum des Ostens bildet eine Erfahrung anderer Art) die erste große Religion war, die die Tragweite der naturwissenschaftlichen Forschung für wichtige Aspekte der allgemein anerkannten Glaubensinhalte in vollem Umfang zu spüren bekam. Auf der Grundlage einer Matrix von Annahmen über die natürliche Welt, die über viele Jahrhunderte hinweg von der „Naturphilosophie“, später „Naturwissenschaft“ oder schlicht „Wissenschaft“ genannt, zusammengetragen worden waren, stellten die theologischen Systeme dieser Konfessionen viele grundlegende Behauptungen über die Beziehungen zwischen Gott, Menschheit und Natur auf. Da Newton und Darwin ihre Ideen zuerst in England vortrugen, hatte die *Church of England* – ein wenig früher als andere Kirchen – die Hauptlast der von diesen Schlüsselfiguren ausgelösten Revolution unseres Denkens über die natürliche Welt zu tragen. Es ist in diesem Zusammenhang interessant zu beobachten, wie die relativ konservative Reformation der *Church of England* in jener für den Aufstieg der Wissenschaft entscheidenden Periode, dem siebzehnten Jahrhundert, von einem zeitgenössischen Historiker – Thomas Sprat, dem ersten Historiker der *Royal Society of London* – wahrgenommen wurde:

> „... Wir beobachten die Übereinstimmung, die zwischen der *Struktur* der *Royal Society* und der unserer *Kirche* in ihren Anfangsjahren besteht. Beide können das Wort *Reformation* mit gleichem Recht für sich beanspruchen; die eine hat sie in der *Religion* erreicht, die andere strebt sie in der *Philosophie* an ... Beide setzen voraus, daß ihre Vorfahren geirrt haben könnten; und doch bewahren beide eine ausreichende Ehrerbietung für sie ..."[3]

Tatsächlich hatte die wissenschaftliche Revolution eine überaus große Wirkung auf eine derart beschaffene Kirche und in einer Gesellschaft, in der die Kirche zwar Einfluß besaß, ihre Glaubensaussagen aber vielfacher und offener Kritik unterworfen werden konnten und wurden. Die Reaktionen auf Darwin im England des neunzehnten Jahrhunderts waren faktisch sehr unterschiedlich, und neuere historische Untersuchungen zeigen, daß der Widerstand von seiten der Theologie geringer und von seiten der Wissenschaft größer war, als die geläufige Mythologie es wahrhaben will.[4] Aus der sorgfältigen und objektiven historischen Erforschung der Wechselwirkungen zwischen Wissenschaft („Naturphilosophie") und Theologie kann man viel über die Wechselwirkung zwischen theologischen und wissenschaftlichen Anliegen lernen. Obwohl eine solche historische Analyse nicht im Mittelpunkt der vorliegenden Studie steht, bleibt sie doch, wie ich hoffe, für das Folgende nicht ohne Bedeutung.

Der zweite Grund, warum die christliche Religion als Paradigma einer Religion, die in dem mit dem Aufstieg der Wissenschaft einhergehenden neuen kulturellen Klima agiert, besondere Beachtung verdient, besteht darin, daß die christliche Religion die Herausforderung annehmen mußte, die das etwas vage als „Aufklärung" bezeichnete Phänomen bildete. Das Christentum ist nahezu die einzige Weltreligion, die bis heute erleben muß, daß innerhalb ihres eigenen Kulturkreises ihre heiligen Schriften und ihre Quellen der kritischen, historischen, linguistischen und literarischen Analyse unterworfen werden und ihre Glaubensaussagen der skeptischen Kritik der Philosophie, ihre Einstellungen der psychologischen Untersuchung und ihre Strukturen der soziologischen Erforschung ausgesetzt sind. Alles dies hat sich im Verlauf von knapp drei Jahrhunderten ereignet, während derer die enormen ökonomischen Umwälzungen der Industrialisierung zusammen mit einem größeren Maß an Freiheit und Bildung das Leben und die Einstellungen der Menschen vollkommen verändert haben.

Im ausgehenden zwanzigsten Jahrhundert gehört es zu den Ironien unserer

Kultur, daß das Streben danach, Wesen und Ursprung des Kosmos zu verstehen, die Menschen, einige sogar gegen ihren Willen, nach mehr als 300 Jahren fruchtbarer naturwissenschaftlicher Forschung – eine der überragenden Leistungen der menschlichen Vernunft und Wißbegier – unwiderruflich in den unergründlicheren Strom der Suche nach Sinn gestürzt hat. Man kann es wirklich nur als Ironie bezeichnen: Gewann nicht – gemäß dem verbreiteten Mythos – eben diese Wissenschaft die Freiheit, nach Erkenntnis auch nur zu suchen, gerade dadurch, daß sie sich aus der einengenden Umarmung durch ein Christentum befreite, das zu sehr mit der Sinnfrage beschäftigt war und sich zu wenig dem zuwandte, was man später als Beweise bezeichnete? Die Ironie wird jedoch noch gesteigert: Nachdem die christliche Zivilisation ihr Kind, die Wissenschaft,[5] geboren und beobachtet hatte, wie das heranwachsende Kind die Nabelschnur durchtrennte, hat sie selbst zunehmend in der Betonung der subjektiven Erfahrung des einzelnen („Sinn für mich") als ihrer Basis Zuflucht gesucht – und mußte dann feststellen, daß die Menschen des zwanzigsten Jahrhunderts im Christentum (oder in jeder anderen Religion oder Weltanschauung) eine solche Quelle des Sinns nur dann erkennen können, wenn es mit ihrem durch die Wissenschaft geprägten Verständnis der Welt übereinstimmt.

Nach ungefähr zwei Jahrhunderten also, während derer Gezänk oder mißmutiges Schweigen zusammen mit einer Abgrenzung der Interessensgebiete vorherrschten, zeigt sich heute, daß die beiden grundlegenden Tätigkeiten, die die Wissenschaft und die Religion jeweils – wenn auch nicht ausschließlich – charakterisieren, nämlich die Suche nach Erkenntnis und die Suche nach Sinn, in dem gemeinsamen Streben der Menschen nach *sowohl* Erkenntnis *als auch* Sinn unlösbar miteinander verbunden sind. Jede ist heute für die andere zugleich Herausforderung und Quelle für ein zunehmend fruchtbares und nützliches Zusammenspiel. Für diese Beurteilung der gegenwärtigen Situation könnten anschauliche Beispiele aus vielen Gebieten genannt werden: das Verständnis der menschlichen Person als psychosomatische Einheit sowohl in der Wissenschaft als auch in der Religion; die Integration der Evolutionstheorien der Biologie in die Vorstellung Gottes als immanenten, beständig wirkenden Schöpfers; oder die durch Astrophysik und Kosmologie ausgelöste Reflexion der Ursprünge des Kosmos auf der einen und die Klärung der jüdisch-christlichen Schöpfungslehre auf der anderen Seite.

Die letzte Posaune im sogenannten Krieg zwischen Wissenschaft und Religion ist längst verstummt, und jene, die in beiden Bereichen arbeiten, haben mittlerweile, wie ich glaube, eine neue Bescheidenheit entwickelt – nicht zuletzt deswegen, weil sie sowohl die Grenzen ihres vermeintlichen Wissens als auch die schlimmen, ja katastrophalen sozialen Folgen einer ultradogmatischen, vermessenen und imperialistischen Anwendung von Halbwahrheiten über ihre jeweiligen Forschungsergebnisse erkannt haben. Die geistigen Nachkommen der Aufklärung z.B. haben die Religion wegen der in ihrem

Namen geführten Kriege lange Zeit mit Recht scharf kritisiert und mußten dann feststellen, daß sie selbst mit der Nuklearphysik des zwanzigsten Jahrhunderts die Möglichkeit eines globalen anstelle eines lokalen Holocaust heraufbeschworen hatten.

Die vorliegende Studie setzt voraus, daß das Verhältnis von „Wissenschaft" und „Religion" nicht nur für deren jeweilige Verfassung, sondern auch für die Zukunft der Menschheit von Bedeutung ist. Denn die Frage nach der Beziehung zwischen diesen beiden, die die Loyalität der Menschen beanspruchen, ist wahrscheinlich die fundamentalste Herausforderung, mit der Geist und Seele der Menschen heute konfrontiert sind. Die Begriffe bedürfen der Präzisierung: Mit „Wissenschaft" meine ich die *Natur*wissenschaften, zu denen ich nicht nur Physik und Biologie, sondern auch die „Humanwissenschaften" (Psychologie, Soziologie usw.) zähle, d.h., ich beziehe mich mit dem Begriff „Wissenschaft" auf die Naturwissenschaften, und nicht auf die Geisteswissenschaften (die „*humanities*")[6]. Weiterhin werde ich mich grundsätzlich auf die „Theologie", und nicht auf das größere Gebiet der „Religion", konzentrieren. Es ist schwierig, eine genaue Unterscheidung zwischen beiden zu treffen, aber ich verwende den Begriff „Theologie" im allgemeinen Sinn der Reflexion und intellektuellen Analyse der Erfahrung Gottes[7] und – aus den oben genannten Gründen – der christlichen Formen dieser Erfahrung. Dabei ist aufgrund der gemeinsamen Wurzeln ein großer Teil der jüdischen Erfahrung eingeschlossen. Zu einer solchen Analyse der christlichen Gotteserfahrung, die Gegenstand der Theologie ist, gehört notwendigerweise eine sorgfältige Reflexion der Inhalte des christlichen Glaubens, weil das Christentum im Vergleich zu den meisten anderen großen Weltreligionen mehr kognitive Behauptungen aufstellt. Es bestätigt in gewisser Hinsicht die Realität dessen, auf das es sich bezieht. In welchem Sinn dies der Fall ist, wird weiter unten in diesem Kapitel erörtert werden.

Es ist außerdem offenkundig, daß die Wissenschaftler und die breite Öffentlichkeit, die die Früchte des Wissens, das erstere zu besitzen beanspruchen, nutzt, noch fester davon überzeugt sind, daß die Wissenschaft die Realität dessen bestätigt, auf das sie sich bezieht. Es gibt folglich unmittelbar einleuchtende Gründe für eine erneute Prüfung der kognitiven Inhalte der christlichen Theologie im Licht der aus den Wissenschaften abzuleitenden neuen Erkenntnisse, da beide Disziplinen den Anspruch erheben, das zu behandeln, was sie als Realität betrachten. Wenn eine solche Prüfung nicht kontinuierlich stattfindet, gerät die Theologie in ein kulturelles Getto, das von den meisten Menschen des westlichen Kulturkreises, die mit gutem Grund glauben, daß die Wissenschaft die in der Welt auf allen Ebenen ablaufenden Prozesse beschreibt, weitgehend isoliert ist. Die turbulente Geschichte des Verhältnisses von Wissenschaft und Theologie bezeugt, daß die Theologie, wenn sie glaubwürdig sein soll, unmöglich nach einem vor der Wissenschaft ihrer Zeit geschützten, friedlichen Zufluchtsort suchen kann. Tatsächlich entwickelte die Theologie ihre größte Kreativität und Stabilität immer dann, wenn sie sich den Herausforderungen ihrer Zeit am entschiedensten zuwandte; so z.B., als die kappadokischen Väter sich der griechischen Philosophie bedienten, um die Kategorien der christlichen Theologie zu formulieren, und als der heilige Thomas von Aquin sich den damals überwältigenden intellektuellen Ressourcen des Aristotelismus zuwandte und sie erfolgreich dazu verwendete, jene Theologie in eine neue Form zu gießen, die Jahrhunderte überdauerte. In diesem Geist begeben wir uns an den Versuch, eine moderne Ausdrucksform für die christliche Gotteserfahrung mit Hilfe solcher Begriffe – Metaphern, Modelle, Analogien und Symbole – zu entwikkeln, die für eine „westliche" Menschheit, die heute ganz zu Recht tiefgehend und unwiderruflich von den Wissenschaften beeinflußt ist, glaubwürdig und hilfreich sein könnte.

2. Einstellungen gegenüber Wissenschaft und Theologie

Bevor wir fortfahren, lohnt es sich, ein wenig über die Stellung von Wissenschaft und Theologie in unseren westlichen Gesellschaften heute nachzudenken. Wenden wir uns zunächst der Wissenschaft zu.

In den 1970er und 1980er Jahren hat sich das Ansehen der Wissenschaft abrupt gewandelt: Aus einer allgemeinen öffentlichen Anerkennung, die sich auf der politischen Ebene in großzügigen Zuschüssen für die wissenschaftliche Forschung niederschlug, wurde zunächst eine wachsende Unschlüssigkeit hinsichtlich des langfristigen sozialen Wertes der Wissenschaft und schließlich das gegenwärtige unverhohlene Mißtrauen vieler einfacher Bürger, die nichtsdestoweniger weiterhin die Vorteile der Wissenschaft in bezug auf Bequemlichkeit, Gesundheit und Lebenserwartung genießen. Dieser Imageverlust der Wissenschaft kann entlang einer Reihe von Katastrophen, die von einer auf der Wissenschaft beruhenden Technologie verursacht waren, zurückverfolgt werden – die Contergan-Tragödie, Ölkatastrophen (Torrey Canyon und Amoco Cadiz sollten lediglich am Beginn einer langen Reihe solcher Katastrophen stehen), saurer Regen und die Atomunfälle von Long Island und Tschernobyl, um nur einige zu nennen, die einer breiteren Öffentlichkeit bekannt wurden. Alle Menschen wissen von Vorfällen aus ihrer Region und ihrem eigenen Leben zu berichten, die deutlich zu machen scheinen, daß die zuvor verehrten Götzen der Wissenschaft und ihres Abkömmlings, der Technologie, auf tönernen Füßen stehen. Die Tendenz der Wissenschaft, unser intellektuelles und kulturelles Leben zu beherrschen, ist „Szientismus" genannt worden – die Einstellung, daß *nur* die Wissenschaft verläßliches Wissen vermittelt, verbunden mit der Überzeugung, daß alle unsere persönlichen und sozialen Probleme mit Hilfe eines ausreichenden Einsatzes von Wissenschaft „lösbar" sind. Viele von denen, die die Wissenschaft populär machen – seltener jene, die an den vordersten Linien der wissenschaftlichen Forschung mit den Geheimnissen der natürlichen Welt befaßt sind –, scheinen solchen „szientistischen" Haltungen zumindest implizit zuzustimmen.

Diese und viele andere Faktoren haben in den letzten Jahren zu einer Zunahme wissenschaftsfeindlicher Einstellungen geführt. Diese sind in der Kultur des Westens faktisch nichts Neues, denn die tiefgreifende Unzufriedenheit über vorgebliche wissenschaftliche „Erklärungen", die keine Antwort auf die eigentlichen Fragen der Menschen geben, hat – trotz des Zugeständnisses engagierter Wissenschaftler, daß die Wissenschaft diese nicht beantworten kann – eine recht lange Tradition. Der australische Philosoph John Passmore hat die Entwicklung sowohl wissenschaftlicher als auch wissenschaftsfeindlicher Einstellungen mit einiger Sorgfalt studiert. Bei ihm finden sich einige vernichtende Kommentare z.B. über die implizite Hackordnung in bezug auf das Prestige der Wissenschaftler, gemäß der die theoretischen Physiker, deren Gegenstand den höchsten Abstraktionsgrad aufweist, an erster Stelle stehen (die „Aristoszientisten"), gefolgt von denen, die mit Entitäten (wie Molekülen und Genen) arbeiten, die dem Laien ein bißchen weniger abstrakt erscheinen, bis hin zu jenen, die sich mit unmittelbar zugänglichen Phänomenen wie Schmetterlingen oder dem Wetter beschäftigen. Den untersten Rang nehmen die ein, deren Augenmerk den Menschen gilt, Anthropologen und Soziologen, und die überhaupt nur unter großen Bedenken in den Club aufgenommen werden. Passmore urteilt, daß dieses hierarchische Denken Geisteshaltungen erzeugt, die sozial gefährlich sind, und behauptet sogar, was für unser gegenwärtiges Thema nicht unerheblich ist, daß „die Ähnlichkeit zwischen dem Aristoszientisten und dem mittelalterlichen Theologen täglich auffälliger" werde.[8]

Solche Einstellungen haben verständlicherweise antiwissenschaftliche Haltungen gefördert. Dennoch schließt Passmore, daß

> „viele der wichtigsten Vorwürfe, die gegen die Wissenschaft ins Feld geführt wurden, nicht aufrechtzuerhalten sind ... Ich behaupte nicht, es stehe alles zum besten in der besten aller möglichen Welten, und ich leugne auch nicht, daß die Wissenschaft Geisteshaltungen, wenn nicht erzeugt, so doch ermutigt hat, die nachteilige Konsequenzen haben können. Ich denke, daß wir alle, die Wissenschaftler eingeschlossen, zu dieser Einsicht gelangen. Der Wissenschaft mußte ein wenig Bescheidenheit eingeimpft werden, und das ist geschehen ... Wenn es um menschliche Angelegenheiten geht, genießt die Wissenschaft nicht mehr automatisch Respekt."[9]

Trotz aller Skepsis hinsichtlich ihres sozialen Wertes und trotz aller Antipathie gegen übermäßig arrogante Ansprüche, die in ihrem Namen erhoben werden, erscheint die Wissenschaft den meisten Menschen, und zwar sowohl Intellektuellen als auch anderen, noch immer als Paradigma verläßlichen Wissens. Denn da sie in vielen einfachen und komplexen Verhältnissen innerhalb der natürlichen Welt Vorhersagen und Steuerung ermöglicht, wird das, worauf sie sich bezieht, von den meisten Menschen schlicht als „wirklich" betrachtet – sie können es sich nicht erlauben, es bei ihrem Umgang mit der Natur zu ignorieren. Ein solcher „naiver Realismus“ betrachtet wissenschaftliche Begriffe, Theorien und Mechanismen als wirklichkeitsgetreue Beschreibungen der natürlichen Welt. So konnte Henry Harris, ein praktizierender Mediziner, betonen, die Tatsache, daß Einsteins Gleichungen jene Newtons in der Physik ablösten, sei

> „überhaupt kein Argument für die Vorstellung, daß alle wissenschaftlichen Ergebnisse in gleicher Weise über kurz oder lang durch andere ersetzt würden. Ich glaube nicht, daß jemals nachgewiesen werden wird, daß das Blut von Lebewesen nicht zirkuliert, daß Milzbrand nicht von einem Bakterium ausgelöst wird, daß Proteine nicht Ketten von Aminosäuren sind. Natürlich machen Menschen Fehler, aber ich sehe keinen Sinn in der Vorstellung, daß sie nichts als Fehler machen können.“[10]

Es ist also nicht verwunderlich – so groß ist der Einfluß der Medien und einiger außergewöhnlich guter Wissenschaftssendungen, die das Fernsehen in den letzten Jahren ausgestrahlt hat –, daß wissenschaftliche Darstellungen der Welt als wirklichkeitsgetreue Beschreibungen gelten und daß sie für die meisten Menschen den Rahmen oder die Bühne für jene „Realität“ bilden, in der sich ihr Leben ihrer Meinung nach abspielt. Dies ist jedoch eine naive Wissenschaftsphilosophie, und wir müssen die Beziehung zwischen der wissenschaftlichen Erkenntnis und der „Wirklichkeit“, die zu beschreiben sie beansprucht, untersuchen. Bevor wir uns der Frage nach einer glaubwürdigen Theologie für ein wissenschaftliches Zeitalter zuwenden, müssen wir deshalb zunächst klären, welche Art des Wissens und welche Art der Erkenntnis der „Realität“ in den Wissenschaften faktisch gegeben ist. Als Arbeitsdefinition werden wir als „Realität“ das bezeichnen, worauf wir uns in unserer Erfahrung und bei Experimenten notwendig beziehen müssen.

Nun ist die Welt, wie sie in Teilbereichen der modernen Physik, um nur ein Gebiet herauszugreifen, beschrieben wird, ein wahrlich merkwürdiger Ort und weit entfernt von jeder Welt, auf die wir aufgrund unserer Sinneserfahrungen schließen könnten, denn es finden sich in ihr scheinbar obskure Entitäten wie Elektronenlöcher, schwarze Löcher, Gravitationswellen, Antimaterie usw. Wir werden also darüber nachdenken müssen, worauf sich wissenschaftliche Begriffe eigentlich beziehen. Beschreiben sie die Realität? Diese Frage wird weiter unten, im Rahmen der Erörterung der heutigen Wissenschaft und Theologie, wieder aufgegriffen werden (S. 21).

Wenden wir uns jetzt der Theologie zu. Den Begriff „Theologie“ kennt man heute im allgemeinen fast nur in seiner Verwendung durch Politiker, die ihn gebrauchen, um sich abschätzig über die Ansichten ihrer Gegner zu äußern und diese als „theoretisch“, „abstrakt“, „utopisch“ und „unrealistisch“ – alles sehr wenig wünschenswerte Attribute – abzutun. Dabei geben sie gleichzeitig zu erkennen, daß ihr eigener Standpunkt „realistisch“, „praktisch“ und natürlich „sachbezogen“ ist. Selbst unter den Mitgliedern der christlichen Kirchen gilt „Theologie“ häufig als eine Aktivität von Intellektuellen, deren christliches Engagement zweifelhaft ist, die von abgelegenen akademischen Elfenbeintürmen aus belehrende Reden halten und die von den Realitäten und Spannungen der religiösen Erfahrungen der „normalen“ Gläubigen in der „wirklichen Welt“ weit entfernt sind. Diese Kluft zwischen der Kirchenbank und dem Studierzimmer war zumindest in England in den letzten Jahren im Zusammenhang verschiedener Kontroversen, die sich um die Lehre von der Inkarnation und der Auferstehung drehten, deutlich sichtbar. Das Bildungsniveau der erwachsenen Laien in den Kirchen ist im allgemeinen so erschreckend niedrig, daß keine Anzeichen dafür erkennbar sind, daß diese Kluft kleiner würde. Dennoch ist der Inhalt dessen, was „normale“ Christen denken, unweigerlich „Theologie“, auch wenn es sich relativ wenig auf theologisches Fachwissen stützt. Einer der Hauptgründe für die Schwäche der Verkündigung der Kirchen gegenüber den Menschen des Westens muß in der Tatsache gesehen werden, daß es ihnen nicht gelungen ist, ihren Glauben überzeugend darzulegen, d.h. eine Theologie zu entwickeln, die der zeitgenössischen kulturellen und intellektuellen Situation Rechnung trägt und sie denkerisch zu bewältigen vermag. Der bedauernswerte Theologe muß jedoch an mindestens einer weiteren Front kämpfen – jener seiner Kollegen, der Gelehrten und Intellektuellen. Denn trotz der Universalität der religiösen Erfahrungen der Menschen[11] wird das akademische Studium der Philosophie, Geschichte und Weitergabe solcher Erfahrungen, d.h. die Theologie, von der westlichen intellektuellen Welt noch immer mit Mißtrauen betrachtet, und dies trotz der angestrengten Versuche christlicher Theologen, in einen echten Dialog mit neuen Erkenntnissen und Entwicklungen einzutreten.

Darüber hinaus hat die Theologie selbst eine Krise der Autorität der christlichen Religion zu verzeichnen, die mit ebenso großer Sicherheit auf andere Religionen übergreifen wird, wie die kritische Bildung eine weitere Verbreitung erfahren wird. Die Folgen der Aufklärung sind, ganz zu Recht, irreversibel, und keine heilige Schrift und keine heilige Tradition wird je wieder in dem Sinne ihre eigene Authentizität begründen können, daß sie die Stichhaltigkeit ihres Wahrheitsanspruchs allein nachweist. Es bedarf einer Orientierung, eines Maßstabes, einer Bewertung von einem Standpunkt außerhalb des geschriebenen heiligen Wortes oder der heiligen Tradition aus, um die Wahrheit der Behauptungen einer Religion und die Wirklichkeit dessen, wofür ihre Anhängerinnen oder Anhänger sich engagieren, einzuschätzen. So müssen sich die theistischen Religionen heute der Frage stellen: Welchen Sinn hat es, von Gott zu reden? Beziehen sich theologische Begriffe auf die Wirklichkeit? Diese und ähnliche Fragen sind jenen vergleichbar, die sich uns hinsichtlich des Status theoretischer Begriffe und Theorien in der Wissenschaft stellen, und sie nötigen uns auf ähnliche Weise, eine Bewertung der Eigenart der religiösen Sprache und, falls vorhanden, ihrer Fähigkeit, die Realität zu beschreiben, abzugeben. Denn sowohl die Wissenschaft als auch die

Theologie können die Bedeutung ihrer Experimente und Erfahrungen nur mittels der menschlichen Sprache erläutern. Diese beiden gemeinsame Notwendigkeit müssen wir nun ein wenig näher erforschen. Dies geschieht in der Überzeugung, daß eine Untersuchung der Beziehung zwischen der Sprache der Wissenschaft und der Sprache der Theologie und so zugleich des Status von Behauptungen in beiden Disziplinen keine bloße „akademische" Übung, sondern ein wesentlicher Bestandteil der Klärung ihres Verhältnisses ist. Nur so kann jener *modus vivendi* zwischen Wissenschaft und Theologie begründet werden, dessen Mangel sich schon jetzt als eine solche Beeinträchtigung des moralischen und spirituellen Wohls der Menschheit des späten zwanzigsten Jahrhunderts erweist.

3. Wissenschaft und Theologie heute: eine kritisch-realistische Perspektive

Im zwanzigsten Jahrhundert ist eine Vielfalt unterschiedlicher Wissenschaftstheorien entwickelt worden: der bereits erwähnte weitverbreitete und populäre naive Realismus, der ein Erbe des vorigen Jahrhunderts war und durch die revolutionären Veränderungen innerhalb der Physik in den ersten Jahrzehnten dieses Jahrhunderts rasch diskreditiert wurde, der Instrumentalismus und der einige Jahrzehnte dominierende Positivismus sowie schließlich eine Reihe von Auffassungen, die im vergangenen Jahrzehnt entwickelt wurden und ebenfalls sehr unterschiedlich sind; sie reichen von einer den sozialen Kontext in den Vordergrund stellenden Betrachtung wissenschaftlicher Erkenntnis über nichtsoziologische, antirealistische Positionen bis hin zum kritischen Realismus, der in der vorliegenden Studie vertreten wird. Letzterer ist außerdem, wie ich glaube, die implizite, wenn auch nicht oft thematisierte Arbeitsphilosophie praktizierender Wissenschaftler, die die Wirklichkeit zu beschreiben suchen, aber nur zu gut um ihre eigene Fehlbarkeit bei diesem Unterfangen wissen. Die Argumente für einen kritischen Realismus als einer stichhaltigen und schlüssigen Wissenschaftstheorie sind an anderer Stelle ausführlich erörtert worden.[12] Jetzt habe ich lediglich die Absicht, diese Auffassung zusammenzufassen, ohne zu versuchen, sie im einzelnen zu rechtfertigen.

Dies ist weniger einfach, als es zunächst scheinen mag, denn es gibt im Hinblick auf die Wissenschaft viele Formen des Realismus, die alle nicht naiv sind und daher als „kritisch" oder zumindest als „bedingt" beschrieben werden könnten. Denn, wie mit Recht bemerkt worden ist: „Der wissenschaftliche Realismus ist, wie die Bürgerrechtsbewegung, eine Mehrheitsposition, deren Vertreter so uneinig sind, daß sie den Eindruck erwecken, einer Minderheit anzugehören."[13] Die feinen Unterschiede zwischen den verschiedenen Formen des nicht naiven wissenschaftlichen Realismus (d.h. des Realismus in bezug auf die wissenschaftliche Erkenntnis) sind für unser gegenwärtiges Vorhaben jedoch weniger wichtig als die grundsätzliche, allgemeine Einstellung, die ihn von anderen, früheren Wissenschaftstheorien unseres Jahrhunderts sowie von den Interpretationen des Inhalts der Wissenschaft als rein sozialen Konstruktes unterscheidet. Trotz der Vielfalt der Adjektive, die den „Realismus" als Wissenschaftstheorie modifizieren mögen, gibt es einen gemeinsamen Kern, den ich, zusammen mit anderen, als „kritischen Realismus" kennzeichnen werde. Diese Position kann mit den Worten J. Leplins folgendermaßen zusammengefaßt werden: „Die Realisten sind davon überzeugt, daß der wissenschaftliche Wandel letztlich Fortschritt bedeutet und daß die Wissenschaft eine Erkenntnis der Welt über ihre unmittelbar zugänglichen, empirischen Manifestationen hinaus ermöglicht."[14] Ihr Ziel ist die Beschreibung der Wirklichkeit. Die grundlegende Behauptung eines solchen kritischen Realismus lautet nämlich, daß es der langfristige Erfolg einer wissenschaftlichen Theorie ist, der die Annahme rechtfertigt, daß „so etwas wie die von der Theorie postulierten Entitäten und Strukturen tatsächlich existiert"[15]. Meiner Meinung nach kann man einen solchen kritischen wissenschaftlichen Realismus als „einen recht eingeschränkten Anspruch, der erklären will, warum bestimmte Vorgehensweisen der Wissenschaft sich als so erfolgreich erwiesen haben, wie sie es (zufällig) waren"[16], mit Hilfe eines Rückgriffs auf die Geschichte z.B. der Geologie, der Zellbiologie und der Chemie sehr gut begründen. In den letzten beiden Jahrhunderten haben diese Wissenschaften in den Entitäten der natürlichen Welt kontinuierlich immer mehr verborgene Strukturen entdeckt, die die Ursachen der beobachteten Phänomene klären.

Der kritische Realismus anerkennt, daß es bislang lediglich das *Ziel* der Wissenschaft ist, die Wirklichkeit zu beschreiben, und daß daher verschiedene Grade der Anerkennung der „Wahrheit" wissenschaftlicher Theorien möglich sind. Es handelt sich um einen „kritischen" Realismus, der sich auf die Entitäten, Strukturen und Prozesse, die in wissenschaftlichen Theorien vorkommen (die „Bedingungen" der Theorien), statt auf die Theorien als solche bezieht. Die „Wirklichkeit" dessen, was Theorien beschreiben, stellt nämlich ein größeres Problem dar, denn sie beschäftigen sich grundsätzlich mit den Beziehungen zwischen den es konstituierenden Bedingungen – und solche Beziehungen sind ein Aspekt des Kausalzusammenhangs, der seinerseits dazu dient, jene Bedingungen zu charakterisieren und die Bezugnahme auf sie zu rechtfertigen, auf deren Basis ihnen Realität zugesprochen wird. Das Vertrauen zu Theorien (und zu Modellen, s.u.) wächst nur allmählich, und zwar abhängig vom Erfolg, mit dem sie Erklärungen anbieten, und es erreicht schließlich den Punkt, an dem den Entitäten, Strukturen und Prozessen, auf die die Theorien sich beziehen, ein gewisses Maß an Realität beigemessen wird. Der kritische Realismus anerkennt, daß die Wissenschaft das Ziel verfolgt, die Wirklichkeit zu beschreiben, so gut sie kann – und da dies lediglich ein Ziel sein kann, muß der kritische Realist akzeptieren, daß die

Wissenschaftler dieses Ziel möglicherweise nur mit wechselndem Erfolg erreichen. Ein solcher kritischer Realismus könnte richtiger als ein Programm für die Naturwissenschaften betrachtet werden, und es sollte jeweils in jedem Fall überprüft werden, inwieweit das Ziel erreicht wurde. Es darf nie in Vergessenheit geraten, daß der Realismus immer als „kritisch“ gekennzeichnet wird, da die Sprache der Wissenschaft, wie wir bald sehen werden, grundsätzlich metaphorisch und revidierbar ist, aber nichtsdestoweniger auf anderes verweist.

Diese letzte Bemerkung führt uns vor Augen, daß die Position des kritischen Realismus im Hinblick auf den Status wissenschaftlicher Behauptungen unweigerlich eine wie immer geartete Referenztheorie beinhaltet.[17] Es ist zumindest eine „kausale“ Referenztheorie in dem Sinn erforderlich, daß der Referent eines Begriffs in einer Theorie „dasjenige ist, was“ bestimmte Wirkungen oder Phänomene „verursacht“, oder „die Größe darstellt, die für den Effekt oder die Effekte“, die der Experimentierende beobachtet, „verantwortlich“ ist.[18] Bei J.J. Thomsons Kathodenstrahlenexperiment im Cavendish-Labor z.B. waren die behaupteten neuen „Teilchen“, die „Elektronen“, „dasjenige, was“ die Erscheinung des Lichtpunktes am Ende der Röhre und seine Ablenkung durch elektrische und magnetische Felder „verursachte“. Bei M.H.F. Wilkins Röntgenbeugungsexperimenten bei DNS-Fasern z.B. verursachte die Doppelhelix-Struktur des DNS-Moleküls die für das Röntgenbeugungsdiagramm charakteristische diagonale Kreuzform.

Hinsichtlich der Verwendung eines theoretischen Begriffs ist oft eine historische Folge erkennbar, die zu dem Endpunkt einer historischen Kausalkette, nämlich der ursprünglichen Einführung des Begriffs in die Sprache, die „Taufe“ oder Namengebung, zurückführt. Denn der gesamte Prozeß der Bezugnahme auf von der Wissenschaft postulierte Entitäten, Strukturen und Prozesse hat oft sowohl sozialen als auch historischen Charakter; er hängt von einer ununterbrochenen Geschichte der Bezugnahme in einer kontinuierlich bestehenden Sprachgemeinschaft ab, die bis zum ursprünglichen Experiment oder Theorieentwurf zurückreicht, bei dem die Entitäten usw. zum ersten Mal einen Namen erhielten oder sie, wie oft gesagt wird, „entdeckt“ wurden. Eine solche Kontinuität der Referenz ist mit Veränderungen der Vorstellung von dem, worauf man sich bezieht, vollkommen vereinbar. Als Beispiel seien die Strahlen von „Elektronen“ genannt: Letztere galten zunächst als Teilchen, ließen aber, als sie durch ein Nickelkristall geleitet wurden, ein Beugungsdiagramm entstehen, so daß man erkannte, daß sie auch Eigenschaften, die denen einer Welle gleichen, besitzen. In Fällen wie diesem wird die Referenztheorie, auf die ein kritischer Realismus sich stützt, eine offenkundige soziale Perspektive einschließen, weil auf diese Weise unser Verständnis der Art, wie die Realität eines Referenten durch Veränderungen der Theorie hindurch weiterbesteht und allmählich aufgrund eines kritischen Unterscheidungsprozesses in einer Gemeinschaft etabliert wird, wächst. Bei jedem Experiment liefern die „kausalen" Verbindungen auf angemessene Weise das grundlegende, wesentliche Element einer solchen sozialen Referenz – das Postulat, daß die beobachteten Phänomene eine Ursache *haben*, daß es „etwas, das" die beobachteten Wirkungen „verursacht", gibt. Daher kann die Wissenschaft häufig von den Realitäten, auf die ihre Theorien sich beziehen, überzeugt sein, gleichzeitig jedoch anerkennen, daß ihre Sprache und ihre Modelle, die diese Realitäten betreffen, immer revidierbar und Veränderungen unterworfen sind.

In diesem Zusammenhang müssen wir uns die Verwendung von Modellen und Metaphern in der Wissenschaft vor Augen führen. Allgemein gesagt, ist „ein Objekt oder Zustand ein Modell, wenn es im Hinblick auf seine reale oder hypothetische Ähnlichkeit mit einem anderen Objekt oder Zustand betrachtet wird"[19]. Oder, speziell auf die Wissenschaft bezogen: „Ein wissenschaftliches Modell ist die Behauptung einer systematischen Analogie zwischen einem Phänomen, dessen Gesetze bereits bekannt sind, und einem anderen, das untersucht wird."[20] Modelle, die keine sprachliche Form haben müssen, und Metaphern, die strenggenommen Redewendungen sind, hängen eng zusammen, denn Metaphern entstehen, wenn wir auf der Grundlage von Modellen sprechen.[21] Die Verwendung von Modellen ist für jede sich entwikkelnde Wissenschaft von grundlegender Bedeutung, und sie ist gut erforscht. Der tiefgreifend und unwiderruflich metaphorische Charakter der wissenschaftlichen Sprache beeinträchtigt das Ziel einer solchen Sprache, sich auf Realitäten zu beziehen, nicht. Darüber hinaus bringt die Einsicht in den metaphorischen Charakter der wissenschaftlichen Sprache die Anerkennung der Tatsache mit sich, daß diese Sprache revidierbar ist, wenn es darum geht, eine Welt zu erforschen, die wir nur teilweise und unvollkommen verstehen – und deren letzte Wirklichkeit sich uns zwangsläufig entzieht, weil wir selbst Strukturen innerhalb eben der von uns untersuchten Welt sind.

Wir haben bereits gesehen, daß sich der Status von Modellen in der Wissenschaft über das ganze Spektrum von einem naiven Realismus über Positivismus und Instrumentalismus bis hin zu einem kritischen Realismus erstreckt. Auch die Theologie verwendet Modelle, die ähnlich eingeordnet werden können. Ich behaupte, daß ein kritischer Realismus auch im Hinblick auf religiöse Sprache und theologische Behauptungen die geeignetste und angemessenste Philosophie darstellt.[22] Der kritische Realismus in der Theologie würde den Standpunkt vertreten, daß theologische Begriffe und Modelle als einseitig und unzureichend, aber als notwendig, ja sogar als einzige Möglichkeit, auf die „Gott" genannte Wirklichkeit und Gottes Beziehung zur Menschheit zu verweisen, betrachtet werden sollten. Es ist offensichtlich, daß Metaphern in der religiösen Sprache eine noch größere Rolle spielen als in der wissenschaftlichen. So wird Gott – um nur auf die jüdisch-christliche Tradition zurückzugreifen – auf unterschiedliche Weise als Vater, König, Richter usw. beschrieben; dieselbe Tradition beschreibt Jesus als den Gesalb-

ten (Christus), Sohn Gottes, zweiten Adam, guten Hirten usw. und die dritte Person der Trinität als Heiligen Geist, Paraklet (Anwalt, Tröster).
Ein bedeutender Unterschied zwischen der Art, wie Wissenschaft und Theologie Modelle jeweils einsetzen, besteht darin, daß Modelle in der Theologie eine starke affektive Funktion haben, die eine moralische und spirituelle Antwort hervorruft. Allerdings bewegen diese Modelle Willen und Gefühle aufgrund ihres impliziten kognitiven Bezugs auf dasjenige, das Forderungen an unseren Willen stellt und unsere Gefühle weckt. Aber wie kann eine solche Intuition der philosophischen Notwendigkeit zu zeigen, inwiefern theologische Aussagen sich tatsächlich auf etwas *beziehen*, daß also theologische Modelle die Wirklichkeit beschreiben, entsprechen?
Es ist nicht dasselbe, ob wir uns auf Gott beziehen oder Gott beschreiben; diese Einsicht ist für eine kritisch-realistische Haltung in der Theologie wesentlich. An dieser Stelle treffen sich in allen Religionen *negative* und *spekulative*, affirmative, Theologie. Erstere (die *via negativa*) gesteht ein, daß alles, was wir sagen mögen, wenn wir uns auf Gott beziehen, fehlbar, revidierbar und *ex hypothesi* inadäquat sein wird; manchmal geht sie auch so weit zu sagen, daß überhaupt keine positiven Aussagen über Gott möglich sind. Damit gerät man jedoch allzuleicht in den Bannkreis des Atheismus. Deshalb macht die spekulative Theologie (die via *positiva*) geltend, daß es manchmal irreführender ist, nichts über Gott zu sagen, als Aussagen über ihn zu machen – und daß wir dann in Metaphern reden müssen. Die Metaphern theologischer Modelle, die religiöse Erfahrungen erklären, können sich auf die Wirklichkeit beziehen und sie beschreiben, ohne auf naive und nicht revidierbare Weise deskriptiv zu sein. Diese Eigenschaft haben sie mit wissenschaftlichen Modellen der natürlichen Welt gemeinsam. Wir können mit Recht annehmen, daß wir mit Hilfe revidierbarer Metaphern und Modelle realistisch von Gott sprechen können.
Glücklicherweise gab und gibt es einzelne Menschen und Gemeinschaften, die davon überzeugt sind, Gott erfahren zu haben. Darüber hinaus kann man in der Theologie, ebenso wie es bei der Wissenschaft hinsichtlich ihres eigenen Forschungsschwerpunktes der Fall ist, Gründe für die Behauptung haben, daß „Gott" „dasjenige ist, das diese bestimmte Erfahrung jetzt (oder in der Vergangenheit) in mir (oder anderen) verursacht oder verursacht hat". Da wir es vermeiden wollen, „Gott" als eine Entität innerhalb des Kausalzusammenhangs (nicht einmal als „erste Ursache") zu beschreiben, und da wir letztlich anerkennen werden, daß „Gott" wenigstens in einem gewissen Sinn personal ist, sollten wir besser sagen, daß Gott „der Eine ist, mit dem bei dieser bestimmten Erfahrung jetzt (oder in der Vergangenheit) in mir (oder anderen) eine Begegnung stattfand". „Dasjenige oder der Eine, mit dem" bei einer bestimmten Erfahrung „eine Begegnung stattfindet", wird von der Theologie mit dem, was die Tradition „Gott" nennt, identifiziert, indem sie zeigt, daß dies die beste Erklärung ist, wenn man die Kriterien für Vernünftigkeit

anwendet, die auch sonst bei der Bewertung von Vorstellungen und insbesondere bei der Einschätzung wissenschaftlicher Modelle und Theorien angewandt werden, nämlich Übereinstimmung mit den Fakten, innere Kohärenz, Vollständigkeit, Fruchtbarkeit und Stichhaltigkeit.[23]
Für diese Form eines kritischen theologischen Realismus sind die vergangenen und gegenwärtigen religiösen Erfahrungen, und zwar die eigenen und die anderer, zentral, so daß es auch hier eine kontinuierlich bestehende Gemeinschaft und Interpretationstradition gibt. Durch den Vergleich mit und die Unterscheidung von ihnen können die eigenen Erfahrungen sowohl bereichert und als auch geprüft werden. Im Rahmen dieser Gemeinschaft und Tradition wird die Erinnerung an die anfänglichen, inspirierenden Erfahrungen bestimmter Individuen, kleiner Gruppen von Individuen und manchmal sogar ganzer Gemeinschaften, die eine Begegnung mit Gott darstellten, besonders in liturgischen Kontexten wach bleiben. Mit unserer früheren Terminologie müssen wir sagen, daß die inspirierenden, „namengebenden" Erfahrungen einen Bezug zu Gott herstellen und daß die Gemeinschaft ab diesem Zeitpunkt ständig in und durch wiederkehrende Erfahrungen derselben Art die anfängliche Erfahrung rekapituliert und sich auf sie zurückbezieht. Aufgrund dieses Prozesses können wir uns heute auf das beziehen, worauf sich die betroffenen Menschen ursprünglich bezogen haben, auch wenn wir die Modelle und Metaphern, die wir benutzen, um uns auf dieselbe Wirklichkeit, nämlich Gott, zu beziehen, sehr wohl einer Revision unterzogen haben mögen. Nicht jede solche behauptete Gotteserfahrung wird in einer Gemeinschaft tradiert. Einige werden jedoch zu einer für alle zugänglichen Quelle und bereichern so das Leben anderer in der Gemeinschaft, die an der ursprünglichen, keimhaften Erfahrung nicht unmittelbar teilhatten. Einige werden sogar zu dem, was im Christentum als „katholisch" im klassischen, auf Vinzenz von Lerin zurückgehenden Sinn dessen, was überall, immer und von allen geglaubt wurde, gilt. Bringt man solche Erfahrungen in die Form von Behauptungen, dann gibt es unter ihnen allerdings zwangsläufig nur wenige, die solchen strengen Kriterien genügen.
Dieser theologische Ansatz anerkennt, daß sowohl der „spekulative" Weg, bei dem die Welt eine Vermittlerrolle spielt und die Offenbarung durch die Gemeinschaft weitergegeben wird, als auch der direkte, „negative" Weg der Kontemplation und Stille zu der Wirklichkeit führen, die „Gott" ist. Über die Sprache, die der „spekulative" Weg gebraucht, kann gesagt werden, daß sie die Wirklichkeit Gottes beschreibt, dies allerdings nicht in unrevidierbarer Weise. Sie muß berücksichtigen, was der „negative" Weg betont, nämlich unsere Unfähigkeit, das Wesen jener letzten Wirklichkeit, die „Gott" genannt wird, mit Hilfe der menschlichen Sprache zu erfassen. Das Ziel der Theologie besteht darin, der Wahrheit so nahe wie möglich zu kommen. Wie die Wissenschaft muß sie berücksichtigen, daß der Glaube an „wahre" theologische Behauptungen auf unterschiedlich hohe Akzeptanz stößt und daß es

eine Hierarchie der Wahrheiten gibt – einige von ihnen sind entscheidender und zentraler (und leichter zu verteidigen) als andere. Schon oft ist das ganze theologische Unterfangen mit der Begründung kritisiert worden, es fehle eine Methode, mit deren Hilfe die Theologie ihre „Fakten“, d.h. den Inhalt der religiösen Erfahrungen und Traditionen sowie der Schriften, die diese zum Teil überliefern, ebenso streng wie die Wissenschaft sichten und prüfen könnte. Einigen Religionsphilosophen ist es jedoch – wie mir scheint – gelungen, die Glaubwürdigkeit des theologischen Ausdrucks des Glaubens erfolgreich nachzuweisen.[24] Denn wie die Wissenschaft sucht auch die Theologie nach der besten Erklärung – oder jedenfalls *sollte* sie dies tun. Dabei sollte sie die bereits erwähnten Kriterien für Vernünftigkeit anwenden, denn diese Kriterien beinhalten zumindest die Möglichkeit, zu einem intersubjektiven Konsens zu kommen. Es sind Zeichen dafür erkennbar, daß dies keine ganz und gar vergebliche Hoffnung ist. Hierzu gehören die Veränderungen, die in der römisch-katholischen Kirche durch das Zweite Vatikanische Konzil in Gang gesetzt wurden, indem es bei seinen Beratungen die Kollegialität förderte, so daß wir hoffen können, daß der den *sensus fidelium* konstituierende Personenkreis letztlich größer sein wird, als es aufgrund der gegenwärtigen Konzentration auf die Hierarchie zur Zeit der Fall ist. Ein anderes Zeichen ist die Entwicklung des Ökumenischen Rates der (nicht-römischen) Kirchen in diesem Jahrhundert, aus dem das bemerkenswerte Lima-Dokument über Taufe, Eucharistie und Amt erwachsen ist, die Frucht einer Annäherung, die noch vor wenigen Jahrzehnten undenkbar gewesen wäre. Weiterhin sind Anfänge eines Dialogs der großen Weltreligionen zu beobachten, da diese durch die Bevölkerungsbewegungen in den freien Gesellschaften in engere Berührung miteinander gekommen sind. Man muß sich hier natürlich dessen bewußt sein, daß der Konsens keinen Grund für die Annahme darstellt, daß eine theologische Aussage die Wirklichkeit beschreibt; eine solche Annahme kann sich nur auf eine erfolgreiche Anwendung der Kriterien für Vernünftigkeit stützen, die Schlüsse auf die beste Erklärung gewährleisten. Zumindest aber scheinen hinsichtlich der jeweils gebrauchten Modelle Parallelen zu einer Intersubjektivität in der wissenschaftlichen und der religiösen Gemeinschaft hervorzutreten.

Die Theologie muß heute Konzepte dafür entwickeln, wie ihre Kriterien für Vernünftigkeit in einer Gemeinschaft angewandt werden können, in der keine Autorität fraglose Geltung beanspruchen kann (z.B. in der Form von Aussagen wie „die Kirche lehrt“, „die Bibel sagt“ usw.), sondern ihre intersubjektive Glaubwürdigkeit durch einen Konsens im Hinblick auf die beste Erklärung nachweisen muß. Dabei muß sie für Entwicklungen, die mit der Erweiterung des menschlichen Wissens und dem Zuwachs von Erfahrungen einhergehen, offen sein. Wenn ich den Christen, ja den Anhängern aller Religionen, ein solches kritisch-realistisches Ziel nahelege, fühle ich mich unwillkürlich ein bißchen wie William Temple, der gesagt haben soll: „Ich bete täglich für Christi eine, heilige, katholische und apostolische Kirche – und daß sie bald entstehen möge."[25] Dasselbe könnte über die gegenwärtige Situation einer kritisch-realistischen Theologie gesagt werden. Sie hat im großen und ganzen dieselben Intentionen wie die Theologie, die Hans Küng[26] als „wahrhaftig", „frei", „kritisch" und „ökumenisch" (sowohl nach innen, im Verhältnis der Kirchen zueinander, als auch nach außen, im Verhältnis zu anderen Religionen, Ideologien und den Wissenschaften) beschreibt – eine Theologie, die alles das behandelt und interpretiert, wodurch die Welt sowie besonders die Menschen und unser eigenes Selbst konstituiert sind.[27]

Es besteht keine Hoffnung auf einen intersubjektiven Konsens, auch nicht innerhalb der Christenheit, auf der Grundlage einer Berufung auf Autorität, da es klassische und tief verwurzelte Meinungsverschiedenheiten zwischen der protestantischen, anglikanischen, orthodoxen und römisch-katholischen Kirche über Art, Umfang und Lokalisierung der für Christen geltenden Autorität und, solange man sich nur auf „Autorität" beruft, keine unabhängige Methode, zwischen diesen Positionen zu entscheiden, gab und gibt. Im Hinblick auf die Zukunft der Christenheit ist die Tatsache noch wichtiger, daß eine Berufung auf die „Autorität", die von einer dieser Kirchenfamilien anerkannt wird, in einer Kultur nach der Aufklärung nicht damit rechnen kann, die Menschen zu überzeugen, die nach der Wahrheit christlicher Behauptungen fragen, selbst dann nicht, wenn sie dem Christentum wohlwollend gegenüberstehen.[28] Jede Theologie nämlich muß, will sie glaubwürdig sein, den Kriterien für Vernünftigkeit gerecht werden, von denen wir uns bei dem Schluß auf die beste Erklärung für die Charakteristika der natürlichen Welt (die traditionelle „natürliche Theologie") und für das, was Männer und Frauen für ihre Erfahrungen „Gottes" halten, leiten lassen. Wahrheiten, die angeblich auf einer Offenbarung beruhen oder Verlautbarungen der kirchlichen Autorität darstellen, sind diesen Kriterien für Vernünftigkeit zwangsläufig unterworfen, denn sie können nicht gleichzeitig sich selbst beglaubigen und überzeugend sein. Jedes Glaubenssystem, das aus einem solchen Prozeß der Prüfung hervorginge, müßte unweigerlich eine „Hierarchie der Wahrheiten" einschließen, d.h. es würde ausdrücklich anerkennen, daß einige Glaubenssätze unerläßliche Bestandteile der christlichen Identität darstellen, daß dies für andere nicht in demselben Maß gilt und daß von wieder anderen lediglich zu sagen ist, daß sie mit dem Kern des Glaubens nicht unvereinbar, aber primär für die Frömmigkeit solcher Christen von Bedeutung sind, die in ganz bestimmten kirchlichen Traditionen aufwuchsen.

Im Gegensatz zu dem, was die „gebildeten Verächter" des Christentums behaupten mögen, kann sich die Theologie – ebenso wie die Wissenschaft – bei ihrer Arbeit auf „Fakten" beziehen. Für die Wissenschaft bestehen solche Fakten in den allgemeinen Merkmalen der Entitäten, Strukturen und Prozesse, die die Wissenschaft als für die natürliche Welt charakteristisch darlegt.[29] Die „Fakten", auf die die Theologie sich stützt, sind mit den bewährten Traditionen der großen Weltreligionen gegeben, zu denen auch das Christentum gehört, das für uns im Westen die Hauptquelle erprobter Weisheit darstellt, wenn es darum geht, wie man sich auf das beziehen kann, dem man bei jenen Erfahrungen begegnet, denen ursprünglich der Name „Gotteserfahrung" gegeben wurde. Mit den Worten John Bowkers: „Religionen sind das Ergebnis der Prüfung, Korrektur, Bestätigung, Ausweitung und Veränderung der gesammelten Weisheit der Erfahrung durch aufeinanderfolgende Generationen."[30] In diesem Buch versuchen wir, einige der wichtigsten Aspekte dieser „gesammelten Weisheit" der christlichen Religion im Licht der und im Verhältnis zu den Realitäten in der Welt, auf die sich die Naturwissenschaften beziehen und die sie beschreiben, zu reflektieren.

4. Das Verhältnis von Wissenschaft und Theologie

Aus einer kritisch-realistischen Perspektive beschäftigen sich sowohl Wissenschaft als auch Theologie mit Realitäten, auf die man sich beziehen und auf die man hinweisen kann, die aber nicht vollkommen wirklichkeitsgetreu beschrieben werden können. Beide bedienen sich einer metaphorischen Sprache und beschreiben die Wirklichkeit mit Hilfe von Modellen, die schließlich in übergeordnete Begriffssysteme (Theorien oder Lehren) integriert werden können. Aus einer solchen Perspektive ist es daher vollkommen angemessen zu fragen, wie die von Wissenschaft und Theologie jeweils behaupteten kognitiven Inhalte zusammenhängen könnten oder sollten.
Bevor wir dies tun, muß allerdings darauf hingewiesen werden, daß diese Art, die Frage nach dem Verhältnis von Wissenschaft und Theologie zu stellen, durch die Entscheidung für eine kritisch-realistische Perspektive bereits zugespitzt und verdeutlicht wurde. Man könnte z.B. den Standpunkt vertreten, der oft das „starke" Programm der Soziologie wissenschaftlicher Erkenntnis genannt wird, und den Inhalt wissenschaftlicher kognitiver Behauptungen als primär sozial bedingt betrachten.[31] Die Vertreter dieser Ansicht würden die kognitiven Behauptungen der Theologie erst recht ähnlich beurteilen. Der Versuch, Wissenschaft und Theologie aufeinander zu beziehen, würde dann auf die Herstellung eines Zusammenhangs zwischen zwei Ideologien reduziert und würde auf diese Weise selbst zu einer rein soziologischen Untersuchung oder Beschäftigung mit der Ideengeschichte. Weder wissenschaftliche noch theologische kognitive Behauptungen würden gestützt, und die ganze Frage nach dem Verhältnis von Wissenschaft und Theologie, und erst recht die nach der Beziehung zwischen Wissenschaft und Religion, wäre bis zur Nichtexistenz relativiert. Die Wahl eines kritisch-realistischen Blickwinkels impliziert die Ablehnung dieser Position, und ich glaube, daß es hierfür gute Gründe gibt.[32] Damit will ich allerdings nicht andeuten, daß es in der Geschichte von Wissenschaft und Theologie irgendeine

Phase gäbe, in der ihre kognitiven Behauptungen so unberührt von der Gesellschaft gewesen wären, daß das von ihnen verwandte Bündel von Metaphern, Modellen, Theorien und Lehren eine ausschließlich von der „Wirklichkeit" bestimmte „Wahrheit" gewesen wäre. Eine solche Auffassung ist mit der Geschichte beider Disziplinen vollkommen unvereinbar. Dennoch glaube ich, daß man in bezug auf die Wissenschaft sagen kann und – wie ich betone – in bezug auf die Theologie sagen können *sollte*, daß in jeder einzelnen Phase der Disziplin nachweislich ein Prozeß kritischer Prüfung stattfand, in dem die von mir beschriebenen Kriterien für Vernünftigkeit zur Anwendung kamen.

Ich habe das „starke" Programm der Soziologie wissenschaftlicher Erkenntnis erwähnt, obwohl es angesichts der Tatsache, daß es nicht mit den Erfahrungen der praktizierenden Wissenschaftler und der Gläubigen in Einklang steht, ein etwas extremes Beispiel darstellt, weil es zeigt, daß die Art, wie eine Person das Verhältnis von Wissenschaft und Theologie betrachtet, von ihrer Beurteilung der ihnen jeweils zugrunde liegenden Erkenntnistheorie und des ontologischen Status dessen, auf das sie sich beziehen, abhängt. Ich habe an anderer Stelle[33] mindestens acht mögliche Verbindungen zwischen Wissenschaft und Theologie, abgesehen von der sozialen Dimension, skizziert. Danach können Wissenschaft und Theologie folgendermaßen betrachtet werden: als nicht interagierende Zugänge zur Wirklichkeit, als zwei unterschiedliche Sprachsysteme, als Produkte ganz verschiedener Einstellungen, als dem je eigenen Untersuchungs„objekt" (in der Wissenschaft die „Natur" und in der Theologie „Gott") unterworfen und nur durch die Beziehung zu ihm definiert. R.J. Russell[34] hat darauf hingewiesen, daß diese Positionen im Hinblick auf die vier „Dimensionen" des Verhältnisses von Wissenschaft und Theologie, nämlich *Methode*, *Sprache*, *Einstellung* und *Gegenstand*, unterschieden werden können. Bei jeder dieser vier Dimensionen kann das Verhältnis von Wissenschaft und Theologie entweder als positiv und versöhnlich und so als gegenseitig interagierend oder als negativ und nicht interagierend dargestellt werden. Daraus ergeben sich insgesamt acht (= 4 x 2) verschiedene denkbare Beziehungen zwischen Wissenschaft und Theologie. Die erste der vier „positiven" Beziehungen ist das Ergebnis einer kritisch-realistischen Philosophie sowohl der Wissenschaft als auch der Theologie – daß nämlich *Wissenschaft und Theologie als interagierende Zugänge zur Wirklichkeit betrachtet werden*. Auf dieses Thema werden wir weiter unten zurückkommen. Jetzt gilt es, die Analyse der allgemeinen Eigenart der Beziehungen zwischen Wissenschaft und Theologie ein wenig weiter zu verfolgen.

Über diese acht möglichen Beziehungen hinaus vertreten einige Autoren eine Auffassung, nach der Wissenschaft und Theologie sich auf zwei ganz verschiedene „Reiche", z.B. Natur/Übernatur, Raumzeit/Ewigkeit, natürliche Ordnung/Reich des Glaubens, Bereich der körperlichen und biologischen Phänomene/Geist und Seele usw., beziehen. Diese Vorstellung, die zu der

hier vertretenen Position im Gegensatz steht, impliziert eine Betrachtung aller vier „Dimensionen" als negativ, nicht interagierend.
Russell hat darauf hingewiesen,[35] daß es günstiger sein könnte, sich ein Kontinuum von Möglichkeiten in allen vier „Dimensionen" (Methode, Sprache, Einstellung und Gegenstand) vorzustellen und diese eher als Achsen in einem vierdimensionalen Raum zu verstehen, als bei jeder der vier nur zwei Alternativen hinsichtlich der möglichen Beziehungen zwischen Wissenschaft und Theologie in Betracht zu ziehen. Als Extremwerte der Achsen müßten die positivste und die negativste Position in bezug auf jede Dimension („positiv" im Sinne von „vereinbar und versöhnend", „negativ" im Sinne von „nicht interagierend") festgelegt werden. Die verschiedenen Konstellationen der Betrachtungsweisen des Verhältnisses von Wissenschaft und Theologie würden dann unterschiedliche Stellen in diesem vierdimensionalen „Raum" besetzen. Dieses Modell dient zumindest dazu, den Reichtum und die Komplexität der Möglichkeiten der Interaktion zweier Disziplinen, deren jeweilige Erkenntnistheorie selbst solchen unterschiedlichen Interpretationen ausgesetzt ist, zu betonen.
Ich habe mich für einen Weg entschieden, der auf einer kritisch-realistischen Einschätzung von Wissenschaft und Theologie beruht, und dies führt uns zu unserer früheren Frage zurück: Wie können die von Wissenschaft und Theologie behaupteten kognitiven Inhalte aufeinander bezogen werden? Wäre es nicht einfach möglich, daß „Theologie und Wissenschaft im großen und ganzen unterschiedliche Bereiche derselben Wirklichkeit behandeln"[36], so daß, wie derselbe Autor fortfährt, „wissenschaftliche Erklärungen keinen Zugang zu Gott eröffnen und die Theologie nichts über die Einzelheiten der natürlichen Welt zu sagen hat"? Die Geschichte der Theologie zeigt jedoch, daß deren Entwicklung mit dem in den verschiedenen Perioden vorherrschenden Verständnis der natürlichen Welt einschließlich des Menschen, gelinde gesagt, eng verbunden ist.[37] Was in diesem Zusammenhang noch wichtiger ist: Da das Ziel einer kritisch-realistischen Theologie darin besteht, mittels Metaphern und Modellen Gotteserfahrungen intellektuell zu artikulieren und zu formulieren, obliegt es einer solchen Theologie, die kritisch-realistische Perspektive der Wissenschaften, deren Gegenstand die natürliche Welt einschließlich des Menschen ist, ernst zu nehmen. Denn es gehört zu den Voraussetzungen dieser Theologie, daß Gott selbst die Welt so geschaffen hat, wie sie ist, und daß sie in gewisser Hinsicht, um verstanden werden zu können, Gottes Wesen und Ziele offenbaren muß. Daher sollte die Theologie danach streben, mit der wissenschaftlichen Betrachtung der natürlichen Welt wenigstens nicht unvereinbar zu sein.
Entsprechend sollten die Wissenschaften nicht überrascht sein, wenn über ihren Blickwinkel das Urteil gefällt wird, er sei voreingenommen und unvollständig und führe zu Fragen, die innerhalb ihres eigenen Geltungsbereichs und mit Hilfe ihrer eigenen Methoden nicht zu beantworten seien,

denn man muß andere Realitäten – eine REALITÄT – in Betracht ziehen, die die Wissenschaften als solche nicht erkennen können. Eine kritisch-realistische Wissenschaft und eine ebensolche Theologie können sich nur als miteinander interagierende Zugänge zur Wirklichkeit verstehen. Allerdings müssen wir das Verhältnis der „Realitäten", auf die sie sich jeweils beziehen, noch genauer untersuchen. Dies ist das Hauptziel der vorliegenden Arbeit.
Unser Wissen über die natürliche Welt ist auf seinen verschiedenen Ebenen immer reichhaltiger und klarer geworden, und seine Vermehrung hat immer deutlicher gezeigt, daß diese Welt aus einer Hierarchie von Systemen mit einem unterschiedlichen Organisationsgrad besteht. Dabei ist jedes Glied ein Ganzes, das aus Teilen zusammengesetzt ist, die ihm oft in der Zeit vorangingen. Wie wir in Kapitel 2 sehen werden,[38] können die für die einzelnen Ebenen relevanten Wissenschaften durchaus eigene, irreduzible Begriffe entwickeln, die für die besonderen, nur auf dieser Ebene erkennbaren Verhaltensweisen, Beziehungen und Eigenschaften angemessen und sachdienlich sind. Dies hat u.a. die wichtige Konsequenz, daß uns die Grundlage dafür fehlt, irgendeiner der verschiedenen Ebenen der Hierarchie der Komplexität mehr „Realität" als anderen zuzuschreiben. Auf jeder Ebene oder (vielleicht besser) an jedem Punkt des Forschungs-„Vektors" muß Wissen als eine Art Querschnitt durch das Ganze der Wirklichkeit betrachtet werden.
Nun sind Menschen natürliche Teile des Universums, und zu den Erfahrungen, von denen sie gewöhnlich berichten, gehören jene des eigenen Strebens nach Gott und der Hinwendung Gottes zu ihnen: Die Theologie ist die intellektuelle Analyse solcher Erfahrungen, bei denen die Beziehung zwischen Gott und Menschen als wechselseitige erlebt wird. Wenn Menschen also Gegenwart und Handeln Gottes erfahren, und zwar unabhängig davon, ob sie sich nun ausdrücklich „religiösen" oder kultischen Handlungen widmen oder nicht, geschieht dies auf einer Ebene oder einem „Vektor" der Hierarchie der Komplexität, die ein höheres Maß an Integration aufweist als alle Ebenen oder „Vektoren", die von den einzelnen Natur-, Human- und Sozialwissenschaften erforscht werden. Bei solchen menschlichen „religiösen" Aktivitäten glauben die Personen, daß sie miteinander, mit der natürlichen Welt und mit dem transzendenten und doch immanenten Schöpfer als dem Grund alles Seins – dem Einen, der ihnen und der Welt Sinn und Bedeutung verleiht – interagieren. Es ist keine höhere Ebene oder kein wichtigerer „Vektor" integrierter Beziehungen in der Hierarchie des Natürlichen nachweisbar oder vorstellbar. In der Theologie geht es, wie wir gesehen haben, um die erforderlichen begrifflichen Systeme (Lehren) und Modelle sowie die damit verbundenen Metaphern, die den Inhalt dieser behaupteten Gotteserfahrungen sowohl des einzelnen als auch einer historischen Gemeinschaft artikulieren.
Es scheint zwei Möglichkeiten zu geben, wie diese fundamentale, integrative Rolle der Theologie, das Studium von Menschheit – Natur – Gott, ausge-

drückt werden kann – Möglichkeiten, die den zwei Modi der Beziehung Gottes zu allem Sein (Menschheit und Natur), Transzendenz und Immanenz, entsprechen.[39] Wird die Transzendenz Gottes betont, so kann über Arbeit und Sprache der Theologie gesagt werden, sie seien das Nachdenken über die spezifisch menschliche Aktivität, die „religiöse“, die Natur, Menschheit und Gott in eine alles umfassende und integrierende Sphäre einbezieht. Dann steht diese Aktivität an der obersten Stelle jeder denkbaren integrativen Komplexität und Ganzheit (und ist wohlgemerkt der Ebene des Menschlichen und Personalen am nächsten). So betrachtet, könnte der Theologie – wenn sie auch nicht mehr, wie im Mittelalter, als „Königin der Wissenschaften“ gelten kann – möglicherweise noch die Rolle einer konstitutionellen Monarchin zugeschrieben werden. Wenn wir die höchste ontologische Beziehung, das Verhältnis des Seins Gottes zu allem anderen, abgeleiteten Sein in Betracht ziehen, könnte dies tatsächlich eine angemessene Einordnung der Theologie darstellen.

Wenn wir dagegen über Gottes Handeln in der Welt, also eher über Gottes Werden als über Gottes Sein, nachdenken, müssen wir außerdem (wie wir noch sehen werden) von Gott als Schöpfer Immanenz aussagen und Gottes Gegenwart bei, in, mit, unter und durch alle natürlichen Begebenheiten betonen. Hieraus ergibt sich die Folgerung, daß die Theologie als Erforschung des letzten Sinns auf allen Ebenen[40] verstanden werden sollte – als Versuch also, die Bedeutung der verschiedenen Ebenen der natürlichen Wirklichkeit in der Ordnung der Dinge als Ganzer zu deuten. Die einzelnen Ebenen würden in bezug auf Gottes kontinuierliches schöpferisches Handeln auf allen Ebenen in Raum und Zeit betrachtet werden. An dieser Stelle sind wir mit der schwer zu erfüllenden Forderung konfrontiert, den Gedanken der Transzendenz mit dem der Immanenz zu verbinden, und zwar in diesem Fall im Hinblick auf die Rolle der Theologie und ihr Verhältnis zur Wissenschaft. Dies wird uns am Ende von Teil II dazu veranlassen, von der „Transzendenz-in-Immanenz“ und der „Immanenz-des-Transzendenten“ zu sprechen, um unser Verständnis der menschlichen Person[41] und der Beziehung Gottes zur Welt in Worte zu fassen.[42]

Aus diesen Überlegungen folgt, daß wir vor der Weiterführung der theologischen Reflexion die allgemeinen Charakteristika und Merkmale der Entitäten, Strukturen und Prozesse der Welt, von denen die Wissenschaften behaupten, sie seien gegenwärtig die besten Erklärungen für ihre Beobachtungen, sorgfältig untersuchen müssen.

TEIL I: SEIN UND WERDEN DER NATUR

Kapitel 1:
Einleitung

Die Beobachtung, daß es in den letzten drei Jahrhunderten zu einer beispiellosen Transformation der Art, wie die Menschen die natürliche Welt und ihr eigenes Verhältnis zu ihr betrachten, gekommen ist, ist mittlerweile zum Allgemeinplatz geworden. Dennoch müssen wir von Zeit zu Zeit daran erinnert werden. Im angelsächsischen Sprachraum z.B. braucht man nur ein Theaterstück von Shakespeare zu lesen, um sich die enorme Kluft vor Augen zu führen, die uns von einer vorwissenschaftlichen Kultur im Hinblick auf das, was über die Dinge und Vorgänge in der Welt geglaubt wird, trennt. Historiker wie Herbert Butterfield haben zur Genüge gezeigt, daß das Aufkommen der wissenschaftlichen Kultur „alle Entwicklungen seit der Entstehung des Christentums übertrifft und Renaissance und Reformation auf bloße Episoden, bloße Verschiebungen innerhalb des Systems des mittelalterlichen Christentums, reduziert“[1].

Selbst wenn es sich hierbei um ein rein soziales Phänomen handelte, müßte jede Glaubensgemeinschaft, die sich mit ihren Zeitgenossen verständigen will, diesen fundamentalen Wandel dessen in Rechnung stellen, was Butterfield die menschlichen „Denkgewohnheiten, die sich sogar in den Geisteswissenschaften niederschlagen“[2], genannt hat. Noch wichtiger ist die Tatsache, daß diese Veränderung der menschlichen „Denkgewohnheiten“ die theologischen Systeme in Frage stellt, mit deren Hilfe die großen theistischen Religionen die Reflexion der für sie charakteristischen Erfahrungen, d.h. ihrer Gotteserfahrungen, strukturiert haben. Diese Herausforderung trifft besonders die christliche Religion, weil diese die Realität und die Eigenart der natürlichen Welt überaus ernst nimmt. Dies ist einerseits durch die Schöpfungslehre, die das Christentum im wesentlichen mit Judentum und Islam gemeinsam hat, andererseits aber besonders durch den christlichen Glauben, daß der Schöpfergott in einer menschlichen Person in der Geschichte gegenwärtig und offenbar, also selbst Teil der Natur und der menschlichen Geschichte wurde, bedingt. Daher ist die Eigenart der natürlichen Welt einschließlich der Menschheit, die heute wissenschaftlich untersucht und verstanden wird, von immenser *theologischer* Bedeutung. Denn die Fragen nach dem Wesen der Natur und dem Wesen Gottes und sogar die Frage, ob Gott überhaupt existiert, greifen ineinander und können nicht isoliert behandelt werden – auch wenn die Theologie heute dieser Einsicht oft keine Beachtung schenkt.

Obwohl es also notwendig ist zu versuchen, die Beziehungen zwischen Natur, Menschheit und Gott im Licht des von den Natur-, Human- und Sozialwissenschaften entwickelten eindrucksvollen neuen Verständnisses der Welt zu bestimmen, ist auch eine Mahnung angebracht. Denn, wie oft bemerkt wurde, die Wissenschaft verändert sich so schnell, daß eine Theologie, die heute eine Ehe mit ihr eingeht, morgen leicht zur Witwe werden kann. Dieser Einwand ist nicht ganz unberechtigt. Allerdings haben wir uns bereits H. Harris' scharfsinnige Bemerkung vor Augen geführt, daß die Tatsache, daß einige, ja sogar viele wissenschaftliche Vorstellungen veralten und abgelöst werden, „überhaupt kein Argument für die Vorstellung [ist], daß alle wissenschaftlichen Ergebnisse in gleicher Weise über kurz oder lang durch andere ersetzt würden ... Natürlich machen Menschen Fehler, aber ich sehe keinen Sinn in der Vorstellung, daß sie nichts als Fehler machen können."[3]

Ich hoffe, es ist bei meinem Plädoyer für eine kritisch-realistische Betrachtung der Wissenschaft deutlich geworden, daß es auf vielen Gebieten der Naturwissenschaften triftige Gründe für die Annahme gibt, daß diese Wissenschaften uns eine hinlänglich gesicherte Darstellung der Beschaffenheit der natürlichen Welt und der in ihr ablaufenden Prozesse geben. Wir müssen anerkennen, daß die Sprache der Wissenschaft zwar metaphorisch ist, dies ihren Versuch, die Wirklichkeit zu beschreiben, jedoch nicht beeinträchtigt, und daß es ihr immer besser gelingt, sich auf Aspekte der natürlichen Wirklichkeit zu beziehen, wie ihr Erfolg bei Vorhersage und Steuerung beweist. Dennoch ist die Warnung, die mit Blick auf die Kurzlebigkeit vieler der gegenwärtig gängigen wissenschaftlichen Entwürfe ausgesprochen wurde, berechtigt. Sie mahnt uns, uns bei unserer Reflexion der Beziehungen zwischen Natur, Menschheit und Gott ausschließlich den am besten gesicherten Aspekten der wissenschaftlichen Beschreibung der Wirklichkeit zuzuwenden.

In Teil I werden im folgenden bestimmte Merkmale der Beschreibung der Welt durch eine Reihe von Wissenschaften skizziert. Sie sollen später im Rahmen unseres Versuchs, ein modernes und vertretbares Verständnis der Natur, der Menschheit und Gottes zu entwickeln, genauer erörtert werden. Die Diskussion wird sich zwangsläufig auf einem Niveau großer Verallgemeinerung bewegen, so daß es unmöglich sein wird, alles Gesagte in dem begrenzten Rahmen der vorliegenden Arbeit im einzelnen zu erhärten. Ich kann meine Leserschaft nur auf einige der in den Anmerkungen genannten Werke hinweisen und ihr versichern, daß es sich bei den Grundzügen und Charakteristika der Welt der Wissenschaft, die ich zusammenzutragen versuche, im großen und ganzen um solche handelt, die von Autoren, die ansonsten ganz verschiedene philosophische und religiöse Standpunkte vertreten, weithin anerkannt zu werden scheinen.

Kapitel 2:
Was gibt es?

Wir sind es gewohnt, die Welt um uns herum zu betrachten und zu versuchen, ihre Gegenstände zu bestimmen. Wir fragen: „Was gibt es in der Welt? Woraus ist die Welt gemacht? Woraus besteht die Welt?" Wenn wir solche Fragen stellen, geben wir unweigerlich eine Auffassung der Welt zu erkennen, nach der Gegenstände zu einer bestimmten Zeit in den Raum gleichsam hineingestellt sind, so daß die Menschen nichts weiter zu tun brauchen, als sich umzuschauen und zu sehen, was „es gibt", auch wenn ein solches Sehen der Welt sich heute der experimentell und theoretisch hochentwickelten wissenschaftlichen Methoden bedienen kann. Ein sehr großes Spektrum der Wissenschaften – von der Chemie, die sich mit den atomaren und molekularen, bis hin zu Ökologie, die sich mit Ökosystemen beschäftigt – hat bei diesem Versuch, die Entitäten, Strukturen und Prozesse der Welt zu erkennen, bemerkenswerten Erfolg. Ihre Voraussetzung, daß eine solche Frage in einer solchen Form überhaupt an die Welt gerichtet werden kann, erweist sich also nicht nur als berechtigt, sondern diese Frage kann sogar mit Hilfe einer Verbindung von experimenteller Wissenschaft und menschlicher Reflexion beantwortet werden.

1. Raum, Zeit, Materie und Energie

Aus der Sicht Newtons, die das Denken im Westen zweieinhalb Jahrhunderte lang dominierte – und im allgemeinen intellektuellen Klima noch immer weit verbreitet ist, da sie unseren Sinneseindrücken so gut entspricht –, ist der Stoff der Welt die *Materie*, die *Energie* besitzt und sich zu einer bestimmten *Zeit* im *Raum* befindet. Obwohl das Verständnis von Materie und Energie bis zum Ende des neunzehnten Jahrhunderts sehr gut ausgebaut und erweitert worden war, waren beide Begriffe immer noch klar definiert, und der absolute Raum und die absolute Zeit bildeten noch immer die Grundstruktur, in die man sie einordnen zu können glaubte. Die Begriffe Raum, Zeit, Materie und Energie schienen vorgegebene, evidente Kennzeichen der Welt, für unser Denken unentbehrliche Begriffe a priori, zu sein. Obwohl diese Auffassung, wie wir noch sehen werden, von der modernen Physik in ihren Grundfesten erschüttert wurde, bildet sie faktisch noch immer den grundlegenden begrifflichen Rahmen für die meisten Wissenschaften, von den Molekular- bis hin zu den Ökowissenschaften. Obwohl die Intuition, die sich auf unsere Sinneserfahrungen stützt, in diesen Bereichen noch immer von Nutzen ist, verliert sie ihre Brauchbarkeit im Bereich des sehr Kleinen,

des sehr Großen und des sehr Schnellen – d.h. auf der Ebene subatomarer Teilchen, auf der Ebene des Kosmos und in bezug auf alles, was sich mit einer Geschwindigkeit bewegt, die nahe an die des Lichts heranreicht. Die Beziehungen zwischen diesen verschiedenen Bereichen und Systemen von Phänomenen sind weitgehend geklärt. Sie können im großen und ganzen durch die Aussage charakterisiert werden, daß das „klassische" Verständnis von Raum, Zeit, Materie und Energie sich (in den meisten Wissenschaften, die sich mit dem nicht sehr Kleinen, nicht sehr Großen und nicht sehr Schnellen befassen) als Annäherung an kompliziertere und oft nicht vorstellbare Begriffe und Entitäten erweist, die auf eine Art miteinander verbunden sind, die in der Zeit vor den ersten Jahrzehnten unseres Jahrhunderts undenkbar war. Denn Anfang dieses Jahrhunderts löste die Relativitätstheorie in ihrer speziellen und allgemeinen Form zusammen mit der noch bilderstürmerischeren Quantentheorie eine umfassende Revolution des menschlichen Verständnisses der erfahrbaren Welt aus. Ihre Verarbeitung durch die Philosophie und erst recht durch die Theologie ist noch längst nicht abgeschlossen.
In der Physik Newtons gilt der *Raum* als einförmig und dreidimensional, und er folgt den Gesetzen der euklidischen Geometrie. Er ist physikalisch träge, er ist unendlich ausgedehnt, ein Kontinuum und unendlich teilbar. Für Newton ist der Raum absolut, ein Merkmal, das er als gottgegeben betrachtet. Diese Prämissen, mit Ausnahme vielleicht der Unendlichkeit und unendlichen Teilbarkeit des Raumes, wurden von Einstein widerlegt. Wenn, wie bei Einstein, zusätzlich eine absolute Gleichzeitigkeit geleugnet wird, kann unsere gewohnte Vorstellung eines Nebeneinanders nicht verstanden werden. Die Begriffe Raum und Zeit, die wir intuitiv unterscheiden, sind in der Relativitätstheorie – die von der modernen Physik mittlerweile uneingeschränkt anerkannt wird – unlöslich ineinander verschränkt und definieren sich gegenseitig. Die Raumdaten eines Systems, das durch einen sich relativ zu ihm bewegenden Beobachter definiert ist, hängen nicht nur von Zeitdaten ab; ebenso beinhalten umgekehrt die Zeitdaten, die ein solcher Beobachter in demselben System gewinnt, Raumdaten. So ergänzt die moderne relativistische Physik unsere intuitive Verräumlichung der Zeit durch eine Dynamisierung des Raumes.
Der Begriff *Zeit* besaß im Weltbild der klassischen Physik ebenfalls fundamentale Bedeutung – als einzige Dimension, in der Augenblicke aufeinander folgen. Ebenso wie der Raum galt sie als ein homogenes, unabhängig von Objekten oder Ereignissen „in" ihr bestehendes, träges und unendliches Kontinuum. Gemäß der speziellen Relativitätstheorie kann absolute Gleichzeitigkeit nur von Ereignissen ausgesagt werden, die am selben Ort stattfinden. Folglich verliert die Vorstellung eines großen dreidimensionalen „Jetzt", weltweiter Augenblicke, für die Physik jegliche Bedeutung. Eine Folge kausal verknüpfter Ereignisse ist jedoch von der Wahl des Bezugssystems unabhängig. Selbst der Gedanke der *Kausalität* ist von dieser ursprünglichen

Theorie Einsteins nur so weit betroffen, daß wir jetzt zugestehen müssen, daß kausale Einflüsse im Universum niemals mit einer Geschwindigkeit übertragen werden können, die größer ist als die des Lichts. Zwar hängt die metrische Skala von Zeitintervallen (die „Dilatation der Zeit") von dem Bezugssystem ab, aber dies stellt nur aus der Perspektive der relativen Bewegung des Beobachters eine Verzerrung dar. In der von Einstein später entwikkelten allgemeinen Relativitätstheorie wird der Begriff der Zeit grundlegender transformiert und verliert seine klassischen Elemente der Homogenität und Uniformität (die Dilatation der Zeit in einem Gravitationsfeld hängt nicht nur mit einem bestimmten Bezugssystem zusammen) sowie seine Unabhängigkeit vom physikalischen Inhalt.

Die Physiker, die sich mit Ereignissen auf der kosmischen Ebene oder mit Geschwindigkeiten, die an die des Lichts grenzen, beschäftigen, messen die Intervalle zwischen Ereignissen sogar mit Hilfe einer gemischten Funktion, der „Raumzeit". Für die Erforschung der meisten der vielfältigen Naturereignisse, der sich ein Großteil der Wissenschaften von der Chemie bis hin zur Ökologie und einem großen Teilbereich der Astronomie widmet, spielen diese Überlegungen glücklicherweise keine Rolle; es genügt, unserer natürlichen Intuition zu folgen, daß es tatsächlich ein „Jetzt" an einem bestimmten Ort im Raum gibt. Dies ändert allerdings nichts an der aus der Relativitätstheorie erwachsenden Notwendigkeit einer grundlegenden Revision unserer Vorstellung von Raum und Zeit; beide erweisen sich als ineinander verzahnte Begriffe, die – wie wir noch sehen werden – von den Begriffen Materie und Energie ganz und gar nicht unabhängig sind.

Im Verlauf der letzten anderthalb Jahrhunderte haben uns die Wissenschaften einen weiteren Aspekt der neuen Auffassung der Zeit aufgenötigt. Die Tatsache, daß wir die Zeit erfahren, als habe sie eine Richtung, ist nicht nur ein psychologisches Phänomen, sondern wurzelt in unserer Organisation als biologisches System, das von der Geburt zum Tod fortschreitet, die ihrerseits nichts als eine Manifestation der allgemeinen Unumkehrbarkeit aller natürlichen Prozesse im beobachtbaren Universum darstellt. Die Frage, ob diese von uns erfahrene Gerichtetheit der Zeit ein notwendiges Element des Zeitbegriffs oder nur einen Aspekt unserer Erfahrung und der daraus folgenden Interpretation bildet, ist ausführlich, aber ohne eindeutiges Ergebnis diskutiert worden.

Hawking hat die Auffassung vertreten,[1] daß das Speichern von Informationen in einer Entität immer mit dem Verbrauch von Energie und deren daraus folgender teilweisen Dissipation als Wärme einhergehen muß und daß es insgesamt immer mit einer Zunahme der Unordnung, also der Entropie, verbunden ist. Unser subjektives Bewußtsein der Zeit (unsere Erinnerung an die Vergangenheit) verläuft parallel zum thermodynamischen Zeitpfeil, der Zunahme von Unordnung (Entropie) bei allen natürlichen Prozessen. Hawking legt Berechnungen vor, die darauf hindeuten, daß diese Zunahme der Unordnung (der thermodynamische Zeitpfeil) nicht nur in einem expandierenden Universum, wie unseres es zu sein scheint, sondern auch (und dies war zu berechnen) in einem zukünftigen Universum, wenn es schließlich kontrahiert, in dieselbe Richtung geht wie der kosmologische Zeitpfeil. Die Unordnung wird während der Kontraktion weiter zunehmen – aber nur in der Phase der Expansion, in der wir uns zur Zeit befinden, ist die Existenz intelligenter Wesen möglich. Dieser genau definierte thermodynamische Zeitpfeil ist für die Funktionsfähigkeit des intelligenten Lebens sogar notwendig, da lebende Organismen zum Zweck der Aufrechterhaltung ihrer Organisation Nahrung zu sich nehmen und sie in Wärme, eine ungeordnetere Form der Energie, umwandeln müssen. Also, so lautet Hawkings Schluß, zeigen der thermodynamische, der psychologische und der kosmologische Zeitpfeil in dieselbe Richtung.

Für unser gegenwärtiges Ziel, nämlich Sinn und Bedeutung dessen, was wir über die Welt in Erfahrung bringen können, zu erkennen, genügt es, die Tatsache zu betonen, daß die Richtung der Zeit, in die unser Leben sich bewegt, nämlich von der Geburt bis zum Tod, auf der kosmischen Skala dieselbe ist wie die, in die sich physikalische und biologische Formen entwickeln. Es ist allgemein bekannt,[2] daß sehr gute Gründe für die „Urknall"-Theorie der Geschichte des Kosmos sprechen, nach der unser Universum sich seit 10–20 x 10^9 Jahren aus einem sich in der Größenordnung von Atomen bewegenden Zustand extrem hoher Temperatur und Dichte heraus immer weiter ausdehnt. (Spekulationen, die die Gültigkeit einer solchen Extrapolation hinsichtlich der ersten Augenblicke dieser angenommenen Spanne physikalischer Zeit modifizieren, werden später noch diskutiert werden.) Es scheint also eine *Richtung der Zeit* von subatomaren Dimensionen hin zu Galaxien und den vielen Formen der Materie, die sie konstituieren und in dem Raum zwischen ihnen existieren, zu geben. Hinzu kommt auf der Erde eine Richtung der Zeit auf eine größere Komplexität und Vielfalt biologischer Formen bis zu der Unzahl komplizierter Phänomene der menschlichen Gesellschaft hin. Weit davon entfernt, gleichförmig zu fließen und alles weitgehend unverändert zu lassen (wie es aus der klassischen Newtonschen Perspektive den Anschein hat), wird die Zeit heute aus dem Blickwinkel einer beeindruckenden Zahl von Wissenschaften (Thermodynamik, Kosmologie, Astronomie, Geologie, Biologie) als „Trägerin oder Ort innovativen Wandels"[3] betrachtet. Die Wissenschaft bezeugt heute auf überwältigende Weise, daß über weitaus größere Zeitspannen als die irgendeines individuellen biologischen Lebens neue Entitäten, Strukturen und Prozesse entstehen, die zuvor nicht existierten; d.h., es entsteht etwas, das vorher nicht war, und ebenso verändert sich das, was ist, und oft verschwindet es ganz.

Noch bevor die Quantenmechanik mit ihren vielen der Intuition zuwiderlaufenden und paradoxen Einsichten in die Eigenart der Materie ihre Blütezeit erlebte, hatte Einsteins spezielle Relativitätstheorie die klassische Auffassung der *Materie* als etwas Undurchdringliches, das Raum einnimmt, unmöglich gemacht. Denn die Interkonvertibilität von Masse und Energie (die berühmte Formel $E = mc^2$), die zunächst als mathematische Konsequenz der Theorie erforderlich war und heute durch die von Atomkraftwerken erzeugte Elektrizität verifiziert wird, verwischte auch die Unterscheidung von Raum und Masse. Wenn ein „Teilchen" Materie nichts als eine bestimmte lokale Konfiguration der Raumzeit ist, wie es die allgemeine Relativitätstheorie behauptet, wie kann dann von ihm gesagt werden, es „bewege sich in" einem „Raum", der seinerseits eine Wirklichkeit eigenen Rechts ist? Einsteins Theorie unterminierte die natürliche Unterscheidung zwischen der Bewegung und dem sich Bewegenden, eine Unterscheidung, die für unsere normale Sinneswahrnehmung so natürlich zu sein scheint und die doch durch die anschließenden Entwicklungen in der Quantenmechanik vollends zerstört wurde.

Obwohl diese intuitive, natürliche Unterscheidung durch die genannten Überlegungen eingeschränkt wird, bildete sie dennoch bis weit in das 20. Jahrhundert hinein eine recht gute Basis für eine überaus erfolgreiche, auf einer reduktionistischen Methodologie beruhende Entwicklung in der Wissenschaft, in deren Verlauf die beobachtbaren Strukturen und Entitäten der natürlichen Welt erfolgreich in immer kleinere Bestandteile – zuerst Moleküle, dann Atome, dann Protonen und Neutronen – zerlegt wurden. Der Grenzwert der erreichbaren Teilbarkeit wurde immer kleiner, und noch lange Zeit konnten die so enthüllen Einheiten einfach als kleine Teile der Welt aufgefaßt werden – zugegeben sehr kleine Teile, aber dennoch im wesentlichen kleinste Teilchen, die man sich mit Hilfe von Schlußfolgerungen ausgehend von unserer gewohnten Sinneserfahrung der makroskopischen Welt leicht vorstellen konnte. Als jedoch – entsprechend der Natur der Sache – immer größere Energien eingesetzt werden mußten, wenn man tiefer in die Substruktur der Welt eindringen wollte, gewann die von der Relativitätstheorie geforderte Austauschbarkeit von Materie und Energie immer mehr an Bedeutung. Die andere große Entdeckung der ersten Jahrzehnte dieses Jahrhunderts, nämlich daß Energie gequantelt ist, daß sie in begrenzten, irreduzibel kleinen Einheiten übertragen und absorbiert wird, mußte in das Verständnis dessen, was in diesen Tiefenschichten der natürlichen Wirklichkeit entdeckt, oder besser „aufgedeckt", wurde, integriert werden. Die „Elementarteilchen", die in Erscheinung traten, mußten paradoxerweise zunächst als wellenförmig *und* als Teilchen aufgefaßt werden. Diese Anomalie wurde dann von der Quantenfeldtheorie überwunden. Dies geschah zwar um den Preis des Verlustes einer naiven Anschaulichkeit, aber mit dem Vorteil der Entdeckung einer tiefergehenden Rationalität, die heute nur mit der Sprache der Mathematik – die einzig geeignete Möglichkeit des Umgangs mit den von den Physikern postulierten „Quarks" und „Gluonen" und anderen Entitäten – ausgedrückt werden kann. Die einfache Vorstellung, daß es in der physikalischen

Welt (und so auch in der biologischen) eine Art leicht zugängliches Grundgestein gibt, von dem wir uns mit Hilfe der Kategorien, die der Interpretation unserer menschlichen Sinneswahrnehmung dienen, ein Bild machen können, hat sich nicht nur als naiv und simplifizierend, sondern als geradezu irreführend erwiesen. Die Fähigkeit unseres Geistes, die Eigenart der Materie auf dieser fundamentalen Ebene zu beschreiben, ist wirklich eingeschränkt; was Materie „an sich" ist, bleibt ein Rätsel, denn die Menschen sehen sich auf der tiefsten Ebene, zu der sie vordringen können, einer Daseinsform gegenüber, die nur mit Hilfe abstrakter mathematischer Begriffe, die das Ergebnis menschlichen Denkens sind, beschrieben werden kann. Die Zunahme von Abstraktheit und Unanschaulichkeit wird wahrscheinlich nie aufhören, solange die Physiker die Materie immer weiter erforschen und immer weiter zu den Anfängen des Universums vorstoßen, da die Energien, um die es geht, diejenigen, die auf der Erde grundsätzlich erreicht werden können, weit übertreffen (so daß die Anfänge des Universums zum einzigen „Laboratorium" für solche Forschungen werden). Es gehört zu den Erfahrungen der Naturwissenschaft, an neue Grenzen der Vorstellungskraft zu stoßen, die es zu überschreiten gilt, während jedes Gebiet nach und nach seine Geheimnisse preisgibt.

In der Welt der frühen, klassischen Physik Newtons war *Energie* zunächst ein Begriff, dessen Formulierung eng mit den als grundlegend geltenden Kategorien Raum, Zeit und Masse verzahnt war, wobei letztere mit dem klassischen Begriff der Materie selbst zusammenhing. Danach verhält sich die kinetische Energie eines sich bewegenden Körpers proportional zum Quadrat seiner Geschwindigkeit (Veränderung der Position im Raum mal Zeiteinheit) multipliziert mit seiner Masse, die als die Summe einer bestimmten Eigenschaft aller Bestandteile des Körpers berechenbar zu sein schien. Schon bald mußte man allerdings erkennen, daß es auch andere Formen der Energie gibt, wie z.B. die, die ein Körper aufgrund seines Ortes in einem Gravitationsfeld besitzt. Damit ging die Einsicht einher, daß die Energie eines Systems durch „Arbeit" (Kraft x Weg) an ihm erhöht werden kann. Allmählich und besonders während des neunzehnten Jahrhunderts erkannte man die Austauschbarkeit anderer Energieformen mit diesen mechanischen und kinetischen Formen sowie mit der Schwerkraft, nämlich elektrische, chemische und magnetische Formen der Energiespeicherung. Einsteins Gleichsetzung von Energie und Masse führte außerdem zu der Erkenntnis, daß die Masse eines Körpers faktisch von den seine Bestandteile verbindenden Energien abhängt, also nicht einfach aus der Summe von Mengen, die für jeden Bestandteil für sich betrachtet charakteristisch sind, besteht.

Im zwanzigsten Jahrhundert sind wir also Zeugen eines Prozesses geworden, der dazu führte, daß die zuvor absoluten und voneinander unterschiedenen Begriffe Raum, Zeit, Materie und Energie heute als eng miteinander verbunden gelten. Die enge Verbindung dieser Begriffe hat zur Folge, daß es nicht mehr ausreicht, unser Denken so weit zu verändern, daß wir bereit sind, uns das, „was es gibt", als aus Materieenergie in der Raumzeit bestehend vorzustellen. Es bedarf vielmehr umfassenderer Begriffe, wie dem des Feldes und anderen, die nicht mehr vorstellbar sind und ausschließlich mathematisch ausgedrückt werden können. Glücklicherweise reichen die klassischen Begriffe auf der Ebene der kleinen Energiemengen und niedrigen Geschwindigkeiten (jeweils relativ zu jenen, die für ein Eindringen in die subatomare Welt notwendig sind) und der kleinen Zeit- und Raumskalen (relativ zur Lichtgeschwindigkeit und zur Größe des Kosmos) weiterhin aus, um unsere experimentellen Beobachtungen und unsere Erfahrungen zu erklären. Was für unser Anliegen hier noch bedeutsamer ist: Diese klassischen Begriffe sind im großen und ganzen jene, die von einer großen Zahl von Wissenschaften benutzt werden – obwohl natürlich selbst gewisse makroskopische Phänomene (z.B. viele Eigenschaften von Computer-Hardware oder die von Atomkraftwerken erzeugte elektrische Energie) nur mit Hilfe der Quantentheorie bzw. sogar der Relativitätstheorie erklärbar sind. Dies sollte uns jedoch nicht zu der Annahme verleiten, daß wir, wenn wir der Frage „Was gibt es?" bis zu den äußersten uns zugänglichen Grenzen nachgehen, zu Antworten gelangen werden, die in irgendeiner Weise auf der Grundlage unserer gewöhnlichen Erfahrung der Welt vorstellbar und verständlich sind. Dennoch bildet diese, wenn wir so sagen dürfen, Zwischenebene zwischen dem Ultramikroskopischen und dem Ultramakroskopischen immer noch den weitaus größten Teil der natürlichen Welt, und die große Mehrheit der Naturwissenschaften widmet sich ihrer Erforschung. Die vielfältigen und verschiedenen Bilder und Eigenschaften der natürlichen Welt, die uns auf diese Weise deutlich werden, besitzen eine sehr große Bedeutung für unser Verständnis ihrer Strukturen, Entitäten und Prozesse, und sie haben natürlich auch größte Bedeutung für die Menschen, die ihre eigene, zwischen den Extremen befindliche Welt interpretieren. Wir wollen also jetzt untersuchen, welche allgemeinen Eigenschaften in den materiellen Entitäten und Strukturen, die wir in unserer Welt nach ihrer intensiven Erforschung durch die Naturwissenschaften heute finden, entdeckt worden sind. Die Prozesse, in deren Verlauf diese den so erkannten Zustand erreicht hat, werden in Kapitel 3 analysiert werden.

2. Strukturen und Entitäten

Einem intelligenten Wesen vom Mars oder einem anderen Planeten – wenn es solche Wesen gäbe; auf den uns bekannten Planeten scheint es kein Leben, jedenfalls nicht in entwickelter Form, zu geben – würde zweifellos als erstes die enorme Vielfalt der *Strukturen* und *Entitäten* auf unserem Planeten auffallen. Hervorstechen würden besonders die Millionen Arten lebender Organismen, die es gegenwärtig gibt, ganz zu schweigen von der wahrscheinlich

um ein Hundertfaches größeren Zahl der Organismen, die einmal existiert haben und mittlerweile ausgestorben sind. Diese Vielfalt auf der Erde ist überdies nur die oberste Schicht einer allem zugrunde liegenden Vielfalt „elementarer“ Teilchen, Atome, Moleküle und der verschiedenen Erscheinungsformen der Energie, die über das ganze Universum verstreut sind. Einem solchen Beobachter könnte, wenn er/sie/es noch nichts von den irdischen Wissenschaften gehört hätte, die Schlußfolgerung nachgesehen werden, es gebe so etwas wie „die Natur als solche“ nicht, sondern nur, je nach Zeit und Ort, eine Vielzahl einzelner „Naturen“. Selbst ein an die Flora und Fauna einer gemäßigten Klimazone gewöhnter Bewohner unseres Planeten kann noch von der großen Fruchtbarkeit und kaleidoskopischen Vielfalt des Lebens in den Tropen überwältigt sein. Ein ganz kurzer Blick auf den Reichtum der Lebensformen des Meeres, z.B. an Korallenriffen, kann nur Staunen über den üppigen und vielgestaltigen Artenreichtum auslösen, der allein auf unserem Planeten herrscht – ganz zu schweigen von anderen Bereichen in der unendlichen Weite des Weltraums mit seinen 10^9 Galaxien, die ihrerseits jeweils 10^8 bis 10^{11} Sterne enthalten (wobei zu berücksichtigen ist, daß unsere Sonne mit ihrem Planetensystem in dieser Berechnung als ein Stern zählt).
Ein solches spontanes Staunen wird noch größer, wenn diese reiche Vielfalt durch die Brille der Naturwissenschaften betrachtet wird, denn diese erklären die gegenwärtigen, miteinander verwobenen Beziehungen und die ineinander verzahnten Geschichten, die diese beeindruckende Vielfalt kennzeichnen, immer detaillierter und umfassender. Diese Vielfalt wird aufgrund des Einflusses der Naturwissenschaften immer mehr als eine „Vielfalt-in-Einheit“ gesehen, in der relativ einfache Gesetze, Prinzipien und Beziehungen durch ihr Zusammenwirken über Zeiträume, die das menschliche Vorstellungsvermögen übersteigen, hinweg das nahezu verschwenderisch reiche Geflecht der für uns zur Zeit erfahrbaren Welt weben. Die Welt ist von einer Einfachheit, deren Ergebnisse und Manifestationen in Raum und Zeit des Kosmos und der Erde hochentwickelt und komplex sind. Die Frage, wie diese große Komplexität aus der Einfachheit hervorgeht, ist sowohl auf unseren Fernsehschirmen als auch in klugen Büchern von Wissenschaftlern theistischer wie nichttheistischer Überzeugung gut erläutert worden – denn der Blick der Wissenschaften auf die Welt kann bei den Wissenschaftlern unabhängig von ihren religiösen oder sonstigen Überzeugungen Staunen hervorrufen.[4]
Diese üppige Mannigfaltigkeit verdankt sich bestimmten vorgegebenen grundlegenden Parametern, wie z.B. der Lichtgeschwindigkeit, der Masse und Ladung von Elektronen, bestimmten Wechselwirkungskonstanten, der Planck-Konstante usw., verbunden mit dem Wirken von nur vier fundamentalen Kräften. Bei letzteren handelt es sich zum einen um Schwerkraft und Elektromagnetismus, mit deren Wirkungen wir durch das alltägliche Leben in einer technisierten Gesellschaft vergleichsweise gut vertraut sind, und zum anderen um die weniger offensichtlichen, aber dennoch grundlegenden

schwachen und starken atomaren Energien, die in den für den Atomkern charakteristischen kleinen Bereichen wirken. Es ist den Physikern bereits gelungen, zwei dieser Energien (die elektromagnetische und die schwache atomare) in einer mathematischen Beschreibung zu vereinigen, und es wächst die Hoffnung, daß es möglich sein wird, beide auch mit den starken atomaren Energien in einer Großen Vereinheitlichten Theorie (GUT: „Grand Unified Theory") zu verbinden. Dabei ist das oberste Ziel die Verschmelzung der Schwerkraft mit den anderen drei Energien sowie die Verbindung der so gewonnenen Ergebnisse mit der allgemeinen Relativitäts- und Teilchentheorie zu einer Formel, die von einigen „Theory of Everything" (TOE) genannt wird. Dieses Ziel mag außerhalb der Reichweite von Menschen liegen, aber die Tatsache, daß sie überhaupt nach ihm streben, ist ein bedeutsames Zeugnis für die Einheit, die der Komplexität der beobachteten Phänomene zugrunde liegt, sowie für die wachsende Überzeugung der Wissenschaftler, daß sich die Entwicklung der letzten Jahrhunderte fortsetzen und diese Einheit immer besser erkannt werden wird.

Der Mannigfaltigkeit sichtbarer Objekte ist die ihr zugrunde liegende Einheit nur mit Hilfe des abstraktesten Denkens, dessen der menschliche Geist fähig ist, abgerungen worden – von den extrem komplizierten (und oft sehr großen und teuren) Geräten, die erforderlich sind, um den Geheimnissen der subatomaren Welt auf die Spur zu kommen, ganz zu schweigen. Von der Ebene der Atome aufwärts bis hin zu der Ebene biologischer Populationen und der Ökosysteme vermitteln die entsprechenden Wissenschaften glücklicherweise Erkenntnisse über die von ihnen erforschten Entitäten, die sehr viel leichter vorstellbar sind, auch wenn die Feinheiten dessen, was diese Entitäten als Einheiten zusammenhält, sowie der Prozesse, aufgrund derer sie sich verändern, noch immer nur mit Hilfe komplexer mathematischer Formeln voll verständlich sind. Es lohnt sich also, sozusagen einen Ausschnitt oder Querschnitt durch die Raumzeit in einem bestimmten Augenblick zu betrachten, und zwar in der zuversichtlichen Hoffnung, daß die Geschwindigkeiten aller Beobachter auf dem Planeten Erde relativ zueinander so viel kleiner sind als die des Lichts, daß es möglich ist, ohne relativistische Einschränkungen von einem „Jetzt" zu sprechen.

Im Verlauf ihrer immer schnelleren Expansion haben die Naturwissenschaften uns ein Bild der Welt als einer komplexen Hierarchie vermittelt. Diese wird von mehreren Ebenen der Organisation der Materie gebildet, wobei jedes Glied der Reihe ein „Ganzes" ist, das aus „Teilen" besteht, die ihm in der Reihe vorangehen; von ihr wird (gemäß einer Konvention, die kein Werturteil impliziert) oft gesagt, sie steige mit zunehmender Komplexität vom „Niedrigeren" zum „Höheren" auf. Dieses „Ganze" sind organisierte Systeme von Teilen, die in einer dynamischen und räumlichen Wechselbeziehung zueinander stehen. Ein besonders gutes Beispiel für eine solche Folge sind die verschiedenen Ebenen der Organisation lebender Systeme, die Folge

nämlich, als deren Elemente (unvollständig) zu nennen sind: Atom – Molekül – Makromolekül – subzelluläre Organelle – Zelle – vielzelliges funktionierendes Organ – ganzer lebender Organismus – Populationen lebender Organismen – Ökosysteme – die Biosphäre. Gewöhnlich sind die Interaktionen zwischen den Subsystemen (den „Teilen"), verglichen mit den Interaktionen innerhalb der Subsysteme selbst, relativ schwach – eine Eigenschaft, die zur Vereinfachung ihrer Identifikation und Beschreibung beiträgt. Die Größe der zusätzlichen Kräfte, durch die die Untereinheiten zusammengehalten werden, nimmt ab, je weiter man auf der Skala der Komplexität nach oben aufsteigt, während die Kräfte, die auf den niedrigeren Ebenen der Komplexität wirken, weiterhin auch dem Zusammenhalt der komplexeren Strukturen dienen. Die zwischen den Atomen eines Moleküls wirkenden Schwerkräfte sind 10^{35} bis 10^{39} mal geringer als die Summe ihrer elektrostatischen Interaktionen, und die Energien, die die Atome eines Moleküls zusammenhalten, sind ihrerseits 10 bis 100 mal kleiner als die Energien, auf denen die Verbindung von Elektronen und Atomkern innerhalb eines Atoms beruht, und sie wiederum sind 100.000 bis 1 Million mal kleiner als die Energien, die die „Teilchen" des Atomkerns verbinden. Für das Durchdringen einer Zellwand wird sehr viel weniger Energie benötigt als für die Zerlegung eines Moleküls in einzelne Atome, für die Spaltung von Atomen sind Zehntausende „Elektronenvolt" (die Energie, die ein Elektron beim Durchlaufen eines potentiellen Gefälles von einem Volt pro Zentimeter gewinnt) erforderlich, und um in den Atomkern einzudringen, werden Millionen Elektronenvolt eingesetzt – und diese Steigerung setzt sich fort, je tiefer man vorstößt, denn die tieferen Energieebenen sind durch größere Energiesprünge voneinander getrennt als die höheren, an der „Oberfläche" befindlichen.
Man ist versucht, sich die natürliche Hierarchie der Ebenen als eine räumliche Struktur vorzustellen, und zwar, russischen Puppen vergleichbar, als immer kleinere Systeme, die ineinander verschachtelt sind, wobei das kleinste das der physikalisch-chemischen Ebene und das größte das der Biosphäre des Planeten Erde ist. Im Verhältnis zu den Größenordnungen des Kosmos ist letzterer seinerseits natürlich nur ein winziger Punkt. Obwohl dieses Bild für die Veranschaulichung der Beziehung zwischen einigen Ebenen durchaus ausreicht, ist diese Art räumlicher Vorstellung nicht angemessen, wenn es um die Darstellung der Beziehung zwischen anderen Arten funktionaler Komplexität geht, da einige der ausgefeiltesten und kompliziertesten im Hinblick auf das physikalische Gesamtvolumen oft relativ klein sind, z.B. das Zentralnervensystem des Menschen. Darüber hinaus ist jede Hierarchieebene oft durch eine ganz eigene innere logische Struktur gekennzeichnet, deren Eigenschaften mit Hilfe eines ganz bestimmten, logisch zusammenhängenden Systems von Begriffen beschrieben werden können, die sich von jenen unterscheiden, die für angrenzende Ebenen „über" und „unter" ihr oder „innerhalb" und „außerhalb" von ihr verwendet werden.

Wenn die Hierarchie der Komplexität außerdem (wie in der oben beschriebenen „biologischen" Folge) faktisch eine Hierarchie zunehmender Größe ist, dann wird gleichzeitig und in Übereinstimmung hiermit die Reaktion der größeren Entitäten auf äußere Veränderungen gewöhnlich immer langsamer. Darüber hinaus ist die Folge der biologischen Evolution in der Zeit, wie wir im nächsten Abschnitt sehen werden, zugleich eine Folge zunehmender Komplexität, die auf Umwelteinflüsse zurückgeht und nicht notwendigerweise präzisen logischen Regeln folgt, mit Ausnahme jener allerdings, die deswegen unerläßlich sind, weil eine Funktion oder Struktur einer anderen als deren notwendige historische Voraussetzung vorangehen muß.

3. Reduktionismus

Da wir eine kritisch-realistische Haltung einnehmen, müssen wir dieses naturwissenschaftliche Bild der Welt als einer Hierarchie der Komplexität der gerade beschriebenen Art ernst nehmen. Den verschiedenen Ebenen in diesen Hierarchien der natürlichen Welt entsprechen die dazugehörigen Wissenschaften, deren Forschungen sich jeweils auf einer bestimmten Ebene bewegen – obwohl es natürlich Wissenschaften gibt, die mehrere Einzeldisziplinen berühren. Die Klärung der Beziehungen zwischen den Beschreibungen der Realität, die die Wissenschaften auf ihren je eigenen Forschungsebenen erarbeiten, ist überaus wichtig für unsere Einschätzung der Relevanz dieses Wissens für die allgemeineren Anliegen der Menschheit, und sie besitzt, wie bereits im vorigen Kapitel erwähnt, besondere Bedeutung in bezug auf sein Verhältnis zur Theologie.

Für einen Molekularbiologen, der es gewohnt ist, komplexe (biologische) Entitäten in Einheiten zu zerlegen, die so klein sind, daß er sie mit Hilfe der von ihm erlernten Techniken (in diesem Fall jene der Physik, Chemie und Biochemie) untersuchen kann, ist es z.B. ein natürlicher Vorgang, diese praktische, methodologische „Philosophie" in den allgemeineren, genuin philosophischen Glauben umzuformen, daß (in diesem Fall) biologische Organismen „nichts als" die Teile, in die sie zerlegt wurden, „nichts als Moleküle und Atome" *sind*. Aufgrund dieses Vorgangs sind viele praktizierende Molekularbiologen implizite „Reduktionisten". Einige bekennen sich sogar ausdrücklich dazu; Francis Crick z.B. betont, daß „es faktisch das oberste Ziel der modernen Bewegung innerhalb der Biologie ist, die *ganze* Biologie mit Hilfe von Physik und Chemie zu erklären"[5]. Unabhängig davon, ob sie explizit oder implizit übernommen wird, kann eine solche reduktionistische Interpretation des Verhältnisses der verschiedenen Wissenschaften zueinander das Verständnis der Eigenart der Ebenen der natürlichen Welt, die jeweils untersucht werden – in diesem Fall lebende Organismen einschließlich der Menschen –, einschränken und determinieren. Es geht hier um die Frage[6], ob nachgewiesen werden kann, daß die Theorien, experimentellen Gesetze und theoretischen Begriffe und Auffassungen, die eine Wissenschaft bei der Arbeit auf ihrer eigenen Ebene formuliert, nichts als Spezialfälle der Theorien usw. darstellen, die von einem anderen, auf einer niedrigeren Ebene der natürlichen Hierarchien operierenden Wissenschaftszweig entwickelt wurden, d.h. ob jene auf diese reduziert werden können oder nicht. Diese Auffassung wird uns nahegelegt, wenn uns gesagt wird, „die wissenschaftliche Studie X ist nichts als die wissenschaftliche Studie Y" – daher die Kennzeichnung dieser Art Behauptung als „Nichtsalserei".

Es besteht allgemeine Übereinstimmung darüber, daß es sinnvoll, ja notwendig ist, unverständliche, komplexe Ganze in ihre Bestandteile zu zerlegen und dann zu untersuchen, wie diese zusammenpassen. Damit sind ganzheitlichere Methoden jedoch nicht ausgeschlossen. Einige Reduktionisten stimmen dem zwar zu, verstehen dieses Zugeständnis aber nur als eine Art Konzession an die gegenwärtige Unvollständigkeit unseres Wissens und hegen dabei noch immer den Glauben, so vage dieser auch sein mag, daß sich alle Wissenschaften eines Tages auf Physik und Chemie werden reduzieren lassen. Gemäß dieser Auffassung *sind* komplexe Ganze (z.B. biologische Organismen) „nichts als" ihre Bestandteile.

Diese Auffassung tritt in zwei Varianten auf. Die erste behauptet schlicht, daß die Gesetze der Physik und der Chemie für alle Prozesse (z.B. biologische) auf der atomaren und molekularen Ebene gelten; damit ist z.B. jedes „vitalistische" Verständnis biologischer Organismen ausgeschlossen. Hierüber besteht weitgehend Übereinstimmung. Eine zweite und stärkere Variante eines solchen Reduktionismus steht auf dem Standpunkt, daß alle höheren Komplexe „nichts als" Atome und Moleküle in dem Sinne *sind*, daß es über sie über die physikalisch-chemische Erläuterung ihrer atomaren und molekularen Prozesse hinaus nichts zu sagen gibt.

Nun stimmt es zwar, daß die Antwort auf die Frage: „Was gibt es (außer Atomen und Molekülen) in z.B. lebenden Organismen noch?" lautet: „überhaupt nichts", aber dies bedeutet nicht, daß die Individualität eines bestimmten lebenden Organismus, besonders eines menschlichen, durch die Erläuterung seiner molekularen Bestandteile und deren Eigenschaften hinreichend beschrieben wäre und es darüber hinaus nichts weiter zu sagen gäbe.

Wie wir gesehen haben, hat die Erweiterung unseres Wissens über die natürliche Welt, die wir besonders im 20. Jahrhundert erlebt haben, gezeigt, daß diese aus einer komplexen Hierarchie von Systemen besteht, wobei es für jede Ebene eine ihr entsprechende Wissenschaft gibt. Auf jeder Ebene treten unterschiedliche Arten zusammenhängender Beziehungen auf, und diese erfordern unterschiedliche Begriffe, damit sie geordnet und verstanden werden können. Sehr oft können diese Begriffe nicht mit Hilfe der Sprache, die auf niedrigeren Ebenen der Organisation angemessen ist, verstanden und in diese Sprache übersetzt werden, d.h. sie sind nicht reduzierbar. Aufgrund der weitverbreiteten reduktionistischen Voraussetzungen gibt es eine Tendenz, einzig die Ebene der Atome und Moleküle als „wirklich" zu betrachten. Es sprechen jedoch gute Gründe dafür, der physikalischen und der chemischen Beschreibungsebene keine besondere Priorität einzuräumen und statt dessen anzunehmen, daß das Wirkliche dasjenige ist, auf das sich die verschiedenen Darstellungsebenen tatsächlich beziehen. Subatomare Teilchen können in keiner Hinsicht als „wirklicher" eingestuft werden als z.B. die Zelle eines Bakteriums oder eine menschliche Person oder ein soziales Faktum. Jede Ebene muß in dem Sinn als Querschnitt durch das Ganze der Wirklichkeit betrachtet werden, daß wir ihre Wirkungsweise auf eben dieser Ebene berücksichtigen.

Insbesondere dürfen Begriffe wie „Bewußtsein", „Person", „soziales Faktum" und die Sprache der Geisteswissenschaften, der Ethik, der Künste und der Theologie im allgemeinen, um nur einige wenige zu nennen, nicht voreilig aus dem Vokabular für die Beschreibung der Situation des Menschen gestrichen werden, denn in allen diesen Fällen spricht einiges für die Besonderheit und Irreduzibilität der jeweils gebrauchten Begriffe. Viele würden sagen, daß die Sprache, die die Menschen z.B. in Musik, Dichtung und Religion entwickelt haben, um ihre Bewußtseinszustände und ihre Interaktion untereinander und mit Gott zu artikulieren, einen genuinen Anspruch hat, auf ihrer eigenen Referenzebene ebenso ernst genommen zu werden wie die Sprache der Wissenschaften auf der ihren.

4. Verbundenheit und Ganzheit

Der Mannigfaltigkeit, die wir oder jene außerirdischen Besucher auf unserem Planeten Erde beobachten, mangelt es nicht an Wirklichkeit, denn auf den verschiedenen Ebenen, auf denen bestimmte Muster der Organisation von Materie erkennbar sind, weisen diese zweifelsohne die von mir beschriebene Vielfalt auf. Die einzelnen Strukturen erweisen sich als charakteristisch und von anderen verschieden. Wir haben gesehen, daß diese Mannigfaltigkeit das Ergebnis des Zusammenwirkens erstaunlich weniger Kräfte, Grundgesetze und fundamentaler Konstanten und daher für jene allem zugrunde liegende Einheit, auf die wir bereits hingewiesen haben, konstitutiv ist. Damit haben wir auch die Rolle der Naturwissenschaften für die Erklärung und Erläuterung dieser Vielfalt in Einheit, und zwar sowohl für ihre heute sichtbare Form als auch für ihre Entwicklung und Veränderung im Verlauf der Zeit, der wir uns in Kapitel 3 zuwenden werden, anerkannt.

Die letzte Einheit der Welt ist jedoch nicht nur eine Frage der Ableitung von einigen allem zugrunde liegenden Grundprinzipien, -gesetzen und -konstanten, sondern sie erstreckt sich auch auf eine allgemeine Wechselbeziehung und Verbundenheit. Dies zeigt sich auf zwei verschiedenen Ebenen.

Nach der Quantentheorie nimmt die Amplitude der Wellenfunktion, die die räumliche Ausdehnung eines bestimmten „Teilchens" repräsentiert, nur langsam mit der Entfernung ab und erreicht nie ganz den Wert Null, während die Distanz von seiner wahrscheinlichsten Position wächst. Da das Quadrat dieser Amplitude an einem beliebigen Ort im Raum sich, grob gesagt, proportional zu der Wahrscheinlichkeit des Auffindens dieses Teilchen an diesem Ort verhält, gibt es keinen Punkt im Universum, an dem es vollkommen unmöglich wäre, das Teilchen zu finden – keinen Punkt, an dem die Amplitude der Wellenfunktion tatsächlich Null wäre. Faktisch bewegen sich die Werte so schnell vom Atom oder Molekül oder der Größe, in der man den Sitz des Teilchens normalerweise vermutet, weg, daß dieses fast immer ignoriert werden kann. Dies darf jedoch nicht von der Eigenart der Materie, „ausgedehnt" zu sein, ablenken, so daß in einem sehr konkreten Sinn jedes Elementarteilchen oder jede aus diesen bestehende Struktur (d.h. *alles*) bis zu einem gewissen Grad mit dem ganzen übrigen Universum interagiert. Man hat z.B. ausgerechnet[7], daß selbst unter den Voraussetzungen der klassischen Physik die einzelnen Bewegungen (d.h. Richtungen und Geschwindigkeiten) von Billardkugeln, die mit einem vernachlässigbaren Energieverlust zusammenstoßen, sogar von so geringen Wirkungen wie der Massenanziehung eines Elektrons am Rand der Galaxie betroffen wären. Dies werden wir in Kapitel 3 noch näher erläutern. Für die meisten praktischen Zwecke, zu denen auch die der Wissenschaft selbst gehören, haben natürlich nur sehr wenige lokale Interaktionen signifikante Folgen. Die Tatsache, daß diese minimalen universalen Interaktionen überhaupt stattfinden, weist allerdings darauf hin, daß wir unser Bild der Welt und ihrer scheinbar separaten Bestandteile nicht übermäßig zerteilen dürfen. Tatsächlich ist es in gewissen Situationen auf der subatomaren Ebene zwingend notwendig, Teilchen nicht als isolierte Entitäten, sondern zusammen als ganze Systeme zu betrachten (dies gilt z.B. für die Systeme, die Gegenstand des Theorems J.S. Bells und seiner Experimente sind[8]).

Es gibt noch eine weitere, ganz anders geartete Ebene, zu deren herausragenden Merkmalen die Wechselbeziehung und Verbundenheit der verschiedenen, scheinbar separaten Strukturen und Entitäten der Welt gehört. Alle lebenden Organismen existieren in komplizierten Systemen, in denen es zu vielen Überschneidungen und einem vielfältigen Austausch von Energie und Materie kommt und die Labyrinthe von einer verblüffenden Komplexität bilden. Diese biologischen Ökosysteme sind ihrerseits in die viel größeren anorganischen Systeme der Energie- und Materieströme in den Ozeanen, in der Atmosphäre und auf dem Land integriert. Auch diese Makro-Perspektive dient also der Korrektur eines allzu aufgesplitterten Verständnisses der Welt, so hilfreich dieses für die Klärung der Gedanken und den präzisen Gebrauch der Sprache, die durch die Benennung der einzelnen Dinge zwangsläufig fragmentierend wirkt, sein mag.

Kapitel 3: Was geht vor sich?

Bislang haben wir die Welt bewußt statisch betrachtet, so als wäre ein Querschnitt durch die Raumzeit zu einem bestimmten Zeitpunkt möglich, der es uns erlauben würde, auf sinnvolle Art und Weise Entitäten zu identifizieren, die sich zu dieser Zeit im Raum befinden und die analysiert und beschrieben werden können. Da menschliche Beobachter sich nicht mit einer Geschwindigkeit bewegen, die der des Lichts annähernd vergleichbar wäre, fallen relativistische Verzerrungen unserer Wahrnehmung der meisten Entitäten in der unserer Erfahrung zugänglichen Welt nicht ins Gewicht, und so war es uns am Ende von Kapitel 2 möglich, die von den Naturwissenschaften beobachteten allgemeinen Merkmale dieser Entitäten in groben Zügen zu beschreiben.

Die Welt ist jedoch beinahe berüchtigt dafür, daß sie sich in einem Zustand ständiger Veränderung befindet. So ist es kein Wunder, daß eines der Hauptanliegen der Wissenschaft darin besteht, die Veränderungen, die auf allen Ebenen der natürlichen Welt stattfinden, zu verstehen. Die Wissenschaft fragt: „Was geht vor sich?“ und: „Wie kam es zu den Entitäten und Strukturen, die wir heute beobachten, und wie sind sie zu dem geworden, was sie sind?“

Da fast alle beobachtbaren Entitäten und Strukturen Veränderungen unterliegen, wenn diese auch in sehr unterschiedlichen Zeiträumen stattfinden, alles „Sein“ also tatsächlich im „Werden“ begriffen ist, hat man behauptet, die grundlegenden Einheiten der Welt seien nicht so sehr aus kleineren Einheiten bestehende Entitäten und Strukturen, sondern eher „Ereignisse“ – Trajektorien in der Raumzeit. Gemäß dieser Betrachtungsweise kann es so etwas wie unbewegte Gegenstände nicht geben, sondern es gibt nur „Vorgänge“. Da wir jedoch, wie im vorangegangenen Kapitel deutlich wurde, faktisch unterschiedliche Entitäten und Strukturen erkennen können, ist es in den meisten Fällen nicht irreführend anzunehmen, daß man die Frage: „Was geht vor sich?“ beantworten kann, indem man die mit der Zeit stattfindenden Veränderungen von Entitäten und Strukturen, die zu bestimm-ten Zeitpunkten in der Vergangenheit oder der Gegenwart beobachtet werden, beschreibt. Der Gegenstand unserer Wißbegier ist sowohl die kausale Erklärung von Veränderungen in der Vergangenheit, die dem Verständnis der Gegenwart dient, als auch die Vorhersage zukünftiger „Ereignisse“, der Veränderungen der Entitäten und Strukturen, mit denen wir uns beschäftigen.

1. Vorhersagbarkeit, Kausalität und „Von-oben-nach-unten"- („absteigende") Kausalität

Der Gedanke der Erklärung von Vergangenheit und Gegenwart und der Vorhersagbarkeit der Zukunft hängt eng mit dem Begriff der Kausalität zusammen. Denn die Entdeckung einer kausalen Folge, z.B. A verursacht B und B verursacht C und so weiter, wird häufig für eine Erklärung der Gegenwart mit Hilfe der Vergangenheit (d.h. für eine historische Erklärung) gehalten. Außerdem glaubt man, mit ihrer Hilfe die Zukunft vorhersagen zu können, insofern die Beobachtung von A den Grund für die Schlußfolgerung liefert, daß B und C mit der Zeit folgen werden, da die ursprüngliche Folge A–B–C ... selbst eine Folge in der Zeit war.

Natürlich hat im Lauf der Jahrhunderte eine lange und verwickelte Diskussion darüber stattgefunden, inwieweit von der Beobachtung eines „ständigen Zusammentreffens" bestimmter Ereignisse logisch auf die Zukunft geschlossen werden kann – das „Problem der Induktion". Obwohl solche induktiven Schlußfolgerungen allgemein verbreitet sind, wird mittlerweile weithin anerkannt, daß natürlichen Ereignisfolgen, wie sie von der Wissenschaft beschrieben werden, nur dann verläßlich Kausalität zugeschrieben werden kann, wenn der Nachweis erbracht wird, daß den aufeinanderfolgenden Formen der Entitäten verstehbare Beziehungen über das bloße Zusammentreffen hinaus zugrunde liegen. Aufgrund dieser Beziehungen kann oft erklärt werden, wie die Bestandteile einer Entität dieser ihre Form verleihen und wie Veränderungen „interner" Beziehungen manifest werden, wenn das System als Ganzes beobachtet wird. Natürlich ist eine solche Verallgemeinerung weit davon entfernt, die enorme Vielfalt der Erklärungen von Veränderungen, die von dem Spektrum der Wissenschaften insgesamt erarbeitet werden, einzufangen. Dennoch dient sie dazu, das grundlegende Interesse der Wissenschaften an der Erklärung von Veränderungen, mithin an Vorhersagbarkeit und Kausalität, zu betonen. Es zeigt sich, daß in den unterschiedlichen Arten natürlicher Systeme verschiedene Grade der Vorhersagbarkeit erreicht werden und daß die jeweils relevanten Darstellungen der Kausalität entsprechend unterschiedlich sind. Man muß sich hierbei vor Augen halten, daß die Relativitätstheorie zwar keine absolute Gleichzeitigkeit kennt, die Folge der Ereignisse, die an einem gegebenen Ort auftreten und Kausalketten bilden, aber von der Wahl des Bezugssystems unabhängig ist. (Die einzige Art einer Folge, die vom jeweiligen Bezugssystem abhängt, ist die Folge kausal *nicht* verknüpfter Ereignisse.) Der Begriff der Kausalität ist von Einsteins Relativitätstheorie sogar nur insofern betroffen, als wir heute erkennen müssen, daß sich kausale Einflüsse im Universum nie schneller als mit Lichtgeschwindigkeit ausbreiten können. Wenden wir uns nun einigen natürlichen Systemen zu, die sich hinsichtlich der Vorhersagbarkeit ihrer Entwicklung in der Zeit und der Art, wie ihr kausaler Zusammenhang zu erklären ist, unterscheiden.

a. *Vorhersagbarkeit und Kausalität in relativ einfachen, dynamischen, gesetzmäßigen Systemen*

Der Aufstieg der Wissenschaft in der Kultur des Westens begann mit einer Reihe intellektueller Pionierleistungen in Mathematik, Mechanik und Astronomie. Er gipfelte im Triumph des Newtonschen Systems, das nicht nur viele der in bestimmten Systemen auf der Erde bestehenden Beziehungen, sondern insbesondere die geometrischen Bahnen und Phasen der Planetenbewegungen unseres Sonnensystems erklärte. Diese folgen genauen mathematischen Zusammenhängen, und die zukünftigen Zustände des Systems (mit bestimmten bemerkenswerten Abweichungen, die später mit Hilfe der Behauptung der Existenz zuvor unentdeckter Planeten erklärt wurden) konnten auf der Grundlage dieser Zusammenhänge vorhergesagt werden. Letztere wurden in der Folge natürlich als „Gesetze" betrachtet. Angesichts der ganzen intellektuellen Kraft und Schönheit des Newtonschen Systems ist es kein Wunder, daß das Verständnis dessen, wonach die Wissenschaft idealerweise immer streben sollte, in der Folgezeit vom Kriterium der Vorhersagbarkeit beherrscht wurde, auch wenn Systeme, die sich nur über eine Ebene erstrekken, nach unserem heutigen Wissen relativ selten sind. Außerdem gewann die Vorstellung an Gewicht, daß die Wissenschaft am besten so vorgeht, ja vorgehen *sollte*, daß sie die Welt im allgemeinen und die untersuchten Systeme im besonderen in die Entitäten zerlegt, aus denen sie bestehen. Die Verfahrensweise der Wissenschaft, so wurde vermutet, bestehe darin, die Beziehungen zwischen den auf diese Weise unterschiedenen Entitäten sowie die Veränderungen, die diese mit der Zeit durchlaufen, zu bestimmen. Diese Verhältnisse galten schließlich, wenn sie gut abgesichert waren, als Gesetze, die unter der Voraussetzung bestimmter Anfangsbedingungen den zukünftigen Verlauf der Ereignisse bestimmten. Letztere wurden auf diese Weise vorhersagbar. Natürlich förderten solche Vorgehensweisen ein mechanistisches und deterministisches Weltbild, und die Fähigkeit, Vorhersagen zu treffen, wurde beinahe als notwendiges Kriterium einer erfolgreichen wissenschaftlichen Erklärung betrachtet. Wie wir noch sehen werden, erfuhr die Dominanz dieses Kriteriums Einschränkungen, aber dennoch ist es bis heute auf eine große Bandbreite anderer Systeme, die weniger einfach als das Planetensystem sind, anwendbar.

Eine ungefähre Zusammenfassung des Kausalitätsbegriffs in solchen Systemen ist der Begriff verständlicher Relationen, wobei die Existenz von etwas impliziert ist, das einem zugrunde liegenden Mechanismus, der diese Relationen hervorbringt (der „generative Mechanismus"), analog ist.[1]

b. Vorhersagbarkeit und Kausalität bei bestimmten statistischen Eigenschaften von Gruppen (trotz der Unmöglichkeit von Vorhersagen im mikroskopischen Bereich)

In komplexeren Systemen können manchmal bestimmte Eigenschaften einer ganzen Gruppe vorhergesagt werden. Es war z.B. im wesentlichen die Anwendung des Gedankens, daß eine Gruppe von Gasmolekülen sich wie kollidierende Newtonsche Körper verhält, die zu einer im großen und ganzen erfolgreichen Herleitung der Gasgesetze (z.B. das Produkt aus Druck und Volumen verhält sich proportional zur Temperatur) aus dem Kollisionsverhalten und den Eigenschaften der einzelnen Moleküle, aus denen ein Gas besteht, führte. Diese statistische Berechnung wird durch unser fehlendes Wissen über Richtung und Geschwindigkeit der einzelnen Moleküle nicht hinfällig. Das makroskopische Verhalten des Gases als ganzes (d.h. daß es den „Gasgesetzen" folgt) kann dennoch den einzelnen Molekülen zugeschrieben werden, und das Verhalten letzterer kann mit Recht als „Ursache" des ersteren bezeichnet werden.

Bekanntlich wird die Vorhersagbarkeit von Ereignissen auf der atomaren und subatomaren Ebene durch die Erkenntnis radikal eingeschränkt, daß sich genaue Bestimmungen des Wertes bestimmter Quantitätenpaare (Impuls/Position und Energie/Zeit) gegenseitig ausschließen, d.h. daß das Produkt aus der Unbestimmtheit des Wertes eines der Paare und der Unbestimmtheit des Wertes des anderen Paares konstant ist. Diese Konstante ist sehr klein, so daß die echte Unbestimmtheit der Werte jener Quantitäten nur für kleine Teilchen auf der subatomaren Ebene numerische Bedeutung hat; sie ist jedoch weder praktisch noch, wie es zur Zeit scheint, prinzipiell eliminierbar, und ihre Folge ist eine fundamentale Unbestimmtheit der quantitativen Beschreibung von Ereignissen auf der mikroskopischen Ebene. Dies verstärkt die Unvorhersagbarkeit in jeder Beziehung, mit einigen signifikanten Ausnahmen (z.B. der Gasgesetze), in makroskopischen Systemen. Wir beziehen uns hier natürlich auf Heisenbergs berühmte Unschärferelation, eine der tragenden Säulen der Quantentheorie. Im Hinblick auf andere Systeme auf der subatomaren Ebene sind heute auch andere, hiermit zusammenhängende Arten der Unvorhersagbarkeit anerkannt. So ist es bei einer Gruppe radioaktiver Atome niemals möglich vorherzusagen, wann genau der Kern eines bestimmten Atoms zerfallen wird; bekannt ist nur die Wahrscheinlichkeit, mit der er innerhalb eines bestimmten Zeitraums auseinanderbrechen wird. Bei einer gegebenen bestimmten Atomart (z.B. Radium) jedoch ist es ohne weiteres möglich, auf der Grundlage früherer Beobachtungen ganz genau vorherzusagen, wie lange es dauern wird, bis ein bestimmter Teil, z.B. die Hälfte, zerfallen ist. Hier liegt also ein Beispiel für relative Unvorhersagbarkeit (oder besser: für eine Vorhersagbarkeit von Wahrscheinlichkeit) auf der mikroskopischen Ebene in Verbindung mit einer statistischen Vorhersagbarkeit auf der makroskopischen Ebene vor. Es veranschaulicht den gegenwärtigen Stand der Quantentheorie, die lediglich die gegenseitige Abhängigkeit der *Wahrscheinlichkeit* elementarer Ereignisse in Betracht zieht und so eine losere Form der kausalen Verknüpfung auf dieser Mikroebene herstellt, als es für die klassische Physik selbstverständlich war. Es muß allerdings beachtet werden, daß die Kausalität als solche nicht eliminiert wird, denn die physikalischen Zustände auf dieser Mikroebene sind noch immer voneinander abhängig, wenn auch nun in der Weise der Wahrscheinlichkeit.

c. *Vorhersagbarkeit und Kausalität bei deterministischen, auf der Ebene mikroskopischer Beschreibung jedoch nicht vollkommen vorhersagbaren Newtonschen Systemen*

Spätestens seit Anfang unseres Jahrhunderts wirkt die Existenz solcher Systeme wie eine tickende Zeitbombe unter dem Gebäude des deterministisch/vorhersagbaren Paradigmas dessen, wodurch das Weltbild der Wissenschaft seit spätestens Anfang dieses Jahrhunderts konstituiert wird. Damals wies der französische Mathematiker Henri Poincaré auf folgenden Sachverhalt hin:[2] Da die Fähigkeit der (im wesentlichen Newtonschen) Theorie dynamischer Systeme, Vorhersagen zu ermöglichen, nicht nur vom Wissen um die Regeln für die Beschreibung der Art, wie sich das System mit der Zeit verändern wird, sondern auch von der Kenntnis der Anfangsbedingungen des Systems abhängt, ist eine solche Vorhersagbarkeit sehr eng an unsere Kenntnis der Parameter, die diese Anfangsbedingungen charakterisieren, gebunden. So kann man zeigen, daß der Vorhersagbarkeit selbst im Fall von Gruppen von Körpern, die der Newtonschen Mechanik gehorchen, echte Grenzen gesetzt sind. Wegen unserer Unfähigkeit, die Werte der anfänglichen, „determinierenden" Parameter hinreichend genau zu bestimmen, können solche Systeme trotz des deterministischen Charakters der Newtonschen Gesetze jenseits recht enger Grenzen sogar vollkommen unvorhersagbar werden.
Nehmen wir z.B. an, daß bei einem Billardspiel die Kugeln nach dem ersten Stoß fortwährend zusammenstoßen, daß die Zahl der Kugeln sehr groß ist (so daß Zusammenstöße mit der Bande ignoriert werden können) und daß die Kollisionen mit einem vernachlässigbaren Energieverlust verbunden sind. Man könnte meinen, daß die üblichen Kollisionsgesetze der Newtonschen Mechanik es erlauben würden, unbegrenzt vorherzusagen, welche Bälle sich mit welcher Geschwindigkeit in welche Richtung bewegen werden. Auf diese Annahme gründete Laplace seine berühmte Behauptung, ein Intellekt mit ausreichender Kapazität könne alle zukünftigen Zustände des Universums vorhersagen, wenn ihm alle die Natur bestimmenden Kräfte und die Werte aller relevanten Parameter zu jedem Zeitpunkt bekannt seien.
Die Berechnung der Folgen von Zusammenstößen konvexer Körper kann je-

doch extrem leicht durch Abweichungen bei ihrem Aufprallwinkel beeinträchtigt werden. Wenn die durchschnittliche Entfernung zwischen den Kugeln das Zehnfache ihres Radius beträgt, dann führt – so kann man zeigen[3] – eine Abweichung um eine Dezimalziffer an der *n*ten Dezimalstelle bei dem Winkel des ersten Aufpralls dazu, daß nach *n* Kollisionen keinerlei Gewißheit mehr über die Richtung der Kugeln gegeben ist: Es ist kein Wissen darüber mehr möglich, ob eine bestimmte Kugel sich in irgendeine bestimmte Richtung oder im rechten Winkel zu ihr bewegt.

Weicht der Winkel des ersten Zusammenstoßes z.B. um den Wert 1 an der tausendsten Dezimalstelle ab, so geht nach tausend Kollisionen jegliche Vorhersagbarkeit verloren. Offensichtlich setzt die totale Vorhersagbarkeit, deren Möglichkeit Laplace uns zusicherte, unendliche Genauigkeit voraus. Die Unbestimmtheit der Bewegung wächst mit jedem Aufprall, so daß die ursprünglich minimale Unbestimmtheit verstärkt wird, und nach jedem Aufprall kommt es zu einer exponentiellen Verstärkung der Ungewißheit über die Bewegungsrichtung. Selbst ganz kleine Wirkungen erhalten rasch makroskopische Dimensionen. Obwohl das System also auf der Mikroebene deterministisch ist – die es konstituierenden Entitäten gehorchen der Newtonschen Mechanik –, ist es auf dieser Ebene praktisch nie vollkommen vorhersagbar.

Es ist jedoch aus einem anderen Grund nicht vorhersagbar, denn selbst wenn bei unserer Bestimmung des Winkels des ersten Zusammenpralls die Abweichung gleich null wäre, käme immer noch Unvorhersagbarkeit ins Spiel, weil ein solches System niemals außerhalb der Reichweite der Wirkungen der Gravitationsfelder, die von allem anderen Existierenden erzeugt werden, angesiedelt sein kann – es kann sich nicht außerhalb des Universums befinden. Nehmen wir einmal an, es handelte sich bei unserer Gruppe kollidierender Körper um ein Gas mit Molekülen, die Billardkugeln vergleichbar sind und die elastisch kollidieren (die Voraussetzung der recht erfolgreichen kinetischen Gastheorie). In diesem Fall zeigt sich, daß die Gravitationskraft, die ein Elektron an der Grenze des beobachtbaren Universums besitzt, die Bewegung der Moleküle nach nur 50 Kollisionen unvorhersagbar machen würde (die Richtung wäre, wie oben, ungewiß um einen rechten Winkel), d.h. bei einer solchen Gruppe nach ungefähr 10^{-10} Sekunden oder bei einem Satz echter Billardkugeln nach einer Minute.[4] Selbst in der mechanistischen Welt der Newtonschen Mechanik also erlauben deterministische „Gesetze" faktisch oft noch keine Vorhersagbarkeit aller deskriptiven Parameter eines Systems, also die genaue Beschreibung von Geschwindigkeit und Richtung der Bewegung jedes einzelnen Moleküls.

Nun werden Versuche, die Ausgangsbedingungen weitergehend und präziser zu beschreiben, letztlich mit der Barriere der oben erwähnten „Heisenbergschen" Unbestimmtheit konfrontiert sein. Diese ist gemäß der Interpretation der Heisenbergschen Unschärferelation, die die größte Zustimmung fin-

det, derjenigen nämlich, die die Existenz „verborgener Variablen" ablehnt, prinzipiell unüberwindlich. Daher können selbst Newtonsche Systeme dieser Art in bezug auf eine detaillierte Beschreibung ihrer mikroskopischen Eigenschaften (Geschwindigkeit und Ort der einzelnen Körper eines solchen Systems) als prinzipiell unvorhersagbar bezeichnet werden. Im Rahmen einer kritisch-realistischen Betrachtung der wissenschaftlichen Erkenntnis bedeutet dies, daß wir sagen können, daß solche Systeme im Hinblick auf ihre mikroskopischen Eigenschaften (wenn auch nicht hinsichtlich der makroskopischen Eigenschaften der Gruppe; vgl. oben b.) unbestimmt *sind*.
In diesem Zusammenhang sollte berücksichtigt werden, daß – wie bei allen kleineren Entitäten, die Teil eines größeren Ganzen sind – die Geschwindigkeit des Ganzen relativ zu einem Bezugsrahmen außerhalb des Systems die Geschwindigkeit eines jeden Moleküls relativ zu allen anderen überlagert. Insoweit ist die Bewegung des ganzen Systems (z.B. bei einem mit Gas gefüllten Behälter, der fallengelassen wird) ein kausaler Faktor für die Bewegung der einzelnen Moleküle – und dies bildet die grundlegende Art der „Von-oben-nach-unten"-Kausalität. Kompliziertere Formen letzterer werden weiter unten noch erörtert werden.

d. Vorhersagbarkeit und Kausalität in nichtlinearen dynamischen Systemen

Zu den bemerkenswerten Entwicklungen innerhalb der Wissenschaft der letzten Jahre gehört die wachsende Einsicht in die Tatsache, daß viele dynamische Systeme – physikalische, chemische, biologische und sogar neurologische –, die durch nichtlineare dynamische Gleichungen bestimmt sind, in ihrem makroskopisch beobachtbaren Verhalten unvorhersagbar werden können. (In bestimmten Fällen – in denen eine Dissipation freier Energie in offenen Systemen, die weit vom Gleichgewicht entfernt sind, auftritt – können sie neue Ebenen und Arten der Organisation aufweisen; dann ist die Nichtlinearität in der Relation zwischen bestimmten Schlüsselvariablen des dissipativen Systems, z.B. die Material- oder Energieflüsse und die sie bestimmenden „Kräfte", anzusiedeln.) Zu den Beispielen für eine solche Zeitabhängigkeit gehören: turbulentes Fließen von Flüssigkeiten, Raub-und-Beutetier-Muster, Reaktorsysteme, bei denen autokatalytische Verhältnisse auftreten, jährliche Veränderungen bei Insekten- und anderen natürlichen Populationen und das Wetter. Letzteres beinhaltet, was man den „Schmetterlingseffekt" (Edward Lorenz) genannt hat, nach dem ein Schmetterling, der hier und heute die Luft in Bewegung bringt, aufgrund von Verstärkungen im Verlauf einer Reihe komplexer Interaktionen Einfluß darauf haben könnte, welches Wetter in einem Monat auf der anderen Hälfte der Erdkugel herrschen wird.
Heute erkennt man, daß der zeitliche Ablauf komplexer dynamischer Systeme viele Formen annehmen kann. Jene, die „geschlossene" Lösungen der

relevanten Differentialgleichungen haben, können entweder in einem bestimmten Zustand zur Ruhe kommen oder in einem „Grenzzyklus" zwischen einer Folge von Zuständen, die periodisch durchlaufen werden, wie z.B. das Sonnensystem (vgl. oben a.) oder das Pendel einer Standuhr, oszillieren. Oder betrachten wir chemische Reaktionssysteme: Man nimmt gewöhnlich an, daß sie letztlich in den Ruhezustand des chemischen Gleichgewichts münden. Es gibt jedoch chemische und einige wichtige biochemische Systeme, bei denen es zu einem positiven oder negativen Feedback kommt und die unter bestimmten Ausgangsbedingungen in regelmäßigen Oszillationen der Konzentration von Schlüsselbestandteilen in Zeit und Raum enden. Dasselbe gilt für biologische Populationen von Raub- und Beutetieren. In beiden Fällen beinhaltet der Mechanismus bestimmte Werte der Parameter, die die Bildung/Zerstörung der fraglichen Einheiten und das Tempo ihrer Bewegung im Raum bestimmen. Diese Phänomene sind sehr bemerkenswert, ja überraschend, und sie besitzen besondere Bedeutung im Hinblick auf lebende Systeme, denn sie weisen darauf hin, wie Muster entstehen können.[5]

Es hat sich gezeigt, daß die Mathematiker, wenn sie schrittweise, meist mit Hilfe moderner Computer, die Art der Lösungen entwickeln, die mit den – viele natürliche komplexe dynamische Systeme bestimmenden – nichtlinearen Gleichungen gegeben sind, die Entdeckung machen, daß sie zu keinen solchen „geschlossenen" Lösungen kommen und daß folgendes Phänomen auftreten kann: Schwankungen des bestimmenden Schlüsselparameters (oder der Parameter) können zunächst zu einer einzigen Lösung führen, und aus einer deterministischen Perspektive scheint alles recht „normal" und ordnungsgemäß zuzugehen; alles ist noch vorhersagbar. Wenn dieser Schlüsselparameter jedoch einen bestimmten, entscheidenden Wert erreicht, gabeln sich die Lösungen in zwei Möglichkeiten, von denen an diesem entscheidenden Punkt jede zuerst auftreten kann – aber *welche* von beiden dies sein wird, läßt sich nicht vorhersagen. Im Lauf der Zeit kann das System zwischen diesen beiden verschiedenen möglichen Zuständen hin und her wechseln, und unter bestimmten Umständen kann aus diesem Wechsel eine regelmäßige Oszillation werden. Mit zunehmender Größe des Schlüsselparameters können alle möglichen weiteren komplexen Phänomene auftreten: aufeinanderfolgende Gabelungen, Phasen vollkommen unberechenbaren, mathematisch „chaotischen" Verhaltens und weitere Gabelungen. Immer kleinere numerische Unterteilungen des Schlüsselparameters wiederholen kontinuierlich solche Folgen.[6] Es ist wichtig, sich vor Augen zu führen, daß diese Unvorhersagbarkeit in solchen Fällen unausrottbar ist und nicht einmal mit Hilfe einer absolut genauen Kenntnis der Anfangsbedingungen, selbst wenn diese möglich wäre, überwunden werden könnte. Das System ist wirklich unvorhersagbar – wir werden die während der Fluktuationen vorherrschenden Parameter niemals genau genug kennen, um mit absoluter Sicherheit

vorhersagen zu können, wie sich das System weiter entwickeln wird (dies gilt besonders dann, wenn Quanteneffekte berücksichtigt werden müssen).
Die meisten Systeme in der wirklichen Welt konservieren Energie nicht. Es handelt sich gewöhnlich um *dissipative Systeme*, die von Energie und Materie durchflossen und insofern im thermodynamischen Sinn „offen" sind. Aus solchen Systemen resultiert oft die gerade erwähnte Art von Sequenzen. Bei einer Gruppe von Werten eines bestimmenden Parameters kommt das System zuerst im Gleichgewicht oder in einem dem Gleichgewicht nahekommenden stabilen Zustand, in dem typische Charakteristika des Systems (z.B. die Konzentration von Reaktanten) sich nicht mit der Zeit verändern, zur Ruhe. Steigen die Werte desselben Systemparameters ein wenig an, gabeln sich die Lösungen, und es kommt zu einem scheinbar stabilen Verhalten, das in Raum und/oder Zeit (z.B. Grenzzyklen) strukturiert ist. Dies kann bei noch höheren Werten der bestimmenden Parameter durch mathematisch „chaotisches" Verhalten abgelöst werden. Heute sind viele Beispiele für solche Systeme bekannt: die Bildung vertikaler sechseckiger Zellen von Konvektionsströmen in von unten geheizten Flüssigkeiten (das Bénard-Phänomen); der Übergang der Konzentration von Reaktanten in chemischen Systemen, die im Verlauf der Diffusion ein positives und negatives Feedback zeigen, zu sowohl unregelmäßigen als auch periodischen Fluktuationen in Raum und Zeit; die Bildung von Strukturen in sich entwickelndem Gewebe, durch das sowohl Aktivatoren als auch Inhibitoren diffundieren; die Verteilung von Raub- und Beutetieren in einem bestimmten Territorium usw.
Bei dem Wechsel zu temporalen und räumlichen Mustern des Systemverhaltens finden wir Beispiele für das, was Ilya Prigogine und seine Kollegen in Brüssel „Ordnung durch Fluktuation" genannt haben.[7] Denn bei diesen Systemen wird eine willkürliche Fluktuation an den entscheidenden Gabelungspunkten so sehr verstärkt, daß ihr Ausmaß dem des ganzen Systems vergleichbar wird und sie es faktisch übernehmen, was die Transformation der Eigenschaften des Systems zur Folge hat. Ein neues Regime entsteht. In den vergangenen beiden Jahrzehnten hat die Brüsseler Schule die Thermodynamik solcher irreversibler Prozesse in offenen, dissipativen Systemen, die (im Hinblick auf das Verhältnis von bestimmenden Strömen und Kräften) nichtlinear und vom Gleichgewicht weit entfernt sind, erforscht. Die Thermodynamik, eine der größten wissenschaftlichen Leistungen der letzten anderthalb Jahrhunderte, sagt in ihrem berühmten zweiten Hauptsatz, daß die Entropie und „Unordnung" (sachgerecht definiert) in geschlossenen Systemen, die natürliche irreversible Prozesse durchlaufen, ständig zunimmt. Ilya Prigogine und seinen Kollegen ist es gelungen zu zeigen, daß die Thermodynamik solcher Systeme die Entstehung „geordneterer" oder besser „organisierterer" Regimes fordert.
All dies ist der Wissenschaft erst seit relativ kurzer Zeit ausdrücklich bewußt, und es erfordert eine Neubewertung der Möglichkeiten des Stoffs, aus

dem die Welt besteht, bei dem man Strukturbildung zuvor nur im makroskopisch statischen Zustand des Gleichgewichts für möglich hielt, so daß oft besondere, ein wenig esoterische und nur erahnte „Felder“ oder „Kräfte“ postuliert wurden (und selbst heute noch manchmal werden), wenn man die Fähigkeit der natürlichen Welt, neue Organisationsmuster und -formen zu erzeugen, erklären wollte. In diesen weit vom Gleichgewicht entfernten, nichtlinearen, offenen Systemen demonstriert die Materie, daß es ihr möglich ist, sich selbst zu organisieren und so einzig durch das Wirken von Kräften und die Manifestation von Eigenschaften, die wir bereits verstehen, neue Formen hervorzubringen – wobei dies nun allerdings unter Voraussetzung der Einschränkungen und Möglichkeiten geschieht, die sich aus ihrer Eingliederung in Systeme, deren Eigenschaften als ganze jetzt zu berücksichtigen sind, ergeben. Mit den Worten Crutchfields u.a.: „Ein System kann ein kompliziertes Verhalten zeigen, das als Folge einer einfachen, nichtlinearen Interaktion einiger weniger Komponenten entsteht ... Durch die Verstärkung geringer Fluktuationen kann sie [die Natur] natürlichen Systemen den Zugang zu etwas Neuem eröffnen.“[8]

e. „Von-oben-nach-unten“- (absteigende) Kausalität

Von dem sehr einfachen Fall (vgl. oben b.) der Wirkungen der allgemeinen Bewegung eines ganzen Systems auf die seiner Bestandteile abgesehen, wurde gewöhnlich vorausgesetzt, der Gedanke der Kausalität beschreibe, wenn er auf Systeme angewandt wird, „Von-unten-nach-oben“-Kausalität – d.h. die Wirkung von Eigenschaften und Verhalten der Bestandteile eines Systems auf Eigenschaften und Verhalten des gesamten Systems. Im Fall der dissipativen Systeme, die „Ordnung durch Fluktuationen“ manifestieren, muß jedoch ein Einfluß des Zustands des ganzen Systems auf das Verhalten seiner Teile – ein Einfluß, den das Ganze auf seine Teile ausübt – anerkannt werden. D.T. Campbell[9] und R.W. Sperry[10] folgend, können wir dies „Von-oben-nach-unten“-Kausalität nennen. Denn, um das Beispiel des Bénard-Phänomens zu nennen, jenseits des entscheidenden Punktes bewegen sich die einzelnen Moleküle in einer sechseckigen „Zelle“ in einem großen Bereich innerhalb der Flüssigkeit koordiniert mit einer gemeinsamen Geschwindigkeitskomponente, nachdem sie zuvor im Verhältnis zueinander nur ganz zufällige Bewegungen gezeigt haben. Oder im Fall von Reaktionssystemen, bei denen die Konzentration der Reaktanten rhythmische temporale und räumliche Muster aufweist, verändern Tausende von Molekülen in einer bestimmten Region zu einem bestimmten Zeitpunkt plötzlich die Form, während die Wahrscheinlichkeit einer Veränderung zuvor weitgehend unabhängig von ihrem Ort war. In beiden Fällen[11] sind die Veränderungen auf der Mikroebene, der Ebene der Bestandteile, das, was sie sind, eben *wegen* ihrer Integration in das System als Ganzes, das seine einzelnen Einheiten beeinflußt und sie zu

einem Verhalten bewegt, das sich von dem, was sie im Zustand der Isolation zeigen würden, unterscheidet.
Es muß nochmals betont werden, daß die Anerkennung der Rolle einer solchen „Von-oben-nach-unten-Kausalität" die Bedeutung der „Von-unten-nach-oben"-Kausalität in keiner Weise schmälert. Aber die Notwendigkeit, erstere anzuerkennen, ist größer, weil seit dem Aufstieg der reduktionistischen wissenschaftlichen Methodologien kaum jemand an der Bedeutsamkeit letzterer zweifelt. Leider hat dieses Fehlen einer gebührenden Anerkennung der ersteren die Entwicklung von Begriffen, die für die komplexeren Ebenen der Hierarchie natürlicher Systeme geeignet sind, faktisch oft gehemmt. Auf den Doppelcharakter der Richtungen, in die „Kausalität" in solchen komplexen Systemen wirkt, weist außerdem die Erkenntnis hin, daß erkenntnistheoretische Analysen vieler komplexer Systeme und Situationen ebenfalls die Unterscheidung eines „Von-oben-nach-unten"-Prozesses von einem „Von-unten-nach-oben"-Prozeß erforderlich machen. So vertreten Michael Arbib und Mary Hesse einen von ihnen so genannten „zweibahnigen Reduktionismus" als „eine realistischere Betrachtungsweise des Verhältnisses zwischen zwei Wissenschaften, wie z.B. jene des Geistes und des Gehirns". Was sie damit meinen, erläutern sie folgendermaßen: „Wir gebrauchen die „Von-oben-nach-unten"- und die „Von-unten-nach-oben"-Analyse, um uns auf den zweibahnigen Prozeß der Modifikation und Ausweitung der niedrigeren Ebene der Wissenschaft zum Zweck der Erklärung der höheren Ebene und umgekehrt der Betrachtung der höheren Ebene im Licht der Implikationen der niedrigeren Ebene zu beziehen."[12]
Ihre Beschreibung dieses zweibahnigen Prozesses als eines „Reduktionismus" ist ein wenig irreführend, denn mit diesem Begriff wird im allgemeinen nur der Prozeß bezeichnet, in dessen Verlauf „nachgewiesen wird, daß die Theorien und experimentellen Gesetze, die in einem Wissenschaftsgebiet formuliert werden, Spezialfälle von Theorien und Gesetzen darstellen, die in einem anderen Wissenschaftszweig formuliert werden. In einem solchen Fall sagt man von dem ersteren Wissenschaftszweig, er sei auf den letzteren reduziert worden."[13] Diese Reduktion verläuft ausnahmslos in die Richtung von der vermeintlich „höheren" zu der „niedrigeren" wissenschaftlichen Ebene, z.B. von der Biologie zur Physik oder Chemie. Die Terminologie ist jedoch weniger wichtig als der Sachverhalt, auf den sie sich beziehen, nämlich der zweibahnige Charakter des Prozesses der erkenntnistheoretischen Analyse, der in den Naturwissenschaften erforderlich ist.
Für die kritisch-realistische Betrachtung der Erkenntnistheorie der Naturwissenschaften impliziert dieser Sachverhalt darüber hinaus, daß die Entitäten, auf die sich „die Theorien und experimentellen Gesetze" bei unserer erkenntnistheoretischen Analyse beziehen, auf eine – wenn auch inadäquate und vorläufige – Weise Realitäten entsprechen, deren Existenz auf den verschiedenen Forschungsebenen angenommen werden muß, d.h. sie haben ei-

nen, wenn auch schwer faßbaren, ontologischen Bezug. Mit den Worten Arbibs und Hesses: „Ohne Zweifel erweist sich keine der Eigenschaften als irreal." Beide wollen nämlich, in meinen Augen zu Recht, ihre Erkenntnistheorie „in der Realität der Alltagserfahrung" verankern. Es gibt tatsächlich, wie in dieser Arbeit immer wieder bekräftigt wird, „lauter verschiedene Wirklichkeitsebenen"[14]. So ist es legitim, die Wirklichkeiten, deren Existenz auf den höheren Ebenen (dem Ganzen, dem „Oben" der „Von-oben-nach-unten"-Terminologie) behauptet wird, als mit den Wirklichkeiten, deren Existenz auf den niedrigeren Ebenen (den Teilen, dem „Unten") postuliert wird, in beide Richtungen kausal interagierend zu beschreiben – wobei natürlich gleichzeitig anerkannt wird, daß unsere Versuche, die Realitäten auf beiden Ebenen darzustellen, oft vorläufiger Art sind. Aus diesem Grund teile ich nicht Arbibs und Hesses Vorbehalte[15] gegen insbesondere R.W. Sperrys Betonung der ursächlichen Wirkung von Zuständen auf der höheren Ebene[16], denn dies impliziert nicht unbedingt, daß Analysen „von-unten-nach-oben" oder die Entdeckung einer „Von-unten-nach-oben"-Kausalität ausgeschlossen sind. Im Fall solcher „fundamentaler und interessanter"[17] Systeme wird es wahrscheinlich, wie Arbib und Hesse übereinstimmend sagen, niemals eine Zeit geben, in der nicht beide Methoden der Analyse notwendig wären. Also, so würde ich hinzufügen, wird es auch immer erforderlich sein, das Zusammenwirken beider Richtungen der „Kausalität" anzuerkennen. Wir werden noch sehen, daß diese Art der „Von-oben-nach-unten"-Kausalität im Fall komplexer lebender Systeme immer größere Bedeutung gewinnt.

2. Die Welt des Lebens

a. Der Ursprung des Lebens

Wie auch immer man sonst lebende Organismen beschreiben mag, es kann keinen Zweifel daran geben, daß sie aus Atomarten bestehen, die in der anorganischen Welt weit verbreitet sind. Aus diesen Atomen entsteht die Struktur von Molekülen, deren Größe sehr unterschiedlich sein kann und die fast alle Teil eines komplexen Netzes von Reaktionen sind, in deren Verlauf Moleküle auch von außen in Organismen eindringen – über das Einatmen der Luft, die Aufnahme und das Ausstoßen von Wasser (wie bei Fischen) und die Nahrungsaufnahme. Darüber hinaus besitzen lebende Organismen als besondere Eigenart die Fähigkeit, ihre gesamte komplexe Struktur von Generation zu Generation selbst zu reproduzieren, und dies ist eine notwendige, wenn auch nicht hinreichende Bedingung für die Einordnung eines stofflichen Systems als „lebend".

Die Erforschung dissipativer Systeme (vgl. o. S. 59ff) hat gezeigt, daß ineinander verzahnte, Feedback einschließende Reaktionssysteme in komplexere Formen mit einem höheren Organisationsgrad übergehen können, wenn es sich um offene, nichtlineare und weit vom Gleichgewicht entfernte Systeme handelt. Dies stimmt mit der Thermodynamik völlig überein (und wird auch durch ihren zweiten Hauptsatz nicht ausgeschlossen). Die genannten Bedingungen wurden von vielen chemischen Reaktionssystemen, die auf der Erde während der ersten tausend Millionen Jahre ihrer Existenz gegeben waren, erfüllt. Aufgrund unseres zunehmenden Wissens darüber, wie molekulare Strukturen in gegenwärtig lebenden Systemen kopiert werden können – man denke nur an die Übersetzung von Informationen, die in Nukleinsäuren enthalten sind, in Sequenzen von Aminosäuren, die individuelle Proteine bilden –, ist es heute außerdem möglich, plausible Hypothesen darüber aufzustellen, wie frühe Formen von Nukleinsäuren und Proteinen ein sich selbst reproduzierendes makromolekulares System, wie z.B. Eigens und Schusters „Hyperzyklus", gebildet haben könnten. Solche Systeme vervielfältigen sich nachweislich auf Kosten weniger effizienter konkurrierender Systeme.[18] Diese Forschungsergebnisse weisen darauf hin, daß das Auftreten von sich selbst reproduzierenden Systemen mit einem höheren Organisationsgrad aufgrund der Eigenarten von Atomen und Molekülen unvermeidlich ist. Welche Organisationsform sich jeweils entwickelt, ist jedoch nicht präzise vorherzusagen, weil dies von Fluktuationen abhängt.[19] Heute, nach drei Jahrzehnten „Molekularbiologie", können wir die Form der sich selbst reproduzierenden molekularen Organisation *rück*blickend verstehen, *voraus*blickend wäre sie jedoch selbst mit unserem gegenwärtigen Wissen nicht präzise vorhersagbar gewesen. Selbst an dieser entscheidenden Stelle also weist die Entwicklung des Lebens eine Offenheit und Flexibilität auf, mit der man als einer Eigenschaft unserer Welt rechnen muß.

b. Die Evolution

Die Formen lebender Materie, d.h. lebender Organismen, entwickeln sich – wie wir heute wissen – durch Veränderungen des genetischen Materials (DNS), die zu Veränderungen des Organismus führen, aufgrund derer die Nachkommenschaft dieses Organismus eine größere Überlebenschance besitzt. Es handelt sich hier natürlich schlicht um die Evolution im Sinne des Neodarwinismus, der in zwei Sätzen zusammengefaßt werden kann:[20] Jeder Organismus in Vergangenheit, Gegenwart und Zukunft stammt von vor ihm lebenden Systemen ab, deren erstes spontan entstand (entsprechend der oben erörterten Prinzipien). Die Arten entwickeln sich aus anderen Arten über die natürliche Auslese der fortpflanzungsfähigsten unter ihnen. Die Veränderungen des genetischen Makromoleküls DNS gehen auf verschiedene Faktoren zurück, z.B. die Absorption einer bestimmten Menge Energie aus ultraviolettem Licht, wodurch sich die chemische Struktur einer der Einheiten der DNS-Ketten verändert. Dieser Vorgang verändert oder, was häufiger der Fall ist, zerstört die genetische Information, die an dieser Stelle der betroffenen

Kette vermittelt wird. Auf diese Weise verändert sich der Organismus, wie geringfügig auch immer, in irgendeiner Hinsicht, und damit sinkt oder steigt zugleich seine Chance, in seiner ökologischen Nische Nachkommenschaft hervorzubringen. Für unsere Fragestellung ist in diesem Zusammenhang die Tatsache von Bedeutung, daß die Veränderungen der DNS selbst über die Abschnitte ihrer extrem langen Ketten auf eine Weise verstreut sind, die in bezug auf die Folgen, die diese Veränderungen für die Fortpflanzungsfähigkeit des Organismus letztlich haben, zufällig ist. Denn die Wirkung einer bestimmten Veränderung der DNS hängt von ganz anderen Faktoren ab, besonders von der Umwelt des Organismus im weitesten Sinn – d.h. nicht nur von den Nahrungsmittelressourcen, sondern auch von Art und Zahl der natürlichen Feinde, von der „sozialen" Organisation des Organismus usw. in einem immer größer werdenden Netz von Verbindungen.
Die Fähigkeit der Wissenschaft, einen solchen Prozeß vorauszusagen, ist mindestens in zweierlei Hinsicht begrenzt. Erstens liegt das ursprüngliche molekulare Ereignis, das einen Bestandteil der DNS verändert oder zerstört, aufgrund der Geltung der Heisenbergschen Unbestimmtheit von Ereignissen auf der Ebene der Quanten im Bereich des Unvorhersagbaren. Zweitens sind die Folgen für die Fortpflanzungsfähigkeit des Organismus das Resultat der Überschneidung zweier voneinander unabhängiger Kausalketten – derjenigen, die Veränderungen der DNS hervorbringt, und der Interaktion des so (besonders in seiner Fortpflanzungsfähigkeit) veränderten Organismus mit seiner Umwelt. Es ist unwahrscheinlich, daß wir das Wissen, das für die Vorhersage einer solchen Überschneidung erforderlich ist, erlangen können, wenn wir (wenn auch nur hypothetisch) einen bestimmten Organismus in einer bestimmten Umwelt beobachten. So ist die Folge von Ereignissen auch hier faktisch nicht vorauszusehen, obwohl wir sie im Nachhinein vollkommen verstehen. Diese Verbindung von ständigen zufälligen Veränderungen des genetischen Materials mit dem „zufälligen" Herausfiltern von Veränderungen, die das Hervorbringen von Nachkommen begünstigen, verleiht dem Evolutionsprozeß seinen scheinbar opportunistischen Charakter und seine Abhängigkeit von der tatsächlichen historischen Situation. Dennoch weist dieser Prozeß Tendenzen und gewisse verallgemeinerbare Kennzeichen auf, auf die wir noch zurückkommen werden.
In unserem Zusammenhang interessiert insbesondere die Struktur der „kausalen" Zusammenhänge in diesem Prozeß. Wir haben es mit einem Prozeß zu tun, in dessen Verlauf ein System der Selektion die Produkte einer unmittelbaren physikochemischen Kausalität in einem Zeitraum, der sich über mehrere Generationen erstreckt, sozusagen „bearbeitet". Nehmen wir zur Veranschaulichung ein Beispiel von Donald Campbell[21]: Oberfläche und Muskelverbindungen im Kiefer der Arbeitertermiten sind mechanisch hocheffizient und entsprechen den besten technischen und physikalischen Prinzipien. Ihre Wirkungsweise hängt von der Verbindung von Eigenschaften der besonderen

Proteine, aus denen der Kiefer besteht, ab. Die natürliche Auslese hat die Lebensfähigkeit auf der Ebene des Zerkauens von Holz, des Sammelns von Samen usw. durch den Organismus optimiert. So benötigen wir die auf dieser Ebene maßgeblichen Prinzipien (Hebelgesetze, Zusammenhänge zwischen Proteinstrukturen und den mechanischen Eigenschaften ihrer Aggregate usw.), um die Struktur und Verteilung der Proteine im Kiefer zu erklären und auf dieser Grundlage die Tatsache zu begründen, daß die DNS des Organismus die speziellen Sequenzen enthält, die die Produktion dieser speziellen Proteine steuern. Betrachtet man also die Aktivität des ganzen Organismus sowie die Tatsache, daß dieser nur einer in einer ganzen Reihe von Termitengenerationen ist, so ist es die durch die natürliche Auslese gesteuerte Effizienz, mit der die Proteine den Kiefer aufbauen, die hier offenbar die Sequenzen der DNS-Einheiten bestimmt – obwohl man, wenn man die Entwicklung eines *einzigen* Organismus betrachtet, nur (mit den Molekularbiologen) die biochemischen Prozesse beobachtet, durch die Proteinsequenzen, also auch -strukturen, aus den DNS-Sequenzen „herausgelesen“ werden.

In einem gewissen Sinn bestimmt also das Netz von Zusammenhängen, das die evolutionäre Entwicklung und das Verhaltensmuster des Organismus prägt, welche spezielle DNS-Sequenz sich an der entscheidenden Stelle im genetischen Material des entwickelten Organismus befindet. Diese Einsicht löst noch größeres Staunen aus, wenn man sich als Beispiel jene Arten vor Augen hält, bei denen die Evolution der Arbeitsteilung zu einer Spezialisierung der Funktionen sowie zu der Entwicklung unterschiedlicher Kiefertypen bei den verschiedenen Untergruppen geführt hat. Hier scheint es, als bestimmten die Gesetze der soziologischen Organisation die DNS-Sequenzen. Campbell nennt dies „absteigende“ oder „Von-oben-nach-unten“-Kausalität, insofern die Erklärung der niedrigeren Organisationsebenen – in diesem Fall die Sequenz innerhalb eines DNS-Moleküls – eine Beschreibung der höheren Ebenen voraussetzt. Wo auf einer höheren Ebene eine Auslese des ganzen Organismus vorliegt, sind die Gesetze der höheren Ebene für eine vollständige Erklärung und Beschreibung der niedrigeren Ebene immer unentbehrlich. Der Teil der DNS, der die Proteinsequenzen des Kiefers festlegt, ist an seinen bestimmten Ort und seine bestimmte Eigenart gebunden, weil er sich im Gesamtsystem eines Organismus mit einer evolutionären Geschichte befindet.

Elisabeth Vrba hat gesagt, der Gedanke einer solchen Art der absteigenden Kausalität entspreche im Grunde dem gesunden Menschenverstand; z.B. „impliziert das Aussortieren verschiedener Organismen durch die natürliche Auslese wohl oder übel die „absteigende Verursachung“ der Aussonderung aller darin enthaltenen niedrigeren Entitäten, seien es nicht kodierte DNS-Sequenzen, Gene, Zellen oder Chromosomen usw.“[22] Es gibt jedoch, wie sie weiter sagt,

„subtilere Formen der absteigenden Kausalität. Die strukturellen oder organisationsbezogenen Aspekte eines bestimmten höherentwickelten Individuums können die Einführung und Auswahl von Varianten unter den in seinem „Körper" enthaltenen Entitäten der niedrigeren Ebene absteigend determinieren ... [z.B.] kann das strukturelle Gruppenmerkmal der Gruppengröße die Aussonderung von Varianten der enthaltenen Phänotypen absteigend verursachen (z.B. die Verbreitung altruistischer Phänotypen durch zufällige Verschiebungen im Gegensatz zur Macht der natürlichen Auslese, was eine geringe Populationsgröße erfordert)."[23]

Einige Biologen haben außerdem betont, daß alles, was den Organismen widerfährt, aus der Sicht der Evolutionstheorie ebenso auf sie selbst – d.h. ihren Zustand zu einem beliebigen Zeitpunkt mit seiner ganzen Abhängigkeit von historischen Zufällen – wie auf ihren Genotyp und ihre Umwelt zurückzuführen ist.[24] So kann das innovative Verhalten eines Lebewesens in seiner Umwelt ein wichtiger Beitrag zu späteren Veränderungen und zu seiner Evolution sein.[25] Über die bereits erörterten Einschränkungen hinaus[26] ist mit diesem Sachverhalt ein weiteres Element der Unwägbarkeit gegeben, das die Vorhersagbarkeit evolutionärer Veränderungen begrenzt.

Solche komplexen, ineinander verwobenen Netze von auf verschiedenen Ebenen wirkenden Ereignissen und Veränderungen scheinen mit dem Begriff der *kausalen* Verknüpfung, der oft die stillschweigende Annahme enthält, in einer ständigen Verbindung aufeinanderfolgender Ereignisse sei irgendeine Macht am Werk, nicht angemessen beschreibbar zu sein. Normalerweise wird der Begriff „kausal" für die Verknüpfung verschiedener Ereignisse auf derselben Erklärungsebene (Physik, Informatik oder sogar Psychologie) gebraucht. Wir scheinen es hier mit einer Bestimmung der Form durch einen *Informationsfluß* statt mit Hilfe der Übertragung von Energie zu tun zu haben, wobei der Begriff der „Information" in einem so weiten Sinn verstanden wird, daß er auch den Input der Umwelt umfaßt, durch den molekulare Mechanismen (einschließlich z.B. der DNS-Sequenzen im Fall des Kiefers von Termiten) ausgewählt werden. Bei dieser Art determinierender Beziehungen sind „kausale" Erklärungen im Sinne nichtphysikalischer Kategorien wie „Information" dennoch real – wie jeder Computeringenieur im Hinblick auf die Programme, die die elektronischen Veränderungen in einem Computer steuern, bestätigen würde. Solche determinierenden Beziehungen können in der Natur zwischen zwei verschiedenen „Ebenen" bestehen. Die „Von-oben-nach-unten"-Terminologie Campbells kann weiterhin benutzt werden, vorausgesetzt, es wird dabei nicht unterstellt, eine solche „Kausalität" könne nur, wie es oft der Fall ist, wenn die Kausalität auf einer einzigen Ebene wirkt, im Sinne von Energie übertragenden Kräften oder der Bewegung von Materie beschrieben werden. Die Bestimmung von Form durch Form erfordert einen Informationsfluß, und zwar in diesem Fall zwischen verschiedenen Ebenen.[27]

c. *Gehirn, mentale Ereignisse und Bewußtsein*

Einige Neurowissenschaftler und Philosophen sprechen heute in dem gerade erwähnten Sinn über den Zusammenhang zwischen mentalen Ereignissen und physikochemischen Veränderungen bei Neuronen, die die Auslöser von beobachtbaren Handlungen lebender Organismen sind, die ein so weit entwickeltes Gehirn besitzen, daß es angemessen ist, ihnen irgendeine Art des Bewußtseins zuzuschreiben. Wie John Searle es vor kurzem ausgedrückt hat:

> „Bewußtsein ... ist eine wirkliche Eigenschaft des Hirns, die bewirken kann, daß etwas geschieht. Mein bewußter Versuch, eine Handlung wie das Heben meines Arms zu vollziehen, verursacht die Bewegung des Arms. Auf der höheren Ebene der Beschreibung verursacht die Absicht, den Arm zu heben, die Bewegung des Arms. Auf der niedrigeren Ebene der Beschreibung hingegen löst eine Salve neuronalen Feuerns eine Ereigniskette aus, die schließlich zu Muskelkontraktionen führt ... hat dieselbe Folge von Ereignissen zwei Beschreibungen verschiedener Ebenen. Beide sind kausal wirklich, und die kausalen Eigenschaften der höheren Ebene sind sowohl durch die Struktur der Bestandteile der unteren Ebene verursacht, als auch in ihr realisiert."[28]

Diese Betrachtung des Bewußtseins als kausal und als aus der Evolution hervorgehend wird auch von einigen Neurowissenschaftlern, insbesondere Roger Sperry, übernommen, wenn sie auch in bezug auf die Kausalität eine etwas andere Terminologie verwenden. (Wie bereits gesagt, ziehen wir es vor, dem Wortgebrauch, wie er von Mackay erklärt wird, zu folgen.)[29] Für sie sind „mentale Ereignisse" bei Menschen die von uns gegebenen internen Beschreibungen eines tatsächlichen Gesamtzustands des Gehirns selbst, und sie sind nicht Ereignisse in einer „Geist" genannten Entität, die in einem anderen, unkörperlichen Modus, der von dem der Materie ontologisch verschieden ist, existiert und mit dem Gehirn als körperlicher Entität (auf, wie man wohl sagen müßte, geheimnisvolle Weise) „interagiert". Es handelt sich hier also um eine monistische, und nicht um eine dualistische Auffassung des „Körper-Geist-Problems". In dem hier gegebenen Kontext muß die Tatsache betont werden, daß dieser Gesamtzustand des Gehirns (oder, in bestimmten Fällen, möglicherweise einiger seiner Teile) auf der Ebene seiner Bestandteile, der einzelnen Neuronen, wie ein Zwang wirkt, so daß die Ereignisse auf dieser niedrigeren Ebene jeweils auf den herrschenden Zustand des Ganzen zurückzuführen sind. Es ist hier, anders ausgedrückt, eine „Von-oben-nach-unten"-Kausalität zwischen der Ebene des Zustands des ganzen Gehirns und den einzelnen Neuronen am Werk. Eine rein neurologische Beschreibung des Zustands des Gehirns als ganzen wäre äußerst komplex – und ist angesichts der Komplexität des Gehirns wohl auch in Zukunft nur in verallgemeinernder Form zu erwarten. Allerdings steht uns sehr wohl die Sprache der alltäglichen Erfahrung zur Verfügung, mit der wir uns (manchmal überraschend) präzise auf eine anderen verständliche Weise auf unsere mentalen Ereignisse beziehen. Von der Sprache der mentalen Ereignisse kann daher gesagt werden, daß sie sich auf Realitäten, die Gehirnzustände *sind*, bezieht, die ihrerseits Aspekte des gesamten, die Intention des Subjekts ausdrückenden Handelns darstellen (vgl. oben Kap. 2, Abschn. 3, die Erörterung des Reduktionismus im Verhältnis zu der Sprache, die dem Ausdruck des Bewußtseins dient). Die Sprache, die wir für die Beschreibung der Zusammenhänge zwischen unseren mentalen Ereignissen verwenden – die Sprache der Gründe, Intentionen usw. –, bezieht sich, so gesehen, wirklich auf echte kausale Verknüpfungen zwischen Zuständen des ganzen Gehirns. Statt als Übertragung von Energie kann man sich die kausale Wirkung des Gesamtzustands des Gehirns auf die tatsächlichen Zustände seiner Nerven und Neuronen vielleicht besser als Informationstransfer vorstellen, z.B. ähnlich wie ein Programm, das eine bestimmte Gleichung repräsentiert, die Chips in einem Computer steuert – allerdings ist dieser ganze Forschungsbereich noch immer sehr umstritten.

Die Bedeutung dieser Art der „Von-oben-nach-unten"-Kausalität für die evolutionäre Entwicklung scheint mit der Evolution des Gehirns immer größer geworden zu sein, da Gesamtzustand und Verhalten des einzelnen Organismus selbst eine immer größere Rolle spielen. Wie wir gesehen haben, ist dadurch ein neues Element der Unvorhersagbarkeit in einen Prozeß eingeführt worden, der, zumindest prinzipiell, im nachhinein verständlich ist. Da das Gehirn-im-Körper ein extrem dissipatives System ist, muß man außerdem fragen, ob seine zukünftigen Zustände unaufhebbar unvorhersagbar sind oder nicht und ob dies nicht auf der Ebene des Bewußtseins die physikalische Situation sein könnte, die die menschliche Erfahrung der Freiheit begleitet.

3. Die Geschichte der Natur

Unsere frühere Untersuchung dessen, „was es" in der natürlichen Welt „gibt", hat zu der Betonung der Tatsache geführt, daß sich in ihr Hierarchien von Ebenen der Komplexität finden, deren Zusammenhang oft dem einer Reihe ineinander verschachtelter chinesischer Kästen ähnelt – obwohl auch andere Formen hierarchischer Beziehungen in der Welt offenbar sind, und zwar besonders im Steuerungsmechanismus lebender Organismen. Es ist jetzt an der Zeit, dem *dynamischen* Charakter dieser Beziehungen Rechnung zu tragen und anzuerkennen, daß die Welt in allen ihren Aspekten – wie dies insbesondere die Naturwissenschaften der letzten beiden Jahrhunderte (d.h. seit der „Entdeckung der Zeit" durch die Pioniere der Geologie im achtzehnten Jahrhundert) gezeigt haben – als immer im Fluß befindlich zu betrachten ist, als ein Nexus sich entwickelnder Formen, die sich schnell oder über ungeheuer große Zeiträume hinweg verändern, nie jedoch statisch sind. Unsere Darstellung der beobachtbaren Strukturen der Welt („was es gibt") kann von unserer Antwort auf die Frage, wie sie zu dem wurden, was sie sind, unserem Verständnis ihres Entstehungsprozesses also, nicht getrennt werden. Denn das „Sein" der Welt ist immer auch ein „Werden", und es ist immer eine Geschichte zu erzählen. Dies gilt besonders dort, wo die Materie beginnt zu leben, Bewußtsein und schließlich auch Sozialverhalten zu entwikkeln. „Evolution" im allgemeinen Sinn tritt, so kann man sagen, auf der kosmologischen, anorganischen, geologischen, biologischen, sozialen und kulturellen Ebene auf. Es kommt zu kontinuierlichen, fast kaleidoskopischen Neuordnungen der Bestandteile des Universums mit dem Resultat einer wachsenden Vielfalt neuer Formen, die eine Zeitlang Bestand haben, dann aber aus denselben einfacheren Entitäten in neue und andere Strukturen umgeformt werden. Dieser Prozeß endet nie, und wir können ihn immer nur narrativ beschreiben.

a. Eigenschaften und Tendenzen

Zu den in der Naturgeschichte beobachtbaren Eigenschaften und Tendenzen, auf die uns die Naturwissenschaften heute aufmerksam machen, gehören die folgenden:[30] Die Geschichte ist ein nahtloses Gewebe, ein *Kontinuum*, das wir mit dem wachsenden Erfolg der Naturwissenschaften bei der Erklärung der Eigenart der Übergänge zwischen natürlichen Formen immer besser *verstehen*. Dieser Prozeß kann als Entstehungsprozeß gekennzeichnet werden, denn mit der Zeit erscheinen neue Formen der Materie sowie eine Hierarchie der Organisation dieser Formen, und diese neuen Formen haben neue Eigenschaften und Verhaltensweisen und gehören zu neuen Netzen von Zusammenhängen, die die Entwicklung neuer, erkenntnistheoretisch irreduzibler Begriffe erfordern, wenn man sie präzise beschreiben und sich auf sie beziehen will. Auf jeder Ebene der Analyse sind in der Geschichte der Natur Tendenzen zu entdecken, die für die theologische Reflexion von Bedeutung sind – allerdings muß man sich davor hüten, Verallgemeinerungen, die für Tendenzen auf einer bestimmten Ebene gelten, ohne weiteres auch auf andere Ebenen zu übertragen.

Neue Strukturen können in einem endlichen Universum („endlich" im Sinne der Erhaltung der Materieenergie) nur entstehen, wenn durch die Auflösung alter Strukturen Raum für sie geschaffen wird. Dies ist eine Bedingung der Kreativität des Prozesses – d.h. seiner Fähigkeit, Neues zu produzieren –, die wir auf der Ebene der Biologie beobachten, wenn wir feststellen, daß neue Lebensformen nur durch den Tod der alten entstehen. Denn der Tod der Individuen ist für die Freisetzung von Nahrungsmittelressourcen für Neuankömmlinge von wesentlicher Bedeutung, und Arten sterben aus, einfach indem sie aus ihren biologischen „Nischen" durch neue, an Überleben und Fortpflanzung in dieser Nische besser angepaßte Arten verdrängt werden. Der biologische Tod des Individuums ist die Voraussetzung für die Kreativität der biologischen Ordnung, jener Kreativität, die schließlich zum

Auftreten des Menschen führte. Wir stellen fest, daß der Prozeß auf dieser biologischen Ebene der einer „natürlichen Auslese“ ist, aber man kann beobachten, daß ähnliche Prozesse auch auf anderen Ebenen ablaufen.

Wie H.A. Simon in einem klassischen Beitrag (der u. S. 74, weiter erörtert wird) nachgewiesen hat, können komplexe lebende Strukturen nur dann eine endliche Entstehungschance haben, wenn sie nicht von neuem aus ihren grundlegenden Untereinheiten zusammengesetzt werden, sondern aus der Akkumulation von Veränderungen einfacherer Formen hervorgehen. Sind sie einmal aufgetaucht, so können sie wegen der Endlichkeit ihrer Lebensspanne nur überleben, wenn sie vorgeformte komplexe chemische Strukturen in ihr System integrieren, indem sie das Material anderer lebender Organismen in sich aufnehmen. Es ist für Chemiker und Biochemiker ebenso schwierig, sich vorzustellen, wie komplexe stoffliche Strukturen – besonders so komplizierte wie lebende Organismen – anders als aus weniger komplexen Einheiten zusammengesetzt werden könnten, wie es für Mathematiker schwierig ist, sich ein Universum vorzustellen, in dem die analytischen Gesetze der Arithmetik nicht anwendbar sind. Die Unausweichlichkeit, mit der lebende Organismen sterben und einander jagen, besitzt also eine Art „strukturelle“ Logik, denn in einem gesetzmäßigen, nicht magischen Universum ist für uns kein anderes Mittel für die Verwirklichung der enorm vielfältigen, sich immer weiter entwickelnden biologischen und strukturellen Komplexität denkbar als die Nutzung bereits existierender Strukturen, und zwar entweder durch Modifikation (wie bei der biologischen Evolution) oder durch Einverleibung (wie bei der Nahrungsaufnahme).[31] Die statistische Logik ist unübersehbar: *Neue Formen der Materie entstehen nur durch die Auflösung der alten, neues Leben nur durch den Tod des alten.*

Eine der Tendenzen in der Natur, über die weitgehende Einigkeit besteht – sie stellt sogar eine der Säulen der modernen Physik dar –, ist die, daß es bei natürlichen Prozessen in geschlossenen Systemen, Systemen also, deren Grenzen keinen Austausch von Materie oder Energie zulassen, immer eine *Zunahme* der die *Unordnung* messenden Größe (Entropie) gibt. Bei der „Unordnung“ oder „Zufälligkeit“, von der hier die Rede ist, handelt es sich um eine genau definierte Größe (die Entropie), die mit der Zahl der Verteilungsmöglichkeiten der Materie über die verfügbaren Energiezustände zusammenhängt. Sie ist die Umkehrung der Art der „Ordnung“, die in der Anordnung von Atomen oder Molekülen in einem perfekten Kristall oder in einem vollkommenen Tapetenmuster zu beobachten ist. Sie ist von der „Organisation“, z.B. eines biologischen Systems, zu unterscheiden, obwohl offensichtlich ist, daß eine Zunahme der „Unordnung“ dem Vorhandensein einer biologischen Organisation abträglich ist. Diese Tendenz einzelner geschlossener Systeme zur Unordnung, der berühmte zweite Hauptsatz der Thermodynamik, wird oft verallgemeinert und auf das ganze Universum bezogen, wobei vorausgesetzt wird, daß dieses fast *per definitionem* ein „geschlossenes“ System in dem durch den zweiten Hauptsatz geforderten Sinn ist. Eine solche Verallgemeinerung ist jedoch immer von zweifelhaftem Wert. Wahrscheinlich kann man allenfalls sagen, der zweite Hauptsatz lasse erwarten, daß es in immer größeren Gebieten des Universums eine Tendenz gibt, das thermische Gleichgewicht (den sogenannten Wärmetod) zu erreichen. Es ist jedoch extrem schwer einzuschätzen, wie lange Fluktuationen in einer bestimmten Region anhalten, so daß Abnahme und Zunahme von Materie und Energie noch weitergehen können, wenn so etwas wie das uns heute bekannte Universum schon lange nicht mehr existiert.

Viele Bereiche des Universums werden sich weiter wie offene Systeme verhalten, die von Materie und Energie durchflossen werden. Allerdings können in solchen Bereichen, wenn sich dort nichtlineare und weit vom Gleichgewicht entfernte Systeme befinden, dissipative Strukturen auftreten, und es kann zu neuen Formen der Ordnung von Materie und Energie kommen, und dies *wird* faktisch der Fall sein, wie wir bereits ausgeführt haben – „Ordnung durch Fluktuation“. Dies ist die Erklärung, die wir heute für die Anomalie haben, die den Wissenschaftlern im neunzehnten Jahrhundert Rätsel aufgab, wie nämlich in einem zunehmend „unordentlichen“ Universum eine *biologische Evolution in die Richtung einer besseren „Organisation“* möglich ist – die scheinbare Diskrepanz zwischen zwei der bedeutendsten wissenschaftlichen Entdeckungen jenes Jahrhunderts, der Evolutionstheorie Darwins und dem zweiten Hauptsatz der Thermodynamik.[32]

Durch unsere Erörterung der Vorhersagbarkeit ist bereits deutlich geworden, daß viele Prozesse und Ereignisfolgen zwar im nachhinein zu verstehen sind, daß es im Hinblick auf ihren zukünftigen Zustand jedoch ein unaufhebbares Element der Unvorhersagbarkeit gibt. Viele natürliche Ereignisse haben also ein *offenes Ende*. Es können sogar nur relativ einfache dynamische und gesetzmäßige Systeme, deren Trajektorien von Gleichungen mit geschlossenen Lösungen gesteuert werden, als vollkommen vorhersagbar gelten, und dies auch nur im Hinblick auf bestimmte, genau definierte Parameter. In anderen Systemen ist Vorhersagbarkeit zwar auf der Makroebene, nicht aber auf der Mikroebene möglich, und dissipative Systeme können sogar auf der Makroebene unvorhersagbar sein. Diese Offenheit solcher natürlicher Systeme wird noch größer, wenn es sich um lebende Systeme handelt.

Darüber hinaus hat der Verlauf der biologischen Evolution auf der Erdoberfläche einen kontingenten, historischen Charakter, der aus evolutionären Veränderungen resultiert, die von Überschneidungen voneinander unabhängiger Kausalketten abhängen.[33] Dieser offene Charakter biologischer Ereignisse wird verstärkt, wenn lebende Organismen zunehmend individuelle Eigenarten und Verhaltensmuster aufweisen. Diese Tendenz erreicht ihren Höhepunkt in der menschlichen Erfahrung der Freiheit, die ihrerseits, wie wir bereits angedeutet haben, in der fundamentalen Offenheit und Unvorhersagbarkeit von Gehirnzuständen verwurzelt sein könnte.

Diese Offenheit ist allerdings nicht einfach ein verworrenes Durcheinander im gewöhnlichen, nichttechnischen Sinn, denn das, was wir auf der Mikro- oder der Makroebene „Zufall“ nennen, wirkt innerhalb eines gesetzesähnlichen Rahmens, der die möglichen Ergebnisse bestimmt und begrenzt. Ähnlich wie bei vielen Spielen hängen die Folgen der Art, wie die Würfel fallen, weitgehend von den Spielregeln ab.[34] Im Verlauf der letzten zehn Jahre ist immer deutlicher geworden, daß der Zufall, der innerhalb eines gesetzesähnlichen Rahmens wirkt, die Grundlage der der natürlichen Ordnung innewohnenden Kreativität, ihrer Fähigkeit, neue Formen, Strukturen und Organisationsformen von Materie und Energie entstehen zu lassen, bildet. Wenn strenge Gesetze alles bestimmten, würde eine zu Wiederholungen neigende, wenig kreative Ordnung vorherrschen; wenn der Zufall allein bestimmte, würden Formen, Strukturen oder Organisationsformen nicht lange genug existieren, um eine Identität oder echte Realität besitzen zu können, und das Universum könnte niemals ein der rationalen Erforschung zugänglicher Kosmos sein. Die Verbindung beider ermöglicht ein geordnetes Universum, innerhalb dessen sich neue Daseinsformen entwickeln können.[35] *Das Zusammenspiel von Zufall und Gesetz ist kreativ.*

In den Bereichen des Universums, in denen eine so niedrige Temperatur herrscht, daß Moleküle einander nahe genug kommen, um interagieren zu können, gibt es einen Trend zur Entstehung immer komplexerer molekularer Systeme. Im Fall von Reaktionen, bei denen Moleküle sich verbinden und komplexere Formen bilden, beruht dieser Prozeß auf der Tendenz zu einer größeren allgemeinen Zufälligkeit, d.h., es handelt sich um eine Manifestation des zweiten Hauptsatzes.[36] Wie wir gesehen haben, können solche Systeme, wenn sie offen sind und außerdem Feedback-Eigenschaften aufweisen, „dissipativ“ werden und starke Regimeveränderungen mit dem Auftreten neuer Strukturen in Raum und Zeit durchlaufen. Selbst in diesen nicht lebenden Systemen gibt es, anders ausgedrückt, einen Zuwachs an Komplexität bei den Entitäten, die an bestimmten Arten natürlicher Prozesse beteiligt sind. Es scheint sich hierbei um ein Beispiel für das zu handeln, was Karl Popper eine „Neigung“ der Natur genannt hat.[37] Popper argumentiert, die Tatsache, daß eine bestimmte Ereignisart häufiger vorkommt, könne als Kriterium für eine Antwort auf die Frage dienen, ob der Ereignisfolge (ähnlich wie beim Werfen von Würfeln) eine Tendenz oder Neigung innewohnt, das betreffende Ereignis, in diesem Fall eine Zunahme der Komplexität, zu verwirklichen, oder nicht. „Es gibt gewichtige Möglichkeiten, die mehr als *bloße Möglichkeiten* darstellen; sie sind vielmehr Tendenzen oder Neigungen, Wirklichkeit zu werden: Tendenzen oder Neigungen, sich selbst zu verwirklichen.“ Solche Neigungen sind nach Popper „keine bloßen Möglichkeiten, sondern physikalische Realitäten“.

Diese *Neigung zu größerer Komplexität* wird jedoch auch in der Geschichte lebender Organismen offenbar. Welche Bedeutung ist dieser Tatsache zuzuschreiben? Handelt es sich, mit den Worten W. McCoys,[38] einfach darum, daß die biologische „Evolution eher ein Prozeß der Verzweigungen und des Umherirrens als ein unaufhaltsamer Fortschritt auf größere Komplexität hin“ ist, so daß die Evolution „das Entstehen einer neuen Komplexität *erlaubt*, es aber in keinem Fall erfordert“? Sicherlich hat J. Maynard Smith mit seinem Hinweis Recht:

> „Man kann lediglich sagen, daß die ersten lebenden Organismen vermutlich sehr einfach waren und daß eine größere Veränderung der Komplexität in einer evolutionären Entwicklungslinie deshalb nur in die Richtung einer Zunahme der Komplexität gegangen sein kann ... ‚Es kann nur aufwärts gehen.‘ ... Man erkennt intuitiv, daß die Antwort hierauf lautet, daß das Leben sich früh in verschiedenen Formen mit unterschiedlichen Lebensweisen entwickelte und daß innerhalb eines solchen komplexen Ökosystems immer *irgendeine* Lebensweise offen war, die einen komplexeren Phänotyp erforderte. Es handelt sich um einen sich selbst perpetuierenden Prozeß. Mit der Evolution neuer Arten entstehen weitere ökologische Nischen, und die Komplexität der komplexesten Arten nimmt zu.“[39]

Diese Aussage stützt sich allerdings, wie Maynard Smith selbst zugibt, auf „die Intuition, nicht die Vernunft“. Betrachtet man die biologische Evolution als Ganzes, so bleibt dennoch die Tatsache bestehen, daß sich immer komplexere Organismen entwickelt *haben*, auch wenn es in einigen evolutionären Abstammungslinien zu einem Verlust von Komplexität und Organisation gekommen ist. Am oben genannten Kriterium Poppers gemessen, können wir also mit Recht sagen, daß es in der Evolution lebender Organismen eine Neigung zu einer immer größeren Komplexität gibt.

Saunders und Ho nennen in ihrem (umstrittenen) Beitrag[40] als Basis dieser Tendenz den Prozeß, durch den das sich selbst organisierende System seine Organisation im Hinblick auf lokal definierte Anforderungen für Leistungsfähigkeit optimiert. Sie behaupten, die zufällige Entfernung eines Elements aus einem System, das einen lokalen Höhepunkt der Leistungsfähigkeit erreicht oder beinahe erreicht hat, müsse dazu tendieren, die Leistungsfähigkeit des Systems einzuschränken, wohingegen die zufällige Hinzufügung eines Elements die Möglichkeit einer Verbesserung mit sich bringe. Ein solches System werde daher die Hinzufügung von Elementen eher erlauben als ihre Entfernung, und dies, so Saunders und Ho, bilde den Hauptgrund für die Zunahme der Komplexität, die bei der biologischen Evolution zu beobachten ist. Diese Argumentation wirkt recht plausibel, ist aber naturgemäß nur schwer zu erhärten. Tatsache ist jedenfalls, daß die biologische Evolution insgesamt einen allgemeinen Trend zu größerer Komplexität und eine entsprechende Zunahme der Komplexität aufweist, selbst wenn diese Entwicklung mit Blick auf eine bestimmte evolutionäre Abstammungslinie nicht als unausweichlich gelten kann. Es ist also korrekt, von einer Neigung zum Eintreten einer solchen Entwicklung zu sprechen.

Mit „Komplexität“ meinen wir in diesem Zusammenhang einfach die Zahl der verschiedenen Typen von Elementen, die in einem System zu finden sind.

Hiervon ist die „Organisation" zu unterscheiden, die ein solches System zum Überleben benötigt, wobei Komplexität eine notwendige, aber nicht hinreichende Bedingung für Organisation darstellt.[41] Die Notwendigkeit der Organisation für das Überleben ist von H.A. Simon[42] sehr schön demonstriert worden. Er hat nachgewiesen, daß die einfachste modulare Organisation z.B. der Struktur einer Armbanduhr, bei der jedes Modul eine begrenzte Stabilität besitzt, zu einer enormen Vergrößerung der Widerstandsfähigkeit bei zufälligen destruktiven Ereignissen während der Fertigung führt.

Die Steigerungen von Komplexität und Organisation (die im folgenden in dem Begriff „Komplexität" zusammengefaßt werden) in der natürlichen Welt sind also vollkommen verständlich und überhaupt nicht rätselhaft in dem Sinn, daß sie einer übernatürlichen Erklärung bedürften. Es ist wichtig, dies zu betonen, da ein Zusammenhang zwischen dieser natürlichen Steigerung der Komplexität und den *immer höheren Bewußtseinsebenen* der biologischen Evolution behauptet worden ist, z.B. von Teilhard de Chardin. Gewiß hängt das Bewußtsein von der Entstehung bestimmter, sehr komplexer Formen der Organisation von Materie – Nervensystemen und Gehirnen – ab, aber es handelt sich bei ihnen um spezielle Formen der Komplexität, und es ist irreführend, Bewußtsein und „Komplexität" ohne weiteres aufeinander zu beziehen.

Tatsächlich sind Biologen gewöhnlich recht vorsichtig mit der Behauptung von Tendenzen in der biologischen Evolution und ziehen es meist vor, sich auf die Beschreibung der sich entwickelnden Merkmale der späteren Produkte des evolutionären Prozesses zu beschränken.[43] Dazu gehört nicht nur die bereits erwähnte größere Komplexität, sondern auch eine Steigerung der Energie im allgemeinen oder des Niveaus, auf dem die Lebensprozesse aufrechterhalten werden, die geschützte Fortpflanzung und Sorge für die Jungen sowie entweder eine bessere Spezialisierung und Anpassung oder, wie im Fall des *homo sapiens*, eine größere Flexibilität und Anpassungsfähigkeit an eine immer größere Vielfalt von Umwelten.

Von diesem Standpunkt aus sollte das Auftreten immer komplexerer, aber nicht notwendigerweise größerer Gehirne im Verlauf der evolutionären Entwicklung bewertet werden. Je besser ein Organismus in der Lage ist, Informationen über seine Umwelt zu speichern, zu analysieren und auf dieser Grundlage Vorhersagen zu treffen, um so größer ist seine Chance, in einer großen Bandbreite von Lebensräumen zu überleben. Diese Sensibilität, dieses Empfindungsvermögen gegenüber der eigenen Umgebung bringt unweigerlich eine größere Schmerzempfindlichkeit mit sich, die das notwendige biologische Warnsignal gegenüber Gefahr und Krankheit bildet, so daß eine *Verbesserung der Fähigkeit, Informationen zu verarbeiten*, ohne eine Verstärkung der Sensibilität des auf die Umwelt bezogenen Warnsystems des Organismus kaum vorstellbar ist. Mit anderen Worten: Eine größere Fähigkeit zur Informationsverarbeitung kann nur den Übergang zu einer höheren

Bewußtseinsebene ebenso wie eine Zunahme der Schmerzerfahrungen zur Folge haben. Isolierung von der umgebenden Welt durch das biologische Äquivalent zu acht Zentimeter dickem Nickelstahl wäre ein sicheres Rezept für die Verhinderung der Entwicklung des Bewußtseins.

Jede Zunahme der Sensibilität und schließlich des Bewußtseins im Verlauf der Evolution erhöht und akzentuiert unweigerlich die Wahrnehmung sowohl der günstigen, lebenfördernden als auch der ungünstigen, lebensfeindlichen Elemente der Welt, in der der Organismus sich findet. Die Schwellen für Freude und Schmerz werden sozusagen immer weiter nach oben verschoben, und der lebende Organismus lernt, eines vom anderen zu unterscheiden. *Schmerz und Leiden* einerseits und *das Bewußtsein der Freude und des Wohlergehens* andererseits sind also *neue Phänomene in der Welt.* Die Existenz des letzteren löst nie Erstaunen aus (warum eigentlich nicht?), und es ist das Auftreten der ersteren, von dem bekanntlich gewöhnlich angenommen wird, es stelle den Glauben an einen Schöpfergott vor Probleme. Wie dem auch sei, es ist an dieser Stelle wichtig zu betonen, daß – aus einer rein naturalistischen Perspektive – das Auftreten von Schmerz und seine Erfahrung als Leiden mit der fortschreitenden Entwicklung des Bewußtseins anscheinend unumgängliche Aspekte jedes vorstellbaren Entwicklungsprozesses sind, für den eine kontinuierliche Steigerung der Fähigkeit, Informationen aus der Umwelt zu verarbeiten, charakteristisch ist. Denn diese Fähigkeit bringt mit zunehmender Verzweigung des Bewußtseins eine größere Sensibilität, also auch eine größere Verletzlichkeit und folglich mehr Leiden mit sich. Im Zusammenhang der natürlichen Auslese fördert der Schmerz die Initiative und spornt Leiden zum Handeln an: Beide haben ihren Wert für das Überleben von Lebewesen, die ständig mit neuen, schwierigen und lebensbedrohlichen Situationen konfrontiert sind.[44] Im Hinblick auf unsere spätere theologische Reflexion muß betont werden, daß Schmerz, Leiden und Tod als notwendige Bedingungen für das Überleben des Individuums und den Übergang zu neuen Formen Teil der biologischen Evolution sind, lange bevor Menschen die Bühne betreten. Schmerz, Leiden und Tod können folglich nicht das Ergebnis bestimmter Handlungen des Menschen sein, obwohl Menschen sie zweifellos mit einer erhöhten Sensibilität erfahren und sie, mehr als jedes andere Lebewesen, einander zufügen.

b. Die Grenzen der Zeit

Die bisherige Betonung der Geschichtlichkeit der Natur hat unsere normale, alltägliche Wahrnehmung der Zeit, wenn auch in Wissenschaft und Alltagsleben durch mehr oder weniger ausgeklügelte Meßinstrumente quantifiziert, selbstverständlich vorausgesetzt. Wir haben jedoch festgestellt, daß das Wesen der Zeit in der modernen relativistischen Physik sich sehr von dem alltäglichen Verständnis der Zeit als einer endlosen Dimension, in der Entitäten entstehen und sich verändern, unterscheidet. Moderne Physik und Kosmologie haben frühere theologische Diskussionen über das Verhältnis von Zeit und Ewigkeit in einer neuen Form wieder aufleben lassen, und zwar jetzt in Form der Frage: „Hat die Zeit einen Anfang und ein Ende?"

Der Begriff der Zeit wird heute lediglich als ein Element des umfassenderen Begriffs der Raumzeit betrachtet, deren Krümmung von der Verteilung von Masse, Energie und Druck der vorhandenen Materie abhängt. So ist es kein Wunder, daß Physiker und Kosmologen feststellen müssen, daß sie nichts geringeres als das Wesen der „Zeit" selbst in Frage stellen, wenn sie versuchen, den Zustand des Universums in seinen Anfängen vor 10.000 bis 20.000 Millionen Jahren, als es auf einen Raum mit atomaren oder noch kleineren Ausmaßen komprimiert war, zu verstehen. Sie können zwar bis zu einem Zeitpunkt wenige Sekunden vor dem einzigartigen Ereignis (Singularität) des „heißen Urknalls" zurückgehen, ohne fundamentale Veränderungen des Begriffs der „Zeit", der in der relativistischen Physik oder auch im normalen Leben verwandt wird, vornehmen zu müssen.

Vor einiger Zeit ist ihnen jedoch besonders bewußt geworden, daß es in unmittelbarer Nähe des Zeitpunktes, ab dem die Geschichte des Universums in der klassischen, normalen „Zeit" bis zur Gegenwart nachgezeichnet und bis zu dem sie in die Vergangenheit zurückverfolgt werden kann, zu sehr überraschenden Ereignissen gekommen sein könnte, in deren Verlauf das Universum während der ersten 10^{-35} bis 10^{-30} Sekunden seiner Existenz um den Faktor 10^{50} expandierte. Die Annahme einer solchen Ausdehnungsphase – die sich wohlgemerkt immer noch innerhalb der klassischen, normalen Zeit befindet – erlaubt es, bestimmte, ansonsten verblüffende Eigenschaften des weiter expandierenden Universums zu erklären. Der Zustand, der zu dieser Ausdehnungsphase geführt hat, ist nur auf der Grundlage einer Verbindung von Quanten- und Relativitätstheorie und einer damit einhergehenden, bislang in dieser Form nicht notwendigen, radikalen Neuformulierung unserer Auffassung der Zeit zu verstehen.

Denn der Begriff „Raumzeit" der allgemeinen Relativitätstheorie hat „nur im Rahmen der nicht von der Quantentheorie berührten Gebiete der Physik eine eindeutige Bedeutung"[45], wohingegen der Gedanke eines dreidimensionalen „Raums" in der Quantentheorie ebenso wie in der klassischen Physik angewandt werden kann. Geht man in der realen „Zeit" (selbst in der Relativitätstheorie dimensional aufgefaßt) zu dem extrem kleinen und unvorstellbar dichten Ursprung des frühen Universums zurück, so verliert sich – gemäß den neueren Überlegungen von J.B. Hartle und S.W. Hawking – die Unterscheidung von „Raum" und „Zeit", und beide konvergieren.[46] C. Isham erläutert ihre Gedanken folgendermaßen:

> „... Es wird schwieriger, in bezug auf eine echte Zeitvariable die Vorstellung einer Evolution aufrechtzuerhalten. Im Grunde handelt es sich darum, daß die phänomenologische Zeit [die normale, physikalische Dimension Zeit] anfängt, eine ima-

ginäre Rolle [‚imaginär' im mathematischen Sinn, d.h. einen Faktor von *i*, der Quadratwurzel von –1, enthaltend] mit den damit verbundenen nichtphysikalischen Eigenschaften zu übernehmen, während die grundlegende Gleichheit der Richtung von Raum und Zeit sich durchzusetzen beginnt. Auf diese Weise wird das Problem eines ‚Anfangs der Zeit' geschickt umgangen."[47]

In diesem Entwurf Hartles und Hawkings (der wohlgemerkt bei den theoretischen Physikern noch sehr umstritten ist) gibt es kein einzigartiges Ereignis, mit dem die phänomenologische Zeit, zusammen mit dem dreidimensionalen Raum einschließlich der Materieenergie, „beginnt" und das als „Anfang" des Universums benannt werden könnte. Vielmehr erscheint das Universum der Raum-Zeit-Materie-Energie als Ergebnis eines „Quantentunnel"-Effekts, durch den absolut nichts (= kein Raum, keine Zeit) in der (mathematisch) imaginären Zeit etwas entstehen läßt. Ab diesem Punkt verschmilzt die „imaginäre Zeit" immer weiter mit der phänomenologischen, physikalischen Zeit – und in *dieser* Zeit geht die Expansion des Universums auf die Art und Weise weiter, mit der Physik und Kosmologie uns vertraut gemacht haben.

Viele Menschen werden, wie der Verfasser, schnell ratlos, wenn sie vor einem solchen gedanklichen Abgrund stehen – aber der wichtigste Aspekt ist hinreichend deutlich. Zeit, so wie wir sie in der Wissenschaft ebenso wie in der Geschichtsschreibung und im alltäglichen Leben kennen und messen, ist ein notwendiger Begriff für die Interpretation alles dessen, was wir in Natur, Geschichte und Leben beobachten. Wir müssen heute jedoch akzeptieren, daß Physik und Kosmologie zu fragen beginnen, ob es überhaupt möglich ist, die Zeit ohne eine grundlegende Veränderung dieses Begriffs unbefangen an den „Anfang" des Universums zurückzuverfolgen.

Wie aber steht es um das „Ende" des Universums in der Zeit? *Hat* es überhaupt ein Ende? Zur Zeit besitzen wir nicht die notwendigen Daten, um eine Entscheidung zwischen zwei Möglichkeiten, wie man sich das Schicksal des uns bekannten Universums vorstellen kann, zu treffen.[48] Die eine Möglichkeit besagt, daß die Expansion des Universums weitergehen wird und die Galaxien sich immer weiter voneinander entfernen werden, was mit einem ständigen Sinken der Temperatur und der Entstehung „schwarzer Löcher" einhergehen und schließlich mit dem Wärmetod des Universums enden wird – obwohl Fluktuationen und Ströme von Materie und Energie während eines großen Teils dieser unvorstellbar langen Zeit anhalten könnten, so daß die Entstehung dissipativer, geordneter Systeme nicht ausgeschlossen wäre. Wie lange würde das Leben weiterbestehen? Freeman Dyson vertritt die Meinung, daß selbst menschliches Leben durch interstellare Migration weit über die Zerstörung unseres Sonnensystems hinaus fortexistieren könnte.[49] Dies ist allerdings reine Spekulation; gewiß kommt das Leben auf dem Planeten Erde an ein Ende, wenn die Sonnenenergie aufgebraucht ist.

Vorausgesetzt, es ist genügend Materie im Universum vorhanden, könnte dem Universum andererseits das Schicksal widerfahren, daß die Massenanziehungskräfte, ähnlich wie ein langes Gummiband, die Galaxien zusammenziehen werden. Dann würde das Universum in einem großen Zusammenstoß („big crunch") enden – und danach wieder expandieren oder auch nicht. Niemand weiß, welche dieser Möglichkeiten die wahrscheinlichere ist. Trotz der Spekulationen Freeman Dysons haben sie alle jedoch die Konsequenz, daß das menschliche Leben auf der Erde verschwinden wird, und dies ist eine Vorstellung, auf die jede Form der Theologie einzugehen hat. Ich persönlich halte dies nicht für ein größeres Problem als die Konfrontation mit der Vorstellung, daß dasjenige ihrer Bestandteile von der Erde verschwinden könnte, mit dem wir am besten vertraut sind – unserem individuellen Selbst. Denn die möglichen Schicksale des Universums führen zu der Frage, ob die Geschichte nicht – ungeachtet dessen, was gläubige Menschen hierzu sagen – insgesamt sinnlos ist.

Kapitel 4:
Wen gibt es?

Die bemerkenswerteste Eigenschaft des Universums ist so offensichtlich, daß wir sie oft übersehen – die Tatsache nämlich, daß es uns gibt und daß wir alle diese Fragen stellen können. Daß die Naturgesetze, die auf die und in den von uns in Kap. 2 beschriebenen Entitäten wirken, die Prozesse (Kap. 3) in Gang gesetzt haben, die im Lauf der Zeit in einer Entität, der Menschheit, kulminierten, die den Weg kennen kann, der zu ihrem eigenen Auftreten geführt hat, ist ein erstaunliches Produkt jenes extrem verdichteten Systems von Materieenergie, das in dem straffen Knoten der Raumzeit, mit dem das Universum seinen Anfang nahm, eingeschlossen war. Jede Reflexion von Sinn und Bedeutung alles dessen, was ist (wie sie in Teil II unternommen werden wird), muß besonderes Gewicht auf die Frage legen, welches die beste Erklärung für diese gut bekannte Eigenschaft des Universums ist. Zunächst müssen wir allerdings noch genauer erläutern, was uns Menschen auszeichnet.

Viele der Charakteristika des *homo sapiens*, die wir für etwas Besonderes halten, sind in Wirklichkeit zweifellos Weiterentwicklungen, Extrapolationen, ja sogar Steigerungen von Eigenschaften und Fähigkeiten, die bei den höheren Säugetieren zu beobachten sind: unsere Fähigkeit, in einer großen Vielfalt von Umwelten Fuß zu fassen, unsere Flexibilität und Anpassungsfähigkeit, die lange währende Fürsorge für unsere Jungen, unsere starke Individualisierung, unser hochentwickeltes Gehirn und die damit verbundene Intelligenz, die uns in die Lage versetzt, die Umwelt zu beobachten und entsprechend der eigenen Ziele zu verändern, und die sich so im Prozeß der natürlichen Auslese als besonders vorteilhaft erwiesen hat, sowie schließlich unser auf der Leistungsfähigkeit unseres Gehirns beruhender Gebrauch der Sprache und das daraus folgende komplexe Sozialgefüge, das wir so entwikkeln konnten.[1]

Aber betrachten wir uns und unsere besonderen Eigenheiten noch ein wenig genauer. Es kann nämlich keinen Zweifel daran geben, daß mit der Menschheit neue Verhaltensweisen und Erfahrungen auftreten, deren Beschreibung und Analyse neue, irreduzible und spezielle Begriffe erfordern – wie es in der Benennung des menschlichen Individuums als „Person" zum Ausdruck kommt.[2]

1. Die Personalität des Menschen

Die Evolutionsbiologie kann den Weg zurückverfolgen, auf dem einige Organismen Nervensysteme und Gehirne ausbilden konnten, mit deren Hilfe sie Informationen über ihre Umwelt auf eine Weise sammeln, speichern, abrufen und verwerten, die ihr Überleben fördert. Die Tatsache, daß diese so erfolgreich gebrauchten Informationen genau genug sein müssen, um Überleben zu ermöglichen, hat zur Ausbildung des Gedankens einer „evolutionären Erkenntnistheorie" geführt. Diese sieht den Realitätsbezug des Inhalts eines solchen Bewußtseins lebender Organismen, besonders im Fall der Menschen, dadurch bestätigt, daß diese den natürlichen Ausleseprozeß faktisch erfolgreich überleben. Das Bewußtsein und die Erforschung der Außenwelt erreichen einen Höhepunkt mit dem *homo sapiens*, der – in erster Linie durch die Sprache sowie mit Hilfe visueller Vorstellungen und später der Mathematik – Begriffe bilden kann, mit denen er die Umwelt interpretiert. Die Rolle der Sprache ist besonders in der kindlichen Entwicklung offensichtlich. Es läßt sich beobachten, daß Kinder durch ihre Erfahrungen und Interaktionen mit Erwachsenen abstrakte Begriffe entwickeln und die Sprache erlernen.

Die natürliche physikalische und soziale Umwelt wird erfahren und wird zu einem möglichen Objekt dessen, was wir „Wissen" nennen – dasjenige, das verläßlich genug ist, Vorhersagen und die Beherrschung der Umwelt und auf diese Weise das Überleben zu ermöglichen. Unsere Sinneseindrücke müssen weitgehend verläßlich sein, und dasselbe gilt für die kognitiven Strukturen, mit deren Hilfe wir die Welt erkennen – sonst hätten wir nicht überlebt.[3]

Die Fähigkeit zu abstraktem Denken scheint spezifisch menschlich zu sein, und der Erwerb der Sprache ist damit so eng verbunden, daß oft angenommen wird, letzterer sei eine notwendige Bedingung des ersteren. Im Verlauf dieser parallelen Prozesse kommt es innerhalb des Inhalts des kognitiven Bewußtseins zur Unterscheidung zwischen der Person als „Subjekt" und der natürlichen Umgebung, die als „Objekt" erlebt wird. Eine minimale und rein funktionale Definition kann lauten, daß „Bewußtsein" das Vermögen des menschlichen Gehirns ist, innere Repräsentationen seiner physikalischen und sozialen Umwelt (einschließlich des zum Gehirn gehörenden Körpers), seiner Beziehungen zu dieser Umwelt und seiner selbst als Subjekt der Erzeugung solcher Repräsentationen zu bilden. Dieses Vermögen erstreckt sich sowohl auf tatsächliche als auch auf mögliche (vermutlich zukünftige) Repräsentationen der Umwelt, des Selbst und ihrer wechselseitigen Beziehungen. Wie klar jedoch der Inhalt unseres Bewußtseins uns selbst auch immer ist, es herrscht Unklarheit und ganz sicher keine breite Übereinstimmung hinsichtlich der Frage, wie diese bewußte Aktivität als Gehirntätigkeit beschrieben werden kann. Außerdem ist jede solche Definition ihrerseits nur

auf der Basis ihrer Beziehung zu einer plausiblen Hypothese über die Evolution des Bewußtseins als eines Aspektes der Gehirntätigkeit artikulierbar und umgekehrt durch diese definiert – und auch im Hinblick auf dieses Thema herrscht keine Einigkeit.[4]
Ein ausschließlich die Menschen auszeichnendes Charakteristikum scheint darüber hinaus ihre Fähigkeit als „Subjekt" zu sein, den Inhalt ihres Bewußtseins als „Objekt" zu behandeln, d.h. sich ihrer selbst bewußt zu sein. Die Menschen entwickeln eine Sprache, die die Vorstellung ihrer selbst als Subjekt von Erfahrungen enthält, und durch den Gebrauch der Sprache transzendieren sie sich selbst. Zusammen mit unserer Intelligenz und Phantasie resultieren Selbstwahrnehmung und Selbstbewußtsein also in der Fähigkeit zur Selbsttranszendenz, die die Wurzel bildet, aus der die Möglichkeit eines Gewahrseins des Numinosen – und also, wie wir später noch behaupten werden, des Göttlichen – stammt.
Menschen haben ein Bewußtsein der Innerlichkeit, das sich in der Sprache in der semantisch merkwürdigen Weise, wie sie sich mit „ich" benennen, widerspiegelt. Das heranwachsende Kind entwickelt dieses Bewußtsein nur allmählich, während seine Selbsterkenntnis und sogar sein Selbstbild durch seine Interaktionen mit seiner Umwelt und besonders mit den ihm nahestehenden Personen wächst und Früchte trägt oder gehemmt und vernichtet wird. Es weist nämlich einiges darauf hin, daß die Unterscheidung eines Teils der Umwelt als aus Personen bestehend und die Bildung von Beziehungen zu ihnen für das Bewußtsein der eigenen Personalität beim heranwachsenden Kind eine wesentliche Rolle spielt. Es scheint für das Selbstbild des Kindes und des Erwachsenen, zu dem es sich entwickelt, entscheidend zu sein, ob diese Beziehungen von Liebe geprägt sind oder nicht. So wird das heranwachsende Kind zum Mittelpunkt eines Netzes von Beziehungen, die für die Personalität konstitutiv sind. Dies hat soziale, ja sogar juristische Folgen, wenn Menschen einander als Träger von Rechten betrachten, so daß das Individuum sich trotz der Tatsache, daß jeder Mensch einzigartig ist, vorstellen kann, mit „dem anderen" den Platz zu tauschen. Diese Fähigkeit wird zur Quelle des Mitgefühls und des mehr juristischen Begriffs der „Person", der – wie schon die Geschichte zeigt – durch sich verändernde Auffassungen und Empfindungen kontinuierlich transformiert wird.[5]
In dem Maß, in dem Individuum und Gattung Selbstbewußtsein, Wahrnehmungsfähigkeit und die Begrifflichkeit zur Repräsentation anderer Menschen und der Umwelt entwickeln, erlangen die Menschen die Fähigkeit zum Gebrauch ihrer Phantasie und damit die Möglichkeit des Wählens und des absichtsvollen Handelns. Sie werden zu Subjekten, die einen bestimmten Zustand anstelle eines anderen verursachen können. Da sie Gründe für ihr Handeln haben oder zu haben glauben, können Menschen als vernunftbegabte Subjekte beschrieben werden, die auf der Basis dessen, was für sie „Gründe" zu sein scheinen – wenn diese auch oft das komplexe Resultat anderer Moti-

vationen sind –, Entscheidungen treffen. Jedenfalls spielen die normalen Kausalgesetze, die in der Außenwelt gelten, bei diesen Entscheidungsprozessen keine – oder wenigstens keine erkennbare – Rolle. Daher erleben menschliche Subjekte ein Gefühl der Freiheit, der Fähigkeit, eigene Gedanken zu entwickeln, wenn es z.B. um moralische Entscheidungen oder ästhetische Urteile oder die Wahl zwischen verschiedenen Glaubensvorstellungen geht. Wir schreiben uns selbst einen sogenannten „freien Willen“ zu und werden damit in die Lage versetzt, kreativ zu handeln; die Basis jener Kreativität charakterisiert unser Selbstbewußtsein und unser Gefühl der Innerlichkeit. Paradoxerweise ist ein solcher „freier Wille“ erst und nur in einer Umgebung möglich, in der natürliche Prozesse „gesetzesähnlichen“ Regelmäßigkeiten unterliegen, so daß „freie“ Entscheidungen weitgehend vorhersehbare Folgen haben. Wenn alles völlig unvorhersagbar wäre, dann wäre Entscheidungsfreiheit eine Illusion. Eine geordnete Umwelt ist also die Voraussetzung für den Gebrauch der Freiheit und das Treffen moralischer Entscheidungen durch Personen. Durch ihre Entscheidungen prägen Personen außerdem unwiderruflich ihr eigenes Leben, in dem sie ihre eigenen Intentionen verwirklichen und so den Prozeß der individuellen Entwicklung und der Evolution der Gattung, der für alle anderen lebenden Organismen kennzeichnend ist, transzendieren.

Wesentliche Kennzeichen der Personalität sind Zielgerichtetheit und Intentionalität, aus denen biologische und soziale Anpassungsfähigkeit erwachsen. Diese Linie der Intentionalität und Zielgerichtetheit, die ein selbstbewußtes menschliches Leben durchzieht, wird jedoch durch den unumgänglichen Kontinuitätsbruch im Tod zunehmend geprägt. Anscheinend als einzige Lebewesen müssen die Menschen sich bewußt mit dem Wissen um ihren eigenen Tod auseinandersetzen. Die ältesten Spuren der Existenz des *homo sapiens* auf der Erde zeigen, daß dieser seine Toten mit Ritualen begraben hat, die auf die Reflexion dieses *terminus ad quem* hinweisen. Solche Reflexion scheint mit dem Bewußtsein des Numinosen im Verhältnis zur natürlichen Welt und zu der eigenen kreativen Selbsttranszendenz des Individuums sowie seines Selbstwertgefühls verbunden gewesen zu sein, was von Wandmalereien und anderen Artefakten bezeugt wird. Wir erkennen hier erste Anzeichen eines weiteren menschliche Personen auszeichnenden Charakteristikums, nämlich die Neigung, ein Sein anderer Art, das als Quelle alles untergeordneten Seins betrachtet wird, zu verehren und zu ihm zu beten.

Die Elemente der Kontinuität zwischen den Menschen und ihren Vorgängern in der Evolution sind hinreichend deutlich – sie zeigen sich z.B. in Anatomie, Biochemie, Physiologie und sogar – was heute klarer als früher erkannt wird – in Aktivitäten, die mit der Herstellung von Werkzeugen, der Erforschung der Umwelt und dem Zählen verbunden sind. Die zuletzt genannten „mentalen“ Aktivitäten kommen jedoch nur zum Teil auch bei anderen Lebewesen vor, und die Merkmale des *homo sapiens*, denen oben unsere Aufmerksamkeit galt, stellen eine echte Diskontinuität im Prozeß der Evolution dar.

Eine Reihe kognitiver Funktionen, die man auch bei Tieren findet und die jede für sich einen Beitrag zum Überleben leisten, sind im Menschen, um mit Konrad Lorenz[6] zu sprechen, „in ein System höherer Ordnung" integriert. Lorenz nennt folgende Funktionen: das Erkennen von Formen, das einen Mechanismus sowohl der Abstraktion als auch der Objektivierung darstellt; die zentrale Repräsentation des Raumes, besonders durch das Sehen; die von der visuellen Orientierung gelenkte Fortbewegung; das Gedächtnis, das Speichern von Informationen als die durch Lernen erworbene Basis für einsichtsvolles Verhalten; die freie Bewegung in Verbindung mit dem hiervon hervorgerufenen Echo; Neugier; die Nachahmung als Grundlage des Spracherwerbs; und die Tradition, die Weitergabe individuell erworbenen Wissens von einer Generation an die nächste.

In der so entstehenden integralen Einheit des menschlichen Wesens entwikkeln sich neue Charakteristika: die Fähigkeit, zu sprechen und in abstrakten Begriffen zu denken, das Vermögen, die Folgen des eigenen Handelns vorauszusehen, sowie die Fähigkeit, Wissen nicht über die Gene, sondern mit Hilfe einer kulturellen Tradition, die Worte und Symbole gebraucht, zu akkumulieren. Mit der Entwicklung von Sprache und Kultur schaffen die Menschen Artefakte wie Bibliotheken, Tonbänder, Musik, Gemälde, Skulpturen, Gebäude, Diagramme, Computeraufzeichnungen usw., durch die Wissen und Erfahrungen von einer Generation an die nächste weitergegeben wird, und sie lassen auf diese Weise den natürlichen Ausleseprozeß, dem die Menschheit ihre Entstehung verdankt und der in anderen Lebewesen noch immer am Werk ist, hinter sich. Mit der Menschheit ist etwas Neues in Erscheinung getreten, dessen Beschreibung und genaue Darstellung ganz eigene Begriffe erfordern. Im Hinblick auf die Menschheit wird aus „Biologie" „Geschichte", und es kommt zu einer neuen Form der Interaktion – jener der Menschheit mit der übrigen Natur –, bei der der Organismus *homo sapiens* seine eigene Umwelt und damit seine zukünftige Entwicklung gemäß seinen eigenen Entscheidungen formt, indem er sich sein erworbenes Wissen und seine soziale Organisation nutzbar macht. Die Wurzel der menschlichen Intersubjektivität, die sich in der Kultur manifestiert, ist das aus der Evolution hervorgegangene Selbstbewußtsein, das sich parallel zu jenen höheren Funktionen entwickelt, die alle anderen Funktionen in eine

> „charakteristische Aktivität [integrieren], charakteristisch, insofern sie anerkannt, lokalisiert und personalisiert ist. Die Einheit der Personalität ... ist in einer integrierenden Aktivität zu finden, einer Aktivität, die mit Hilfe ihrer genetischen, biochemischen [usw. ...] Manifestationen ausgedrückt, verkörpert und wissenschaftlich verstanden wird. Was wir menschliches Verhalten nennen, ist ein Ausdruck jener wirkungsvollen, integrierenden Aktivität, die auf bemerkenswerte und charakteristische Weise wir selbst sind."[7]

Merkwürdigerweise gibt es jedoch Anzeichen für ein Mißverhältnis zwischen Menschen, Personen, und ihrer Umwelt, das sich bei anderen Lebewesen nicht zeigt. Wir sind anscheinend die einzigen Wesen in der biologischen Welt, bei denen der Selbstmord einzelner vorkommt; nur wir demonstrieren durch unsere Bestattungsriten ein Bewußtsein einer anderen Dimension der Existenz; wir allein gehen durch unser biologisches Leben, ohne uns ganz erfüllt zu fühlen, was sich in der modernen Suche nach „Selbstverwirklichung" und „persönlichem Wachstum" zeigt. Unsere Bestrebungen und das, was wir für unsere Bedürfnisse halten, gehen weit über die grundlegenden biologischen Erfordernisse wie Nahrung, Ruhe, Obdach, Sexualität und eine Umwelt, in der Fortpflanzung und Fürsorge für den Nachwuchs möglich sind, hinaus. Die Menschen streben danach, Tod, Schmerz und Leiden zu bewältigen. Außerdem müssen sie ihre eigenen Möglichkeiten entdecken und lernen, ihren Weg im Leben zu finden. Die natürliche Umwelt kann solchen Bedürfnissen nicht gerecht werden. Ebensowenig können die Naturwissenschaften sie beschreiben, genau erkennen oder befriedigen. Aus unserer Anwesenheit in der biologischen Welt erwachsen also Fragen, die außerhalb der Reichweite der Naturwissenschaften liegen, so daß diese sie nicht beantworten können. Denn wir erfahren Momente des Glücks und der Traurigkeit, die anderen Lebewesen gänzlich verschlossen bleiben und in denen sich ein Unbehagen an unserem Entwicklungsstand, ein Mangel an Anpassung äußert, der nach einer Erklärung und, wenn möglich, Heilung verlangt.
Wenn wir uns die menschliche Geschichte und die Plünderung dieses Planeten durch den Menschen vor Augen halten, können wir die Frage „Ist etwas falsch gelaufen?" nicht umgehen.

2. Bedingungen für die Entwicklung von Personen

Eines der bemerkenswerten Kennzeichen der neueren Reflexion des Verhältnisses der Menschheit zum Rest des Universums, die Erkenntnisse der modernen Astrophysik, Teilchenphysik und Kosmologie einbezieht, ist die Umkehrung des Effekts der kopernikanischen Wende. Diese schien die Menschheit zu degradieren, indem sie sie auf einem Planeten verortete, der nicht mehr den Mittelpunkt des Universums bildete und dessen bevorzugte Stellung fortan von der Sonne besetzt wurde. Im zwanzigsten Jahrhundert dann verstärkte die Astronomie diese Degradierung, indem sie unser ganzes Sonnensystem in einen Winkel einer von Myriaden von Galaxien verbannte. So schien das menschliche Leben im Verhältnis zur Größe des Universums nur eine unbedeutende Rolle zu spielen. In den vergangenen beiden Jahrzehnten ist jedoch zu beobachten, daß viele Wissenschaftler ein ausgeprägtes Bewußtsein dafür entwickeln, wie fein die Parameter und Charakteristika des beobachtbaren Universums abgestimmt sind, damit wir als Beobachten-

de überhaupt existieren können. Nur wenige würden heute eine neuere Formulierung des sogenannten „anthropischen Prinzips" in seiner schwachen Form anfechten:
„Die meßbaren Werte aller physikalischen und kosmologischen Größen sind nicht gleich wahrscheinlich, aber es handelt sich um Werte, die der Bedingung unterliegen, daß es Orte gibt, an denen sich Leben auf Kohlenstoffbasis entwickeln kann, und daß das Universum so alt ist, daß solches Leben sich bereits entwickeln konnte ... Es [dieses Prinzip] benennt lediglich die Tatsache, daß die Auswahl der Eigenschaften des Universums, die wir erkennen können, durch die Tatsache gesteuert wird, daß diese mit unserer Entwicklung und unserem gegenwärtigen Dasein vereinbar sein müssen."[8]
Es scheint, daß dieses Prinzip sehr strenge Beschränkungen für die Werte vieler fundamentaler Konstanten als Voraussetzung dafür festsetzt, daß es Leben in der uns bekannten Form gibt (daher sprechen Barrow und Tipler von Leben auf „Kohlenstoffbasis") und daß es sich überhaupt in einem vorstellbaren Universum entwickelt. Zu diesen Konstanten gehören die tatsächliche Stärke aller Kräfte, die im Universum wirken (Gravitationskräfte, starke und schwache atomare sowie elektromagnetische Kräfte), die elektronische Ladung, die Lichtgeschwindigkeit, die Planck-Konstante sowie die Masse verschiedener Teilchen – und selbst dann ist die Liste noch nicht vollständig. Es ist dieses Universum, das erkennbar ist, das Leben und schließlich die Lebensform, die fähig ist, es zu beobachten, uns selbst nämlich, hervorbringen kann. Unsere Anwesenheit im Universum ist weit davon entfernt, eine unerklärbare „irrationale Größe" zu sein, sondern sie hängt mit dem Universum und seinen uns heute bekannten Eigenschaften eng zusammen. Wir können heute mit hoher Sicherheit sagen, daß eine überaus enge Verbindung zwischen der exakten Beschaffenheit vieler der quantitativen Merkmale des Universums und der Möglichkeit, daß es überhaupt Leben, also auch uns, auf der Erde gibt, besteht.
In seiner schwachen Form, über die weitestgehend Übereinstimmung herrscht, bezieht sich das anthropische Prinzip auf die Verbindungen zwischen dem Leben auf Kohlenstoffbasis und den Werten vieler universeller Parameter. Wir haben bereits gesehen, daß das Leben nach seinem Beginn dazu neigt, die Komplexität der Organisation seiner verschiedenen Manifestationen zu steigern. Es wird außerdem deutlich, daß der Erwerb kognitiver Fähigkeiten einen großen Vorteil im Prozeß der natürlichen Auslese mit sich bringt. Solche Fähigkeiten hängen von dem Vorhandensein eines immer empfindlicheren Apparates für den Empfang von Signalen aus der Umwelt und eines sehr leistungsfähigen Apparates für die Verarbeitung dieser Informationen und die Übermittlung entsprechender Signale an das motorische System des Organismus ab. Der Wahrnehmungsapparat muß, genauer gesagt, vier Fähigkeiten besitzen: Analyse des Inputs, Kontrolle von Motivation und Steuerung des Verhaltens sowie Energieregulierung.[9] Sie müssen sich

auf dem Weg gegenseitiger Verstärkung und Stimulation gemeinsam entwickeln, und eben dieser Prozeß des Verbindens von Wahrnehmung, Analyse und Handeln gehört zum Wesen der kognitiven Aktivität, so daß der „Geist“ zum „kognitiven Organ des Körpers“ wird.[10] Von den Systemen, die diesen Entwicklungsprozeß, der durch soziale Kooperation und die Entwicklung der Sprache erleichtert wird, überlebt haben, muß angenommen werden, daß sie eine Kenntnis der Umwelt vermitteln, die ausreicht, um das Überleben zu ermöglichen. Daher ist der Zugang zu einer Theorie des „Wissens“ für den Evolutionswissenschaftler ein „hypothetischer Realismus“, der von Konrad Lorenz folgendermaßen beschrieben wird:

> „Für den Naturforscher ist der Mensch ein Lebewesen, das seine Eigenschaften und Leistungen, einschließlich seiner hohen Fähigkeiten des Erkennens, der Evolution verdankt, jenem äonenlangen Werdegang, in dessen Verlauf sich alle Organismen mit den Gegebenheiten der Wirklichkeit auseinandergesetzt und – wie wir zu sagen pflegen – an sie *angepaßt* haben. Dieses stammesgeschichtliche Geschehen ist ein Vorgang der *Erkenntnis*, denn jede ‚Anpassung an‘ eine bestimmte Gegebenheit der äußeren Realität bedeutet, daß ein Maß von ‚Information über‘ sie in das organische System aufgenommen wurde.“[11]

Im Prozeß der natürlichen Auslese muß der Zuwachs an kognitiven Fähigkeiten die Steigerung der Verletzlichkeit, die mit einem immer empfindlicheren Apparat für die Beobachtung und sinnliche Wahrnehmung der den Organismus umgebenden Welt zwangsläufig verbunden ist, kompensiert haben. Die Menschen haben ihre Schwäche, Langsamkeit und allgemeine Verletzlichkeit offensichtlich nur mit Hilfe des Gebrauchs kognitiver Fähigkeiten, deren Entwicklung in ihnen an einen einzigartigen Höhepunkt gelangt, überlebt. Die Verbindung von Verletzlichkeit und gesteigerter Sensibilität für die Signale aus der Umwelt geht mit einer größeren Schmerzempfindlichkeit einher, und es ist ganz und gar nicht leicht, sich vorzustellen, wie erstere ohne letztere möglich sein sollte. Darüber hinaus ist der Schmerz ein unentbehrliches Zeichen für Gefahr, das den Organismus vor Handlungsweisen, Ernährungsgewohnheiten, Handlungen gegenüber Raubtieren usw. warnt, die sein Überleben gefährden könnten. Wir können nur zu dem Schluß kommen, daß der Schmerz und das Leiden als Folgen der Verletzlichkeit der Preis sind, der für die Entwicklung des Bewußtseins und der mit ihm verbundenen kognitiven Fähigkeiten notwendig gezahlt werden muß.

Das Selbstbewußtsein der Menschen ist so eng mit ihren sprachlichen und intellektuellen Fähigkeiten verknüpft, daß es schwierig ist, ihm einen charakteristischen kausalen Vorteil im Prozeß der natürlichen Auslese zuzuschreiben. Diese Fähigkeiten erleichterten offensichtlich die Analyse der Umwelt, das Erkennen von Raubtieren und Nahrungsquellen sowie das vorausschauende gemeinsame Handeln nach Plan, so daß der körperlich relativ schwache *homo sapiens* begann, sich in jedem nur denkbaren Lebensraum durchzusetzen. Die dann folgende Entstehung der Kultur, die auf den bereits erwähnten Ressourcen für die Weitergabe von Wissen über Generationen hinweg beruhte, mündet heute in die Herrschaft der Menschheit über die Erde. Diese Herrschaft ist zweifellos – wenn auch vielleicht nur indirekt – die Folge des menschlichen Selbstbewußtseins und der menschlichen Selbstwahrnehmung, wie sie sich in den kulturellen Systemen, die durch Kommunikation mit Hilfe von Sprache und Symbolen zusammengehalten werden, ausdrükken. Selbstbewußtsein und Selbstwahrnehmung bilden jedoch zugleich die Bühne, auf der sich das menschliche Drama des Schmerzes und des Leidens, des Bewußtseins der Endlichkeit und des Wissens um den eigenen Tod sowie alles dessen, das aus ihnen folgt, abspielt – die ganze Tragödie der „condition humaine". Unsere innere Wahrnehmung und unser Bewußtsein unserer selbst fördern also unsere Fähigkeit, als Individuen und als Gattung zu überleben, und bringen uns doch zugleich um die Früchte eines Glücksgefühls, das einem nur animalischen Bewußtsein zugänglich ist. Individualität und das Bewußtsein der eigenen Individualität erreichen im *homo sapiens* einen neuen Höhepunkt, und sie sind mit einer größeren Abhängigkeit des Überlebens der Gattung vom Prozeß der Sozialisierung verbunden.

Kapitel 5:
Welchen Sinn hat alles?

Es scheint, als sei der Mensch der einzige lebende Organismus, der Fragen über Inhalt und Sinn der Welt, in der er sich entwickelt hat, stellt. Im Verlauf besonders der letzten Jahrhunderte hat er einen großen Schatz neuer Kenntnisse über diese Welt und darüber, wie es zur Existenz von Menschen in ihr kam, erworben. Es gibt für ihn verschiedene Möglichkeiten, auf diese so verstandene Welt zu reagieren, die nicht alle miteinander in Einklang zu bringen sind. Wie erscheint die Welt den Menschen im Licht ihres neuen Wissens? Wie scheint sie beschaffen zu sein? Wie reagieren die Menschen auf die von uns erörterten Eigenschaften der Welt?

Für Wissenschaftler ist es immer wieder ein Wunder, daß sich die Welt als so verständlich und der rationalen, auf Beobachtung beruhenden Erforschung so zugänglich erweist. Wie Fred Hoyle es einmal formuliert hat: „Jedesmal, wenn wir durch geduldiges Forschen die Lösung eines Problems finden, stellen wir fest, daß Konzeption und Design der Lösung, die sich so zeigt, insgesamt und im Detail nuancierter sind als alles, was wir durch bloßes Raten jemals hätten erreichen können."[1] Die Mathematik, eine Konstruktion des menschlichen Geistes – reine Deduktionen aus postulierten Axiomen –, erweist sich als ein notwendiges Mittel für das Verstehen der grundlegenden Struktur und Beziehungsnetze der physikalischen Welt und zunehmend für die Möglichkeit, die Basis der biologischen Komplexität zu auszudrücken.[2] Mit den Worten Einsteins: „Das ewige Geheimnis der Welt ist ihre Verständlichkeit ... Die Tatsache, daß sie zu verstehen ist, ist ein Wunder."[3] Unsere frühere Erörterung der „evolutionären Erkenntnistheorie", d.h. der Rolle kognitiver Prozesse für die Evolution, könnte dazu beitragen, unser Erstaunen zu verringern – allerdings nicht allzusehr, denn das Eindringen in die Geheimnisse der Eigenart z.B. der subatomaren Welt und der Quantenfeldtheorie kann wohl kaum als für das biologische Überleben notwendig gelten. Die menschliche Vorstellungskraft und die Fähigkeit zu logischem Denken gehen weit über das für das Überleben Erforderliche hinaus. Ihre außergewöhnliche Fähigkeit, Aspekte der Welt darzustellen, die der normalen Sinneswahrnehmung nicht zugänglich und mit Hilfe von Ableitungen aus der gewöhnlichen Erfahrung nicht beschreibbar sind, ist noch immer ein bemerkenswertes Merkmal unseres Verhältnisses zur Welt und unserer Reaktionen auf dieses Verhältnis.

Aufgrund des Zeugnisses der Wissenschaften betrachten wir die Welt als ein zusammenhängendes, wenn auch verwickeltes Netz kausaler Ordnung, in dem vielfältige, aber erkennbare Kausalketten ineinander verschränkt sind und sich kreuzen und so verständliche Beziehungsmuster bilden. Manchmal ist der Kausalzusammenhang zu undeutlich, als daß er zurückverfolgt werden könnte, und das Verständnis wird erschwert, aber in drei Jahrhunderten naturwissenschaftlicher Forschung hat sich immer wieder die Erfahrung bestätigt, daß das Netz von Beziehungen und Interaktionen allmählich klarer zu erkennen ist und ein immer größerer Bereich erhellt wird. In diesem Sinn wird unser Wissen über die Welt immer vollständiger, denn die Lücken unseres Nichtwissens und die Mängel in unserem Verstehen werden immer kleiner, und oft verschwinden sie ganz.

Merkwürdigerweise ist unser Verstehen jedoch mit einer gewissen rätselhaften Unvollkommenheit behaftet, was die in Kapitel 3 bereits erwähnten Grenzen der Vorhersagbarkeit zeigen. Denn obwohl das Auftreten neuer Eigenschaften und Verhaltensweisen von Entitäten in der natürlichen Welt für uns im Nachhinein verständlich ist, könnten wir sie doch in vielen Fällen nicht voraussehen, ja sie erscheinen unserer nachträglichen Reflexion sogar als überraschend. Da sich unser Wissen über die natürliche Welt nach zwei Seiten hin ausdehnt – in die Richtung der grundlegenden Bestandteile der physikalischen Realität auf der einen, in die Richtung der höheren Ebenen der biologischen Komplexität auf der anderen Seite –, können wir nur mehr und mehr beeindruckt sein von der Art, wie das Einwirken einiger weniger einfacher Prinzipien auf eine endliche Zahl grundlegender Entitäten den großen Reichtum und die große Fruchtbarkeit auf diesem Planeten, der nur einen kleinen Teil des Universums bildet, und in diesem selbst hervorbringt. Nur wer ganz und gar gleichgültig ist, wird angesichts der enormen Kreativität der Welt, in der wir uns entwickelt haben, nicht beeindruckt sein. Die schwer faßbaren und nicht vorstellbaren grundlegenden subatomaren Entitäten, aus denen alles, einschließlich unserer selbst, besteht, besitzen Möglichkeiten, die mit Hilfe der Physik, die sie entdeckt, und der Mathematik, die sie symbolisiert, weder zu erkennen noch zu beschreiben sind. Daher sind wir an den beiden äußersten Grenzen unseres Wissens – dem Subatomaren und dem Personalen – mit der rätselhaften Tiefe des eigentlichen Wesens der Wirklichkeit konfrontiert, die viele wissenschaftliche Autoren dazu veranlaßt, vom Gefühl eines „Mysteriums“ zu sprechen, das sich in ihnen regt, wenn sie das Universum aus der Perspektive der Naturwissenschaften betrachten.

Dieses Bewußtsein des Geheimnisses, das die Wissenschaft weckt, wird besonders von Harold Schilling betont.[4] Er findet es erstens im Staunen über die Unendlichkeit und Unergründlichkeit des Unbekannten und zitiert Victor Weisskopf: „Unser Wissen ist eine Insel im unendlichen Meer des Unbekannten“[5] – und je größer die Insel wird, um so länger werden ihre Grenzen zum Unbekannten. Es begegnet ihm zweitens bei Wissenschaftlern, wenn sie über die Unendlichkeit und Unergründlichkeit des Bekannten, die Geheimnisse an den beiden Polen des Subatomaren und des Biologischen, die wir bereits erörtert haben, nachdenken. Jede scheinbare Antwort stellt uns vor noch zahlreichere unbeantwortete Fragen.

Unser Wissen über die natürliche Welt weist also eine gewisse Zweideutigkeit auf: Es wird für den Intellekt immer vielfältiger und aufregender, aber es ruft auch zunehmend ein intellektuelles Schwindelgefühl hervor, wenn wir von den höchsten Gipfeln der neuen Perspektiven aus die Tiefen herausfordernd neuer Vorstellungen zu ergründen versuchen. Es gibt jedoch noch eine weitere, ältere Zweideutigkeit, die die Menschen in bezug auf die natürliche Ordnung erfahren. Dies ist das Bewußtsein, daß die natürliche Ordnung für unser Dasein von wesentlicher Bedeutung ist und daß sie uns durch ihre Ressourcen nährt, daß sie aber dennoch auch Anstrengungen und Existenz der Menschen auf tragische Weise zerstören kann. Die Wurzel hierfür ist in unserer eigenen Zweideutigkeit zu sehen: Wir sind Teil der Natur, die wir als Subjekte in unserem Selbstbewußtsein zugleich transzendieren. Wieder erweisen sich unsere besonderen menschlichen Charakteristika als Quelle der Möglichkeit einer größeren Erfülltheit, die mit einer Sensibilität für Verletzungen und Schmerzen einhergeht.
Wenn wir schließlich über die Zukunft unseres Planeten im Sonnensystem in seiner Galaxie nachdenken, müssen wir berücksichtigen, daß er mit Sicherheit verschwinden wird. Die Energie unserer Sonne, die das Leben auf der Erde erhält, ist begrenzt: Die Sonne hat ungefähr die Hälfte ihrer Lebensdauer erreicht, und die Zeit, die der Erde bleibt, entspricht ungefähr ihrer bisherigen Existenzdauer. Es steht also fest, daß alles Leben auf der Erde, einschließlich des menschlichen, vergehen wird. Da es sehr zweifelhaft ist, ob es den Menschen gelingen wird, andere Planeten zu „kolonisieren“, müssen wir die Frage stellen: Wird sich das ganze Experiment des Lebens, das für unsere Interpretation des Lebens eine so große Bedeutung besitzt, schließlich doch als sinnlos und mißlungen erweisen? Welchen *Sinn* haben dieses Universum und unser Dasein in ihm? Wir gelangen so zu letzten Fragen und stellen fest, daß sie mit den Mitteln der Naturwissenschaft selbst nicht zu beantworten sind.

TEIL II: SEIN UND WERDEN GOTTES

Kapitel 6: Die Frage „Warum?“: Die Suche nach Sinn und Bedeutung

Den Abschluß von Teil I bildete für uns die Einsicht, daß die Menschen mit gemischten Gefühlen auf die hart erarbeitete wissenschaftliche Betrachtung des in der natürlichen Welt beobachtbaren Seins und Werdens reagieren. Wir haben festgestellt, daß die Wissenschaftler mit einer Mischung aus Staunen, ja sogar Ehrfurcht, und intellektueller Erregung reagieren, die mit dem Gefühl verbunden ist, daß das Wesen der Welt letztlich ein Geheimnis bleibt, und zu der zugleich das Bewußtsein der wesentlichen Unvollkommenheit unseres Verstehens und Begreifens der Welt gehört. Die Zweideutigkeit unserer Reaktion auf diese neue Weltsicht wird noch verstärkt, wenn wir über Rolle und Schicksal der Menschheit in der Welt nachdenken, wenn wir den Schmerz, das Leiden und das Böse, das sich in ihr zeigt, betrachten und erfahren – und schließlich wenn wir uns mit dem Rätsel konfrontiert sehen, daß wir als Individuen sterben müssen und daß auch die Spezies Mensch ebenso wie die Erde insgesamt mit Sicherheit eines Tages aufhören wird zu existieren. Sind alle unsere Gedanken und Bestrebungen letztlich sinnlos? Wir stellen fest, daß wir der Frage nach dem Sinn des Seins nicht entrinnen können, und damit überschreiten wir unweigerlich die Grenzen der Naturwissenschaft.

Theologie und Wissenschaft sind, wie viele andere menschliche Unternehmungen auch, dadurch gekennzeichnet, daß sie nach Erkenntnis streben und versuchen, ihre durch Experimente und Erfahrung gewonnenen Daten in einen möglichst schlüssigen Zusammenhang zu bringen. Wir können nicht anders, als die Frage „Warum?“ bis an die Grenzen der Verstehbarkeit zu verfolgen. Die Wissenschaft bezieht solche Fragen auf den Nexus der Ereignisse in der natürlichen Welt: Sie sucht nach Antworten auf die Frage „Warum?“, indem sie die Wirklichkeiten der natürlichen Welt in metaphorischer Sprache darstellt.[1] Es gibt jedoch andere „Warum?“-Fragen, die weiter gehen als jene, die sich auf die Dinge und Vorgänge in dieser Welt beziehen. „Warum existiert überhaupt ein Universum?“ „Warum ist es so, wie es ist?“ „Warum ist es der rationalen Erforschung zugänglich?“ „Warum ist es schön?“ „Warum bringt es ein Wesen hervor, das Werte erkennen kann?“

Die religiöse Suche, oder besser ihr intellektueller Aspekt in Form der Theologie, verfolgt solche „Warum?"-Fragen bis an ihre äußerste Grenze – bis es „einfach albern wird", ihnen noch weiter nachzugehen.[2] Das Problem besteht darin, daß keine Übereinstimmung darüber herrscht, wann diese Grenze erreicht ist, denn an welchem Punkt man aufhört zu fragen, ist davon abhängig, ob man bereit ist zuzulassen, daß die Suche in einen Erkenntnisbereich führt, der eine größere und wesentlich religiöse Tragweite besitzt. Dies gilt ganz sicher im Hinblick auf die Frage, die oft als die religiöse Frage schlechthin betrachtet wird, nämlich die Frage nach dem Geheimnis des Seins: „Warum existiert die Welt?" Heute finden sich weniger Philosophen als noch vor ungefähr zehn Jahren, die willens sind, solche Fragen z.B. mit dem Argument, die bloße Beschäftigung mit ihnen setze die Existenz eines notwendigen Wesens (oder mehrerer solcher Wesen) schon voraus, als sinnlos abzutun. Wir beobachten beispielsweise, daß Munitz 1965 das Minimalargument vorträgt, Fragen wie „Gibt es einen Grund für die Existenz der Welt?" seien sinnvoll – wenn auch möglicherweise nicht beantwortbar.[3] Das Mißtrauen der Philosophie gegenüber solchen Fragen ist nicht unbegründet, wenn auf sie eine Antwort im Sinne einer „Erklärung", die als Parallele zu den Erklärungen von Ereignissen innerhalb des natürlichen Kausalzusammenhangs gelten könnte, gesucht wird. Es ist tatsächlich problematisch, eine letzte Erklärung *des* Universums in Analogie zu den „Erklärungen" für einzelne Ereignisse *innerhalb* des Universums zu postulieren. Der Begriff „Erklärung" muß jedoch nicht notwendigerweise auf kausale Erklärungen beschränkt werden. Zudem hat die Akzeptanz dieser und anderer Entwicklungen innerhalb der Philosophie, insbesondere der Niedergang der starken Variante des Verifikationsprinzips, den Theismus als einen Versuch, auf solche Fragen zu antworten, zu einer Option werden lassen, die sehr viel lebendiger ist, als man es innerhalb der Philosophie noch vor einem Jahrzehnt für annehmbar gehalten hätte – was in Keith Wards Radiointerviews mit führenden Philosophen im Jahr 1986 sehr deutlich wurde.[4] Ward selbst hat an anderer Stelle geschrieben, es sei hilfreicher, den Begriff „Erklärung" als „das, was verständlich macht", zu definieren, und in diesem Sinn heißt es bei ihm: „Christen können von Gott als der Macht, die Verständlichkeit, Schönheit und Gerechtigkeit begründet, sagen, er erkläre das Universum, insofern er ihm Sinn und Bedeutung verleiht, Ziele und Zwecke begründet und so einen übergreifenden Zusammenhang konstituiert, in dem alle Dinge ihren Platz haben."[5] Hiermit würden wir die Sache allerdings überstürzen, denn wir wollen an diesem Punkt unserer Analyse lediglich einige dieser Fragen, die wir „Grenzfragen" nennen könnten, identifizieren, wobei wir voraussetzen, daß es intellektuell und philosophisch nicht anstößig ist, sie zu stellen.

Ich habe bereits[6] darauf hingewiesen, daß wir uns der Erforschung der Welt, in der wir leben, mit Hilfe zweier verschiedener Fragestellungen nähern können. Die erste – primär intellektueller Art, aber dennoch nicht ohne existentielle Dringlichkeit – ist das Streben nach Verstehen, das Schließen auf die beste Erklärung, wobei der Begriff „Erklärung" jetzt in dem im vorigen Absatz erläuterten differenzierten Sinn zu verstehen ist. Dieser Ansatz, der die Frage nach dem Geheimnis des Seins in ihren verschiedenen Varianten beinhaltet, verstärkt die Dynamik der zweiten Fragestellung – der Suche nach einem personalen Sinn der menschlichen Existenz im allgemeinen und unseres eigenen Daseins im besonderen. Diese beiden Fragestellungen sind durch das von den Wissenschaften im zwanzigsten Jahrhundert entworfene Bild eines sich entwickelnden Kosmos, der Personen hervorbrachte, enger miteinander verknüpft als je zuvor. Denn es zeigt sich heute (das „anthropische Prinzip"), daß es für das Universum charakteristisch ist, daß seine fundamentalen Konstanten exakt die Werte aufweisen, die für unsere Existenz[7] notwendig sind, und daß es uns im Verlauf seiner eigenen natürlichen Prozesse aus seinen eigenen Bestandteilen hervorbringt; schließlich streben wir, seit wir ins Dasein getreten sind, danach, jenes Universum und jene Prozesse sowie ihren Sinn zu verstehen. Tatsächlich können wir im Licht der wissenschaftlichen Perspektive nicht umhin, diese beiden Fragestellungen zu einer zu verbinden, indem wir unseren Fragen über den Kosmos so nachgehen, daß wir selbst darin eingeschlossen sind: „Welchen erkennbaren Sinn hat ein Kosmos, dessen fundamentale Teilchen in ihrer ursprünglichen Zusammenstellung zuletzt die Möglichkeit manifestieren, in Formen organisiert zu sein, die Bewußtsein und Selbstbewußtsein aufweisen, menschlich und personal sind, wir selbst also, und deren Denken das, aus dem sie hervorgegangen sind, transzendiert?" Oder: „Müssen wir nicht mit dem Fortschreiten unseres Strebens nach ‚Erklärungen' und ‚Sinn' anerkennen, daß die Kontinuität des Universums, das nach und nach alle seine Möglichkeiten entfaltet, impliziert, daß Kategorien wie ‚Erklärung' und ‚Sinn' wenigstens den Aspekt der Personalität einschließen müssen?" Oder: „Wie ist ein Kosmos zu ‚erklären', und welchen ‚Sinn' hat ein Kosmos, der aus sich selbst Entitäten, den *homo sapiens*, hervorbringt, die wissen und zugleich wissen, daß sie wissen, und daher auf kreative Weise nach Wahrheit suchen, für Schönheit empfänglich sind und sie selbst schaffen, nach dem Guten streben, Moralvorstellungen entwickeln und Gemeinschaften bilden – die diese Werte aber auch verneinen und ihnen zuwiderhandeln können?" Oder, geheimnisvoller: „Wie ist ein Kosmos zu ‚erklären', und welchen ‚Sinn' hat ein Kosmos, in dem Schmerz, Leiden und Tod empfindungsfähiger Wesen die Rolle eines Transformationsprinzips spielen, das die Entstehung neuer Formen des Lebens mit einem immer weiter entwickelten Bewußtsein ermöglicht?" Oder, noch rätselhafter: „Warum bringt das Universum aus sich selbst aufgrund der in ihm auflaufenden Prozesse ein Geschöpf, *homo sapiens*, hervor, das so schlecht an seine Umgebung angepaßt ist, daß sein Bewußtsein – im günstigsten Fall – von einem allgemeinen Gefühl der Unvollkommenheit und Unerfülltheit durchdrungen und geprägt ist und daß es – im schlechtesten

Fall – von Angst, Leiden und Unglück überwältigt wird?" Oder, und dies ist angesichts aller dieser Fragen vielleicht nicht verwunderlich: „Warum haben diese Menschen, die Produkte des Kosmos und seiner Kräfte sind, das Gefühl eines – oft als *heilig* erfahrenen – Geheimnisses, das von ihrer Erfahrung eben dieses Kosmos, und zwar sowohl seiner besonderen als auch seiner allgemeinen Eigenschaften, verhüllt wird und in ihr verborgen ist?"

Wenn wir die Fragestellung der Wissenschaft bis an ihre Grenze verfolgen, stellen sich uns unweigerlich Fragen wie diese, die nach einer Antwort verlangen, auch wenn die Naturwissenschaften sie nicht zu geben vermögen. Es mag schwierig sein, sie zu beantworten, aber es wäre intellektuell verantwortungslos, ja eine „trahison des clercs" des zwanzigsten Jahrhunderts, diese Fragen nicht zu stellen und nicht nach einer Antwort zu suchen. Sich diesen Fragen zu verschließen heißt, weniger als menschlich zu sein, und es fehlte uns eine wie immer fragmentarische Landkarte, die uns in unserem Leben von der Geburt bis zum Tod eine Orientierungsmöglichkeit böte.

Seit unvordenklichen Zeiten haben Frauen und Männer, die auf diese herausfordernden Fragen reagierten und dabei auf die Kosmologie ihrer Zeit verwiesen waren, die Existenz einer letzten Wirklichkeit als Quelle alles Seins behauptet, von der her alles Sein erklärt werden kann und seinen Sinn erhält – jene Wirklichkeit, die wir in unserer Sprache „Gott" nennen. Die Behauptung der Existenz Gottes ist jedoch von der Frage „Was für ein Gott?" nicht zu trennen. Sowohl die Behauptung selbst als auch die aus ihr folgenden Fragen sind schon immer Thema der Philosophie gewesen. Einigen neueren Entwicklungen innerhalb dieser Disziplin müssen wir uns jetzt zuwenden.

Kapitel 7: „Gott“ als Antwort auf die Suche nach Sinn und Bedeutung

1. „Gott“ in der Religionsphilosophie

Nach dem Niedergang des Positivismus hat die Philosophie in den letzten zwei Jahrzehnten den traditionellen Fragen der Metaphysik wieder mehr Aufmerksamkeit geschenkt. Im Zusammenhang solcher traditioneller metaphysischer Fragen, die in der Philosophie neue Beachtung finden, steht natürlich die Frage nach „Gott“ an erster Stelle, und zwar sowohl im Hinblick auf die erkenntnistheoretischen Fragen in bezug auf die Art der zu verwendenden Argumente als auch hinsichtlich der Argumente selbst. So behauptet Keith Ward, daß „der Theismus ... zum Angriff übergegangen ist. Wir können deutlich erkennen, daß er sich mit der Wissenschaft trifft, wenn er die Möglichkeit behauptet, daß Gott die beste Erklärung für die Welt in ihrer tatsächlichen Beschaffenheit ist.“[1] Ich habe bereits darauf hingewiesen,[2] daß die Theologie, wie jede andere menschliche Erforschung der Eigenart der Wirklichkeit auch, dieselben allgemeinen Kriterien für Vernünftigkeit anwenden muß wie die Naturwissenschaft. So wird der Schluß auf die beste Erklärung anhand folgender Gesichtspunkte beurteilt[3]: Übereinstimmung mit den Fakten („existentielle Relevanz“[4]), innere Kohärenz, Vollständigkeit und allgemeine Stichhaltigkeit („Adäquatheit“[5]), Einfachheit („Ökonomie“[6]) sowie Fruchtbarkeit im Hinblick auf die Hervorbringung neuer Ideen und, im Fall der Theologie, mit Blick auf die Vermittlung des Sinns der personalen Existenz. Wie die Bemerkungen Keith Wards zeigen, war in den vergangenen Jahren häufiger zu beobachten, daß diese Kriterien Anwendung fanden und daraufhin die Schlußfolgerung gezogen wurde, die Existenz „Gottes“ im jüdisch-christlichen Sinn sei wahrscheinlich.[7] Es erübrigt sich, darauf hinzuweisen, daß diese Aussage nicht ohne Widerspruch geblieben ist.[8] Zweifellos jedoch wird die „Frage nach Gott“ nicht mehr einfach als sinnlos betrachtet, wie es in den Anfangsjahren des „logischen Positivismus“ der Fall war.

Was eine hilfreiche Bedeutung des Wortes „Gott“ beinhalten und wie die Beziehung Gottes zur Welt und zu den Menschen beschrieben werden könnte, wird sich erst im weiteren Verlauf der Darstellung zeigen. Wenn wir uns um Einsicht in die philosophische Debatte bemühen wollen, ist es zweckmäßig, uns zunächst Richard Swinburnes wichtigem Buch: „Die Existenz Gottes“ und seiner Antwort auf J.L. Mackies Kritik dieses Buches zuzuwenden.[9] Swinburne behauptet, daß

„die meisten der wohlbekannten Argumente *a posteriori* für die Existenz Gottes als induktive Argumente konstruiert werden könnten, denen die in den Voraussetzungen genannten beobachtbaren Phänomene (die Existenz des Universums, seine Ordnung, die Existenz von Bewußtsein, die verschiedenen den Menschen offenstehenden Möglichkeiten, Berichte über Wunder und die religiöse Erfahrung) als Belege der Existenz Gottes gelten (in dem Sinn, daß sie ihre Wahrscheinlichkeit vergrößern), und daß sie insgesamt die Existenz Gottes als wahrscheinlicher erscheinen lassen als Gottes Nichtexistenz."[10]

„Gott existiert" (= „Es gibt einen Gott") bedeutet für Swinburne: „Es existiert eine Person, körperlos (d.h. ein Geist), ewig, vollkommen frei, allmächtig, allwissend, vollkommen gut und Schöpfer aller Dinge."[11] Er gebraucht „Gott" als Namen für die Person, auf die diese Beschreibung zutrifft. Diese Beschreibung beinhaltet im einzelnen:[12]
den Begriff Person, „in seiner modernen Bedeutung", d.h. nicht im Sinne von *persona* oder *hypostasis*, wie sie in der christlichen Trinitätslehre verwendet werden,[13]
ewig, d.h. „daß Gott immer existiert hat und immer existieren wird" (nicht im Sinne von „zeitlos" oder „außerhalb der Zeit");
vollkommen frei, d.h. „daß kein Ding, kein Ereignis und kein Zustand (auch nicht seine vergangenen Zustände) ihn kausal dazu bestimmen, das zu tun, was er tut; einzig seine Wahl zum Zeitpunkt des Handelns bestimmt, was er tut";
allmächtig, d.h. Gott ist fähig, „das zu tun, was für ihn zu tun logisch möglich (d.h. widerspruchsfrei denkbar) ist";
allwissend, d.h. „daß er alles weiß, was für ihn zu wissen logisch möglich ist";
vollkommen gut, d.h. „daß er niemals moralisch schlecht handelt" und jede moralisch gebotene Handlung vollbringt;
Schöpfer aller Dinge, d.h. „daß alles, was außerhalb seiner selbst zu irgendeinem Zeitpunkt existiert, deswegen existiert, weil er es zu diesem Zeitpunkt hervorbringt, in seiner Existenz erhält oder zuläßt, daß es existiert".
Swinburne behauptet, der Theist vertrete die Ansicht, daß Gott diese Eigenschaften notwendig zukommen, und zwar in dem Sinn, „daß der Besitz dieser Eigenschaften wesentlich dafür ist, daß Gott jene Art von Wesen ist, das er ist ... Gott könnte keine der analysierten Eigenschaften verlieren, ohne aufzuhören, Gott zu sein."[14] Aber ist „Gott existiert" auch ein notwendiger Satz? Dies ist eine schwierige Frage, auf die Swinburne antwortet, daß „Gottes Natur als ewige Natur verstanden werden [soll]. Daß es ein Wesen gibt, das seinem Wesen nach personaler Grund (einschließlich seines Ewig-Seins) des Seins ist, stellt die unerklärbare, nackte Tatsache, den Endpunkt des Erklärens, wie es sich mit den Dingen verhält, dar."[15] Er nennt dies eine „faktisch notwendige Existenz" im Unterschied zu „logisch notwendiger Existenz".
Zu den zwischen Mackie und Swinburne strittigen Fragen gehört u.a. Swinburnes Behauptung, daß „Gott durch Personalität im einfachsten Sinn ge-

kennzeichnet ist, denn eine Person ist ein mit Macht (absichtsvoll zu handeln), Wissen und Freiheit (sich ohne Zwang für ein bestimmtes Handeln zu entscheiden) ausgestattetes Wesen"[16]. Mit diesem Postulat hängt Swinburnes These zusammen, daß die Behauptung, die Entstehung alles Seienden sei auf ein Handeln Gottes zurückzuführen, eine *personale* Erklärung darstellt, mit deren Hilfe ein bestimmtes Phänomen als Hervorbringung eines rational Handelnden, der mit seinen Taten bestimmte Zwecke verfolgt, erklärt wird.[17] Mackie bestreitet die Einfachheit der personalen Erklärung, da menschliche Personen mit Hilfe einer komplexen Kausalkette handeln, um ihre Zwecke zu realisieren. Wenn diese behauptete Einfachheit unterminiert wird, so Mackie, schwindet die von Swinburne gesehene Möglichkeit, sie als Begründung für die *a priori* feststehende Unwahrscheinlichkeit eines Nachweises von Regelmäßigkeiten in der beobachtbaren Welt heranzuziehen. Swinburne lehnt diese Kritik als unangemessen ab und bekräftigt schließlich:

> „Es ist von vornherein äußerst unwahrscheinlich, daß in einem aus Materie bestehenden Universum vollkommen regelmäßige Prozesse ablaufen und daß dieses Universum mit Bewußtsein begabte Wesen hervorbringt, die fähig sind, sich und andere zu verändern und sich auf den Himmel vorzubereiten, den sie in ihrer religiösen Erfahrung erahnen. Daher verlangt die Vernunft, mit der wir uns der Wissenschaft und der Geschichte nähern, daß wir eine einfache Erklärung dieser Phänomene im Sinne eines schaffenden und erhaltenden Gottes postulieren."[18]

Ich bin auf Swinburnes Darstellung und seine Argumente für den Theismus näher eingegangen, nicht weil ich ihnen in jeder Hinsicht zustimme, sondern weil sie mir weitgehend repräsentativ für die Einstellung vieler Vertreter eines christlichen Theismus zu sein scheinen und weil er die am besten durchdachte und philosophisch begründete Darstellung des Theismus der letzten Jahre vorgelegt hat. Natürlich haben viele andere zu dem Wiederaufleben der Religionsphilosophie in den vergangenen zwanzig Jahren beigetragen; dies zeigt die von Thomas Morris zusammengestellte repräsentative Textsammlung „The Concept of God"[19]. Während er anerkennt, daß dieser Versuch zu einem besseren Verständnis der Argumente für die Existenz Gottes, des Problems des Bösen und der Eigenart von auf religiösen Erfahrungen beruhenden Behauptungen geführt hat, weist er in seiner Einleitung zu diesem Band darauf hin, daß der Analyse des Gottes*gedankens* beträchtliche Aufmerksamkeit zuteil geworden ist. Er behauptet:

> „Trotz der vielen tiefen Meinungsverschiedenheiten, die zwischen den Philosophen in bezug auf die Frage nach dem Wesen Gottes bestehen, scheint es eine Überlegung zu geben, die ihnen allen gemeinsam ist ... die jüngsten Beiträge zur Literatur über die Eigenschaften Gottes bewegen sich in dem breiten Traditionsstrom einer Theologie des vollkommenen Wesens. D.h., sie gehen von einer Vorstellung von Gott als eines absolut vollkommenen oder höchsten Wesens aus."[20]

Er argumentiert, daß eine solche Theologie des „vollkommenen Wesens" auf der rationalen Ebene die Methode darstellt, die für unser Nachdenken über

Gott maßgeblich sein sollte. Als einem solchen „vollkommenen Wesen" werden Gott eine Reihe unübertrefflicher Eigenschaften zugeschrieben, die seine Größe ausmachen und die sich nicht gegenseitig ausschließen. Diese Argumentation stützt sich auf das, was wir intuitiv für Kennzeichen von Größe halten, und geht damit offenkundig über die Methode hinaus, die den Gottesgedanken entwickelt, indem sie auf die beste Erklärung der Existenz der Welt und ihrer tatsächlichen Eigenschaften und Charakteristika schließt, wie es z.B. bei Swinburne der Fall ist. Solche empirisch begründeten Entwürfe des Gottesgedankens sind für das Anliegen, das wir in der vorliegenden Arbeit verfolgen, nämlich zu erkennen, in welchem Ausmaß die wissenschaftliche Betrachtung der Welt die christlichen Gottesvorstellungen berühren könnte oder sollte, wahrscheinlich sachdienlicher. Wir müssen uns natürlich darüber im klaren sein, daß es letztlich nicht möglich ist, klare, klassifizierende Grenzen zwischen den Vorstellungen Gottes, die sich aus den verschiedenen Ansätzen ergeben, zu ziehen, denn sie besitzen eine breite gemeinsame Basis, und es gibt viele Überschneidungen. Bevor wir jedoch die Untersuchung der Konsequenzen der Wissenschaft für den Gottesgedanken, die der Hauptgegenstand des zweiten Teils des vorliegenden Buches ist, in Angriff nehmen können, müssen wir Bedeutung und Implikationen der Zufügung des Adjektivs „christlich" zum Begriff „Theismus" genauer prüfen.

2. „Gott" im christlichen Glauben

Der kurze Überblick über einige philosophische Analysen des Gottesgedankens mag beim Leser den Eindruck hinterlassen haben, daß die Philosophie lediglich mit einer dürren und unfruchtbaren Darstellung der reichen Tiefen des Gottes, dem die einzelnen Christen vertrauen und den sie anbeten und den die christliche Kirche bekennt und verkündigt, aufwarten kann. Der Glaube der christlichen Kirche erwächst aus ihrer Erfahrung, die primär aus jenen archetypischen und fruchtbaren Erfahrungen und Begegnungen mit Gott, die in ihren Schriften festgehalten sind, schöpft. Ein solcher Glaube ist ein gemeinsamer Besitz, der nicht einfach durch individuelle Anstrengungen ohne die Teilhabe des Individuums an dem bewährten gemeinsamen Erbe einer über viele Generationen bestehenden Gemeinschaft erworben werden kann.[21] Wenn wir die Bedeutung der Perspektive der Wissenschaft für das christliche Verständnis Gottes erforschen wollen, müssen wir daher zunächst versuchen, den Inhalt dieses Verständnisses, wie es Christen zu allen Zeiten bis in unsere Zeit mit ihrer pluralistischen Gesellschaft hinein gemeinsam war und ist, zu erläutern. Diese Ermittlung des Inhalts des christlichen Gottesglaubens ist eine schwierige und komplexe Aufgabe. Erfreulicherweise können wir dabei jedoch auf eine neuere Arbeit einiger Theologen der *Church of England* zurückgreifen, die in dieser (und anderer) Hinsicht im

Rahmen sowohl des katholischen als auch des reformatorischen Gottesglaubens bleibt – denn die unglückseligen Spaltungen zwischen den Kirchen berühren diesen grundlegenden Bereich glücklicherweise nicht. Ich beziehe mich auf den Bericht der Glaubenskommission der *Church of England* aus dem Jahr 1987: „We believe in God"[22]. Ich werde im folgenden versuchen, die Hauptgedanken dieses Berichts zusammenzufassen (wobei ich im wesentlichen sein Vokabular verwende und Seitenzahlen im Text angebe), da es sich um den jüngsten Versuch einer Kirche handelt, den Inhalt des Gottesglaubens zumindest einer christlichen Gemeinschaft zu erläutern. Für unser Anliegen ist er um so hilfreicher, als er nicht versucht, zugunsten des „Gottes der Philosophen" zu argumentieren, da er sehr zu Recht von der Vermutung ausgeht, daß der Gott, an den die Christen glauben und dem sie vertrauen, in Kategorien gedacht wird, die – im Vergleich zu den im philosophischen Diskurs angemessenen – personaler und weniger abstrakt sind.
Die christliche Bibel, jene Verbindung der heiligen Schriften des Volkes Israel mit zentralen schriftlichen Quellen der Urchristen, ist das Produkt *par excellence* nicht nur einzelner Autoren, sondern auch von Gemeinschaften. Die Gemeinschaften, die diese Literatur hervorbrachten und besaßen, sprachen von Gott mit Hilfe von Erzählungen, so daß Gott zumindest insoweit personal ist. Die biblischen Geschichten sind Ausdruck eines Glaubens, der danach strebt, in den Ereignissen ein klares göttliches Ziel zu erkennen (S. 54–56). Der Gott der Bibel, von dem diese Erzählungen handeln, wird auf unterschiedliche, oft scheinbar widersprüchliche Weise beschrieben – als strenger Richter und liebender Vater, in aus unserer Sicht „männlichen" und „weiblichen" Bildern (trotz der Scheuklappen, mit denen Gläubige in späterer Zeit diese Texte betrachtet haben), zu seinen Charakteristika gehören sowohl „Zorn" als auch Barmherzigkeit. Das Verhältnis der biblischen Geschichten zur Geschichte ist verschlungen, vielfältig und komplex, und die Tatsache, daß es unmöglich ist, genau zu bestimmen, wo die heilige Geschichte endet und die säkulare Geschichte beginnt, ist selbst schon ein bedeutsamer Hinweis auf das Wesen Gottes selbst – daß nämlich Gottes Handeln in der Geschichte real ist und sich zugleich einer definitiven Abgrenzung entzieht (S. 58–61). Dies gilt besonders für Versuche, das „Ende" der Haupterzählungen, besonders der über Jesus selbst, zu bestimmen (S. 61–63). Diese Veränderlichkeit der Interpretation sollte uns nicht überraschen, denn, so der Bericht:

> „Ähnlich wie die Hypothesen, mit deren Hilfe Wissenschaftler das physikalische Universum beschreiben, besitzen die Modelle, die die Bibel verwendet, um Gott zu beschreiben, Gültigkeit bis zu einer bestimmten Grenze der Erfahrung und Erkenntnis, aber sie sind (zumindest theoretisch) im Licht neuer Herausforderungen für den Glauben und weiterer Offenbarungsmomente korrigierbar." (S. 64)

Dieser Prozeß ist innerhalb der Bibel oder, genauer, der biblischen Erfahrung selbst zu beobachten, und zwar insbesondere in der Art, wie Jesus selbst die

Tradition des „Alten Testaments", mit der er aufgewachsen war, überprüfte und erweiterte. In gewisser Weise blieb er eben dadurch diesen Traditionen treu, denn die Geschichte Israels kann sowohl als Geschichte der Entdekkung Gottes durch das Volk Israel als auch als Geschichte des Handelns Gottes betrachtet werden (S. 70). Gott wurde entdeckt und offenbarte sich als ein personales Wesen, das als Erhalter, Heiler und Freund am Leben der Menschen intensiv Anteil nimmt und der natürlichen Welt Leben und Stabilität verleiht (S. 72–74).

Dennoch ist der Gott des Alten Testaments nicht einfach eine überlebensgroße menschliche Person; er ist auf geheimnisvolle Weise der ganz Andere. Er ist der Heilige, der Ehrfurcht in der Anbetung mit einer Heiligkeit fordert, die von seiner Gerechtigkeit und Liebe nicht zu trennen ist. In Israels religiösem Bewußtsein ist der Gedanke der Heiligkeit mit ethischen Eigenschaften, mit vollkommener Güte, verknüpft. Heiligkeit und Liebe sind untrennbar miteinander verbunden. Gott ist zuhöchst einer in der Einheit seiner Liebe und Gerechtigkeit, und seine Eigenschaften sind nicht auf eine Vielzahl untergeordneter Gottheiten verteilt, obwohl Gottes Macht, wenn sie sich in menschlichen Personen manifestiert, oft als „Geist" oder, in späterer Zeit, als „Weisheit" objektiviert wird, damit Gottes wesentliche Unterschiedenheit von der Menschheit gewahrt bleibt (S. 75f.). Gottes Güte kann nur in der Rettung seines Volkes vollkommen offenbar werden, eine Rettung, die, wie einige wenige prophetische Seelen erkannten, aufgrund der Einheit Gottes als Schöpfer alles Seienden zu einer Zeit, die er selbst bestimmt, auf die ganze Menschheit ausgedehnt werden muß (S. 76f.).

Für die Christen ist Jesus der Christus eine radikale Revision, *die* radikalste Revision der menschlichen Vorstellungen von Gott, d.h. des Gottesverständnisses Israels, innerhalb des historischen Hintergrundes Jesu. Er setzt weder diese Tradition noch die Traditionen anderer Religionen außer Kraft –

> „... aber durch sein Leiden, seinen Tod und seine Auferstehung erweitert er auf bedeutsame Weise die Bandbreite der menschlichen Erfahrung, die als Zeugnis der Liebe und Macht Gottes ‚gelesen' werden kann, und mit seiner Lehre bietet er neue Verständnis-‚Modelle' an, die weit über das bis dahin Denkbare hinausgehen." (S. 66)

Diese Autorität, das Wesen Gottes zu offenbaren, rührt historisch von einer beispiellos engen Beziehung zwischen ihm und Gott her, die ein außergewöhnliches Maß personaler Erkenntnis beinhaltete (S. 67). Jesus redete Gott mit „Abba" an, dem familiären Wort für „Vater" und dem Titel, mit dem Schüler einen Rabbi anredeten. Dieses Wort impliziert einerseits Abhängigkeit, Sicherheit und Vertrauen und andererseits Demut, Gehorsam und Ehrerbietung. Jesu Lehre vom Handeln Gottes in der Welt und besonders im Leben der Menschen enthält eine Fülle neuer Inhalte. „Gott ist der, der liebt, fürsorglich ist, gibt, zuhört, annimmt, sucht, akzeptiert, vergibt, erhält" (S. 81). Gottes Wesen und Eigenschaften, die seinem Handeln solche Kenn-

zeichen verleihen, sind in der Rede vom Vatersein Gottes zusammengefaßt. Dies zeigt sich in Gleichnis und Gebet (das Vaterunser und das Gebet in Getsemani) im Sinne von Autorität und Fürsorge, wobei sich kaum ein Hinweis auf „Zorn“ findet.
Jesus verkündete seine prophetische Botschaft von der bevorstehenden Konfrontation seiner Zeitgenossen mit Gott in „seiner ganzen Heiligkeit, Reinheit, Güte, Barmherzigkeit und Liebe“ ohne Kompromisse (S. 84). Sie erforderte eine Antwort, die schließlich mit seinem Opfertod gegeben wurde, durch den seine Lehre bestätigt wurde, daß Gottes Macht über das Grab hinausreicht und sein auf die Menschheit bezogener Heilswille letztlich nicht durchkreuzt werden kann. Aufgrund seines Lebens, Leidens, Todes und seiner Auferstehung wurde Jesus für seine Zeitgenossen, die diese Erfahrung verarbeiteten, der „Christus“, „Sohn Gottes“, „Wort und Weisheit Gottes“. Für uns ist an dieser Stelle unserer Untersuchung von Bedeutung, daß der Gott, der sich in seiner Selbstoffenbarung in Jesus zeigte, zuhöchst und wesentlich vollkommene und sich selbst hingebende Liebe ist. In Jesus dem Christus wird Gott als „Vater eines gekreuzigten Sohnes“ (S. 97) offenbar, der „am totalen Akt des erlösenden Leidens“, d.h. an Leben, Leiden und Tod des historischen Jesus, „zutiefst beteiligt“ ist (S. 98). Die Einheit Jesu mit Gott, dem Vater, der Schöpfer ist (dies alles lehrte Jesus über ihn), ist so fundamental, daß der Tod Jesu, so bitter er war und so sehr er die Verdorbenheit der Menschheit veranschaulichte, im Johannesevangelium als Jesu „Verherrlichung“ bezeichnet werden kann. Der Evangelist weist damit auf eine neue Art der Beziehung zu Gott hin, die aufgrund dieser Ereignisse für alle Menschen zugänglich geworden ist.
In der Erfahrung der Jünger und der Urkirche war diese neue Art der Beziehung in der menschlichen Gemeinschaft von dem getragen, den sie „Gott, den heiligen Geist“ nannten, das Pendant zum „Geist Jahwes“ im Alten Testament. Diese Erfahrung und ihre Interpretation stellen einen wichtigen Schritt in der Entwicklung des Verständnisses Gottes dar, denn sie beinhalten eine Anerkennung der personalen Gegenwart Gottes, des Geistes, der „im Leben der christlichen Gemeinschaft und der einzelnen Gläubigen bleibend wirkt, beide inspiriert und sie verwandelt, so daß sie Christus ähnlich werden“ (S. 101). Sie gehen so einen Schritt über das Alte Testament hinaus, in dem der Geist der transzendente Gott ist, der von Zeit zu Zeit in seiner Schöpfung interveniert. Sie bilden die Grundlage für die spezifisch christliche starke Betonung der Immanenz Gottes in seiner Welt als personaler Gegenwart, deren Erkenntnis besonders und eindrucksvoll der Gemeinschaft der Glaubenden gewährt wird. So ausgeprägt das Bewußtsein dieser Gegenwart Gottes in der Kirche und in den einzelnen Gläubigen in besonderen, folgenreichen historischen Erfahrungen war, sie konnte letztlich doch nicht einzig auf die Gemeinschaft der Christen oder sogar der Menschen beschränkt bleiben.

Die *christliche* Gotteslehre ist keine philosophische und metaphysische Theorie; vielmehr ist sie ein Versuch, eine tiefgreifende religiöse Erfahrung, in deren Mittelpunkt Leben, Tod, Auferstehung und Lehre Jesu standen, zu verstehen und zu bewältigen. Damit gingen „eine neue Einsicht in Gottes Zugänglichkeit, die Erkenntnis seines Eintretens in das Leiden der Menschen und seiner Beziehung zu seinem Volk sowie gleichzeitig eine neue Beurteilung der Person Christi und des Geistes im Verhältnis zu Gott selbst" (S. 101) einher. Da die Christen jedoch glaubten, daß es die Liebe *Gottes selbst* war, die sich in Jesus gezeigt hatte und durch ihn zugänglich geworden war, konnten sie nie zu dem Schluß kommen, Jesus sei ein „zweiter Gott".
Wir beobachten hier bereits die Anfänge des Verständnisses des einen Gottes als dreieinig in seinem Wesen, als personal transzendent, personal inkarniert und personal immanent – in der klassischen Formulierung: „Vater, Sohn und Heiliger Geist". „Gott, der Gott Israels, wird auch erkannt als Vater seines gekreuzigten Sohnes, des Erlösers, und in der von ihm unterscheidbaren Person seines heiligenden Geistes. Aber genau weil diese, theologisch ausgedrückt, zugleich Funktionen und Eigenschaften des einen Gottes sind, wird die Einheit Gottes nicht beeinträchtigt." (S. 102)

Kapitel 8:
Der Gottesgedanke: Implikationen der wissenschaftlichen Perspektiven

Wir kommen nun zum entscheidenden Punkt dieses Vorhabens, der Frage nämlich, in welchem Umfang die Begriffe, Modelle und Bilder von Gott, die aufgrund der religiösen, insbesondere der christlichen Erfahrung gebildet und weiterentwickelt und durch die philosophische Reflexion unterstützt wurden, im Licht der beeindruckenden neuen Betrachtung der Welt, die uns die Naturwissenschaften ermöglichen, modifiziert und erweitert werden müssen. Selbstverständlich hat die Philosophie bereits versucht, viele der allgemeinen Eigenschaften der Welt, die von den Naturwissenschaften enthüllt wurden, in ihren Gottesbegriff einzubeziehen. Ich denke hier u.a. nicht nur an die Existenz der Welt, sondern auch an die Tatsache, daß sie einen Nexus verstehbarer Beziehungen darstellt, der Regelmäßigkeiten aufweist, ohne die eine personale Existenz nicht möglich wäre. Der Rückschluß auf Gott als beste Erklärung – dies halte ich für die bleibende Aufgabe der „natürlichen Theologie“ – hat immer genau untersucht, was die Wissenschaften über die Welt zu sagen hatten; manchmal hat man sich dabei sogar zu sehr darauf gestützt, dann nämlich, wenn die Hand Gottes allzu unvermittelt in den Einzelheiten der Phänomene dieser Welt entdeckt wurde. Die unbezweifelbare Tatsache, daß die Religionsphilosophie sich häufig bemühte, der zeitgenössischen wissenschaftlichen Weltsicht Rechnung zu tragen, kann uns im Hinblick auf unsere Aufgabe jedoch nur anspornen, denn die philosophischen Versuche waren oft durch Einseitigkeit und mangelnde Kontinuität gekennzeichnet.

Der Blick der Wissenschaften hat sich in unserem Jahrhundert so geweitet, daß es Religionsphilosophie und Theologie kaum gelungen ist, sich auf die weitreichenden geistigen Umbrüche, die sie implizieren, einzustellen. Religionsphilosophie und Theologie sind zu so anspruchsvollen Disziplinen geworden, daß ich diese Bemerkungen nicht als Kritik verstanden wissen möchte, sondern vielmehr als Ausdruck der Einsicht in die Größe der Aufgabe, vor der alle, die in diesem Jahrhundert über Gott nachdenken, stehen. Vor der Auseinandersetzung mit unserer spezielleren theologischen Aufgabe war es deshalb notwendig zu versuchen, die Art, wie die Wissenschaften die Welt tatsächlich sehen, und nicht die Perspektive der mechanistischen Auffassung, die die Theologie gut drei Jahrhunderte lang beherrscht hat, so klar und prägnant wie möglich darzulegen.

Es hat sich als notwendig erwiesen, in Teil I die wissenschaftlichen Erkenntnisse über die Welt sowohl im Sinne ihres Seins – was es gibt – als auch im

Sinne ihres Werdens – was vor sich geht – zu beschreiben. Diese Darstellung mußte außerdem die Entwicklung des Personalen in und durch das Natürliche sowie die unbeantworteten Fragen, ja Geheimnisse, die sie in einer ansonsten kohärenten Perspektive auslöst, ernst nehmen. Es steht also zu erwarten, daß die wissenschaftliche Betrachtung der Welt unser Verständnis des „Seins" und „Werdens" Gottes berührt und daß sich von ihr her Fragen zur Bedeutung des Personalen im Verhältnis zu Gott ergeben.

Religionsphilosophen und Gläubige müssen heute in Betracht ziehen, daß der eine Gott, an den sie glauben, in Beziehung zu einer sich ständig weiterentwickelnden Welt steht – und dies impliziert zumindest, daß die Beziehung Gottes zur Welt, einschließlich der in ihr lebenden Personen, sich ständig verändert, woraus weiterhin die Möglichkeit folgt, daß Gott nicht in jeder Hinsicht unveränderlich ist. Die Frage nach Wesen und Eigenschaften Gottes kann daher letztlich nicht klar und deutlich von der grundlegenden Frage, wie Gottes Interaktion mit der von den Naturwissenschaften beschriebenen Welt zu denken ist, getrennt werden. Die Tradition, zumindest die der orthodoxen Theologie des Ostens, hat zwischen dem „Wesen" Gottes, dem, was er in sich selbst ist, seinem „Sein", einerseits und den „Energien" Gottes, dem, was er tut, seinem „Werden", andererseits unterschieden.[1] Diese Unterscheidung kann hilfreich sein, vorausgesetzt wir erkennen an, daß sie nicht absolut gelten kann, denn das, was wir über Gottes „Wesen" auszusagen bereit sind, hängt fast immer davon ab, welche seiner „Energien" wir wahrnehmen, was nach unserem Glauben oder unseren Schlußfolgerungen sein Handeln in der Welt ist. Unsere Erörterung der Implikationen verschiedener Aspekte des Weltbilds der Wissenschaft für unser Verständnis Gottes wird sich deshalb zwangsläufig zwischen diesen beiden Polen unseres Fragens, zwischen der Frage, wer oder was Gott ist oder wem oder was er ähnelt, und der Frage, wie dieser Gott mit der Welt interagiert, bewegen.

Die letztere Frage wird in Kapitel 9 noch ausführlicher erörtert werden. Dennoch beschäftigen uns schon hier das Sein *und* das Werden Gottes – wobei wir sowohl statische als auch dynamische Metaphern verwenden. Um sie in diesem Kapitel besser darstellen zu können, werden wir versuchen, beide getrennt zu behandeln, obwohl diese beiden Aspekte der Göttlichkeit zugegebenermaßen unlöslich ineinander verwoben sind. Im Verlauf unserer Untersuchung werden wir zwangsläufig zuweilen auf Themen zurückkommen, die bereits in vielen der klassischen philosophischen Abhandlungen über Wesen und Eigenschaften Gottes behandelt wurden. Allerdings werden dieselben Bereiche der natürlichen Welt im größeren Zusammenhang der Wissenschaft des ausgehenden zwanzigsten Jahrhunderts oft ganz anders betrachtet als zu früheren Zeiten. Eine Veränderung des Kontextes kann uns zu einer neuen Bewertung von Eigenart, Gewicht und Konsequenzen von Argumenten, die in der langen Tradition der philosophischen Theologie bereits ausführlich zur Sprache gekommen sind, führen.

1. Das Sein Gottes

a. Grund des Seins

Wie wir in Kapitel 6 gesehen haben, hat sich das Postulat der Existenz *Gottes als Grund des Seins* zu einer respektierten, wenn auch umstrittenen Antwort auf die Frage nach dem Geheimnis des Seins: „Warum gibt es überhaupt etwas?" entwickelt. Die Erhärtung dieser Antwort ist das Ziel der bereits erwähnten philosophischen Arbeit.[2] Die in Teil 1 skizzierte wissenschaftliche Perspektive führt, wie mir scheint, nicht zu einer grundlegenden Veränderung der Eigenart der philosophischen Debatte oder des Status der theistischen Behauptung; wohl aber weist sie mit größerem Nachdruck auf einige der Themen, um die es geht, hin. Daher wird das, was man das scheinbare bloße „Gegebensein" der Welt mit ihrer kosmologischen, biologischen und sozialen Geschichte nennen könnte – ihre Kontingenz –, durch unsere neue Wahrnehmung der Regelmäßigkeit und Gesetzmäßigkeit der in ihr gegebenen Verbindungen in Zeit und Raum nicht gemindert. Es gibt gute Gründe für die Annahme, daß dies auf die ersten Fluktuationen im Quanten-„Vakuum" oder dem, was immer sonst die Expansion des Universums ausgelöst haben könnte, zurückgeht. Nehmen wir einmal an, daß diese Spekulationen sich auf das beziehen, was „wirklich geschah". Selbst dann ist ein solches Quantenfeld, das diesen Fluktuationen unterliegt (das Quanten-„Vakuum"), strenggenommen nicht einfach „nichts". Auch *seine* Existenz verlangt noch nach einer Erklärung – insofern es mit seinen bestimmten, von der Quantentheorie dargestellten Eigenschaften nicht notwendig existiert. Auch bedarf die Existenz der mathematischen Gesetze, mit deren Hilfe die Eigenschaften und Transformationen dieses Quantenfeldes erhellt und verständlich und zusammenhängend dargelegt werden können, einer Erklärung. Schließlich benötigen wir eine Erklärung für die Existenz der Entitäten, Strukturen und Prozesse, die aus diesen ursprünglichen Ereignissen und den ihre Entfaltung und Entwicklung bestimmenden Gesetzen und Beziehungen hervorgehen. Die Frage nach dem Geheimnis des Seins stellt sich also im Licht des von den Naturwissenschaften enthüllten kosmischen Panoramas mit noch größerer Dringlichkeit.

Jene Wissenschaften führen uns jedoch zu der Einsicht, daß das „Geheimnis" nicht einfach auf die Tatsache der Existenz als solche beschränkt ist. Denn mit Teilchenphysik und Kosmologie gelangen die tiefgehendsten wissenschaftlichen Untersuchungen der Eigenart dessen, *was* existiert, an Grenzen, an denen der ontologische Status der behaupteten Entitäten, Strukturen und Prozesse grundlegende Fragen in bezug darauf provoziert, was die Wissenschaft denn tatsächlich über die „Wirklichkeit" auf diesen Ebenen aussagen *kann.*[3] Diese Tatsache hat, wie wir in Kapitel 5 gesehen haben, ein neues Bewußtsein des Geheimnisses, von dem die Eigenart des physikalischen Daseins umgeben ist, entstehen lassen und zu wichtigen erkenntnistheoretischen Fragen im Hinblick auf die Schlüsse, die aus den Ergebnissen der Interaktionen unserer Meßinstrumente mit dieser tiefsten Ebene der physikalischen Welt gezogen werden, geführt. Echtes Staunen wird darüber hinaus auch vom anderen Extrem, der biologischen Komplexität und den in ihr zu beobachtenden Phänomenen Bewußtsein, Selbstbewußtsein und Personalität, hervorgerufen. Dies alles ist ein gutes Gegengift gegen jene spezifisch wissenschaftliche Hybris, durch die die Erklärungen der Welt in einem großen Teil der sogenannten „Populärwissenschaft" – des „Szientismus", der glaubt, allein die Naturwissenschaft könne eine klare, unmittelbare Kenntnis alles in der Welt Existierenden vermitteln – allzuoft gekennzeichnet sind. Wenn wir nämlich an solche Grenzen der wissenschaftlichen Einsicht hinsichtlich sowohl der physikalischen als auch der personalen Welt stoßen können, dann wird die traditionelle Zurückhaltung der Theisten, wenn es um das Wesen Gottes als des Grundes alles Seins geht, annehmbarer. Diese Anerkennung einer letzten Unaussprechlichkeit des göttlichen Wesens bildet eine Parallele zu der Tatsache, daß wir letztlich nicht einmal von Dingen und Personen sagen können, was sie an sich *sind*.

b. Einer

Wir haben im Verlauf unserer Erörterung der Perspektive der Wissenschaft gesehen, daß die Welt in ihrer bemerkenswerten Vielfalt, Fruchtbarkeit und Komplexität letztlich eine diesem allen zugrunde liegende Einheit offenbart.[4] Diese Einheit zeigt sich in der mannigfaltigen, vielschichtigen Verbundenheit[5] der Welt der Natur auf vielen Ebenen ebenso wie in der letzten und schönen, wenn auch abstrakten Einheit zumindest einiger der grundlegenden Kräfte und Prinzipien, die die Eigenschaften der Materie und der aus ihr entstehenden Formen bestimmen. Die Naturwissenschaften haben demonstriert, daß der oft überwältigenden Mannigfaltigkeit, der wir in der Welt begegnen, eine bemerkenswerte Einheit zugrunde liegt. Diese Einheit bezieht sich sowohl auf ihre Ursprünge als auch auf die ihre Entwicklung bestimmenden Prinzipien. Die „beste Erklärung" der Existenz und der Eigenschaften einer solchen Welt, wenn es sie überhaupt gibt, kann sich nur auf *eine* Einheit stiftende Quelle der Kreativität stützen, so vielfältig ihre Reichweite auch sein mag. Daher verstärkt die wissenschaftliche Betrachtung der Welt noch immer die alte Ahnung und Folgerung der Theisten, *daß Gott einer ist* und daß er nicht nur der Grund des Seins alles dessen, was ist, sondern auch seiner letzten Einheit, Verbundenheit und Ganzheit ist – auch wenn andere, theologische Überlegungen (z.B. die, daß dieser eine Gott eine Dreiheit innerhalb dieser Einheit offenbart) es schließlich geboten erscheinen lassen, diese Einheit als differenzierte Einheit zu beschreiben.

c. Von unermeßlicher Fülle

Wir haben gesehen, daß diese allem zugrunde liegende Einheit eine enorme Vielfalt in der natürlichen Welt, die im überaus großen Reichtum der menschlichen Erfahrung und Kulturen kulminiert, entstehen lassen kann. Sowohl die Entwicklung als auch der gegenwärtige Zustand der Welt ist durch eine Hierarchie oder besser durch Hierarchien der Komplexität gekennzeichnet, in denen völlig neue Arten von Eigenschaften und Daseinsformen auf neuen Ebenen hervortreten, die nur mit Hilfe neuer, irreduzibler Begriffe zu verstehen sind.[6] Als schöpferische Quelle alles dessen, was ist, muß *Gott ein Wesen der unermeßlichen Fülle* sein, um einen Kosmos mit derart fruchtbaren Entwicklungsmöglichkeiten ersinnen und schaffen zu können.

d. Höchste Vernunft

Die Erfahrungen der Wissenschaftler waren in den vergangenen drei Jahrhunderten beständig von der beeindruckenden Erkennbarkeit und Verständlichkeit der Welt der Natur gekennzeichnet. Dies hat im zwanzigsten Jahrhundert bei Wissenschaftlern aus verschiedenen Disziplinen, die unterschiedlichen Formen eines theistischen Glaubens oder des Unglaubens anhingen, Staunen und sogar Ehrfurcht ausgelöst, wie die früher zitierten Äußerungen Einsteins und Hoyles bezeugen.[7] Der Gedanke, daß dem Wesen der Dinge eine tiefere Rationalität eignet, als man es für möglich gehalten hätte, dringt in das Bewußtsein von Wissenschaftlern ein, wenn sie bei ihren Forschungen in eine Sackgasse geraten (was bei wissenschaftlichen Entdekkungen einzelner oft der Fall ist). Als Beispiel könnte die tiefere Rationalität der Quantenfeldtheorie genannt werden, die die scheinbar widersprüchlichen Verhaltensweisen von Elektronen und anderen subatomaren Teilchen, die sich – abhängig vom experimentellen Kontext – als Partikel und Welle verhalten, verständlich, wenn auch nicht mehr vorstellbar, macht. Oder man könnte die heute verstehbare Art anführen, wie das Zusammenspiel zwischen zufälligen Ereignissen und den gesetzesähnlichen Rahmenbedingungen, durch die sie begrenzt werden, unaufhebbar unvorhersagbare neue Ordnungen von Strukturen und Prozessen in komplexen dynamischen Systemen, einschließlich lebender Systeme, erzeugt.[8] Diese Erkenntnis ist noch relativ neu, und sie löst eine Anzahl von Rätseln, die sich aus Beobachtungen ergaben, die bis dahin für anomal und eigenartig gehalten wurden. Die Wissenschaft des zwanzigsten Jahrhunderts verstärkt also die Erfahrung der inhärenten, allerdings immer herausfordernden Verständlichkeit und unterstellten Begreifbarkeit der Entitäten, Strukturen und Prozesse der Welt. Dies kann den Schluß auf die Existenz eines suprarationalen Wesens und Schöpfers als „beste Erklärung" des Daseins und der Eigenart einer solchen Welt nur glaubwürdiger erscheinen lassen als je zuvor. Anders ausgedrückt, die Behauptung der Existenz *Gottes als höchster Vernunft und Schöpfer* wird untermauert, und die Tatsache, daß die Wissenschaft mit zunehmendem Erfolg die inhärente, aber zugleich inhaltlich immer wieder überraschende Rationalität des Kosmos entdeckt, läßt die Wahrheit dieser Behauptung mehr statt weniger wahrscheinlich erscheinen.

e. Erhalter und treuer Bewahrer

Wie wir bereits gesehen haben[9], widerlegt die spezielle Relativitätstheorie den Begriff der Kausalität, den Gedanken einer Reihe von Ursachen und Wirkungen, die in der Zeit aufeinander folgen, nicht. Sie modifiziert diesen Begriff nur insoweit, als jetzt erkannt wird, daß kausale Einflüsse im Universum niemals mit einer Geschwindigkeit übertragen werden können, die größer ist als die des Lichts. Die wissenschaftlichen Erkenntnisse über die Entitäten, Strukturen und Prozesse der Welt und besonders über komplexe lebende Organismen haben jedoch zur Folge, daß sich der Schwerpunkt der Aufmerksamkeit vieler Wissenschaften von der Suche nach „Ursachen" als solchen auf den Versuch, Netze faßbarer Beziehungen sowohl (im Fall von Strukturen und Entitäten) statischer, als auch (im Fall von Prozessen) dynamischer Art zu verstehen, verlagert. Das klassische Argument des „zweiten Wegs" des Thomas von Aquin[10], das von der Ablehnung der Vorstellung einer unendlichen Kette einander ablösender Ursachen und Wirkungen auf die Existenz einer ersten Ursache (die immer den Namen „Gott" erhält) schließt, verliert mit dem gesunkenen Interesse an Ursache-und-Wirkung-Sequenzen seine Schlüssigkeit – auch wenn der Gedanke einer unendlichen Reihe selbst heute, da er schon in elementaren Bereichen der Mathematik weit verbreitet ist, akzeptabler erscheint. Auf jeden Fall ist der Gedanke Gottes als „erster Ursache" theologisch unbefriedigend, denn er reduziert Gott auf ein Element, zugegeben ein Grenzelement, innerhalb der Folge der natürlichen Ereignisse, so daß er sich letztlich dem Wesen nach nicht von der natürlichen Welt unterscheidet, auch wenn er sie der Größe nach weit übersteigt. So aber fehlt dem Gottesgedanken die Transzendenz, die von der ursprünglichen Erfahrung Gottes gefordert wird.
Obwohl der Gedanke Gottes als „erster Ursache", die eine *zeitliche* Folge abschließt, aus den genannten Gründen seine Schlüssigkeit heute verloren hat, haben die Naturwissenschaften dennoch zu einer Revision unserer Vorstellung vom Wesen der Zeit geführt, so daß auch das Verhältnis Gottes zur Zeit erneut reflektiert werden muß. Diesem Sachverhalt wird sich der folgende Abschnitt zuwenden, aber wir wollen hier zwei Aspekte dieses Verhältnisses besonders erwähnen. Erstens sind wir uns dessen bewußt, daß die Zeit ein Aspekt der natürlichen Ordnung und mit Raum, Materie und Energie eng verbunden ist[11] und für Theisten daher als eine echte Relation innerhalb

der geschaffenen Ordnung betrachtet werden muß. Zweitens spricht die Erkenntnis, daß die Zeit eine Richtung hat[12], in der es zur Entstehung neuer Entitäten, Strukturen und Prozesse kommt, für die Vorstellung, daß Gott als Schöpfer zugleich *Erhalter und treuer Bewahrer* durch die Zeit ist. Wenn „Gott" noch immer als die „beste Erklärung" alles Seienden gelten können soll, dann muß er[13] als Schöpfer als derjenige betrachtet werden, der alles bewahrt und die Gültigkeit aller Gesetze und Beziehungen durch die Zeit hindurch aufrechterhält. Man sollte an dieser Stelle beachten, daß das göttliche Erhalten und Bewahren, wenn Gott Personalität zugeschrieben wird, eine moralische Qualität besitzt, und zwar die der Treue oder, wie das Alte Testament sagt, der „unerschütterlichen Liebe". Allerdings scheint der klassische Gedanke des Schöpfergottes als Erhalter und Bewahrer, so berechtigt er bis zu einem gewissen Grad ist, eigentümlich statisch zu sein, insofern ein Wort wie „bewahren" das Bild einer Figur heraufbeschwört, die ein wenig dem die Welt auf seinen Schultern tragenden Atlas gleicht.

f. Beständiger Schöpfer

Die wissenschaftliche Betrachtung der Welt nötigt uns unerbittlich ein dynamisches Bild der Welt der Entitäten und Strukturen auf, die sich immer in Entwicklung befindet und ständigen und unaufhörlichen Veränderungen unterliegt. Wir haben gesehen,[14] daß neue Existenzformen entstehen und alte untergehen. Im Lauf der Zeit treten in der Welt neue Entitäten, Strukturen und Prozesse hervor, so daß Gottes Schöpfungshandeln sich auf Vergangenheit und Gegenwart erstreckt: Es geht immer weiter. Die Vorstellung des Schöpfergottes muß heute – mehr als je zuvor in der Geschichte der Theologie – berücksichtigen, *daß Gott beständig als Schöpfer handelt*, daß Gott *semper creator* ist. Insofern muß von Gott angenommen werden, daß er als der immerwährend schaffende Schöpfer zu der geschaffenen Zeit in Beziehung steht. Die wissenschaftliche Perspektive nötigt uns also, den Gedanken der Immanenz Gottes als Schöpfer, *daß also Gott der immanente Schöpfer ist, dessen Schöpfungshandeln in und durch die Prozesse der natürlichen Ordnung geschieht*, ernster und konkreter in der Theologie aufzugreifen, als dies bislang der Fall war. Die Implikationen dieser Einsicht werden bei unserer Erörterung des Werdens Gottes noch weiter reflektiert werden müssen.[15]

g. Personal – Schöpfer eines anthropischen Universums

Wie wir bemerkt[16] haben, legen die philosophischen Schlüsse auf die beste Erklärung alles Seienden die Folgerung nahe, daß das Postulat eines alles erhaltenden Schöpfergottes als Subjekt, das alles Seiende hervorbringt, eine *personale* Erklärung darstellt, die das Auftreten eines Phänomens erklärt, indem sie es als Ergebnis des absichtsvollen Handelns eines rationalen Subjekts beschreibt. Es gibt, wie wir behaupten werden, Gründe für die Annahme, daß Gott „personal" oder „wenigstens personal" oder sogar, wenn man es noch plastischer ausdrücken will, „eine Person" sein könnte.[17] Dieser Glaube, ja diese religiöse Erfahrung, ist für die jüdisch-christliche religiöse Tradition grundlegend – den „Grund des Seins" oder gar die „beste Erklärung alles Seienden" könnte man wohl kaum verehren, geschweige denn zu ihnen beten. Wir haben außerdem gesehen, daß die Verkündigung Jesu auf charakteristische Weise zu unserem Verständnis Gottes beigetragen hat, indem Jesus die personale Beziehung Gottes zu seinem Volk hervorhob, und zwar dadurch, daß er sich auf sehr vertraute Weise an Gott den „Vater" wandte, und durch die Verben, mit deren Hilfe er das Handeln seines Gottes und Vaters beschrieb.[18] Verständnis und Erfahrung Gottes als personaler Wirklichkeit sind also in der philosophischen, theologischen und religiösen Tradition tief verwurzelt. Welche Konsequenzen hat die Perspektive der Wissenschaft für diese Überzeugung?

Bei unserer Darstellung[19] der Voraussetzungen, die für die Entwicklung menschlicher Personen gegeben sein müssen – unsere Erörterung des sogenannten „anthropischen Prinzips" –, sind wir zu dem Schluß gekommen, daß die Welt hinsichtlich vieler ihrer physikalischen Eigenschaften tatsächlich auf eine Weise abgestimmt zu sein scheint, die der Entstehung lebender Organismen und so der Menschen förderlich ist. Darüber hinaus haben wir mögliche Gründe dafür genannt, daß lebende Organismen auf der Basis grundsätzlich verstehbarer natürlicher Prozesse mit zunehmender Komplexität und Flexibilität kognitive Fähigkeiten und Bewußtsein entwickeln konnten, und wir haben gezeigt, daß die Entwicklung des Selbstbewußtseins mit der Wahrnehmung von Schmerzen, Leid und Tod einhergeht. Keine dieser Einsichten, so haben wir gesagt, muß eine reduzierende Darstellung des Inhalts des menschlichen Selbstbewußtseins implizieren oder zu einer Verdunkelung unseres Bewußtseins des tiefen Geheimnisses der menschlichen Personalität führen. Tatsächlich scheint das Universum so einzigartig zu sein, daß es auf der Basis der ihm selbst innewohnenden Eigenschaften lebende Organismen, einschließlich des *homo sapiens*, hervorbringen kann. Unsere Anwesenheit im Universum ist eng mit dessen faktischer Beschaffenheit, und zwar bis hinein in ganz konkrete physikalische Details, verbunden. Weit entfernt davon, ein unverständliches Absurdum zu sein, repräsentiert die Anwesenheit der Menschheit im Universum eine diesem Universum innewohnende Möglichkeit in dem Sinn, daß intelligentes, selbstbewußtes Leben schließlich auftreten mußte, auch wenn seine genaue Form durch eben jene fundamentalen Parameter und Beziehungen, die dies alles ermöglicht haben, nicht von vornherein festgelegt war.

Dieses heute allgemein anerkannte „anthropische" Merkmal unseres Universums hat unterschiedliche und einander ausschließende Interpretationen erfahren. Manche[20] leiten aus ihm ab, daß die Rede von einem Schöpfergott überflüssiger ist denn je, denn in ihren Augen könnten wir das Universum doch wohl nicht erforschen, wenn in diesem *nicht* die Bedingungen gegeben wären, die Voraussetzung für die Existenz von Menschen sind. D.J. Bartholomew, selbst ein Theist, behauptet[21], das „schwache" anthropische Prinzip („die Beobachtungen, die wir erwarten können, sind durch die Bedingungen eingeschränkt, die für unsere Existenz als Beobachter gegeben sein müssen") sei im Hinblick auf Argumente, die den Anfangszustand des Universums als durch Gott bestimmt darzulegen versuchen, irrelevant. Denn die Wahrscheinlichkeit, mit der die anfänglichen Bedingungen und Gesetze der Physik die Gestalt hatten, die wir heute kennen (d.h. die Wahrscheinlichkeit, die für das Problem, ob das Anfangsstadium des Universums göttlich determiniert war, relevant ist), berührt die Frage, wie hoch diese Wahrscheinlichkeit *unter der Voraussetzung unserer Existenz* wäre, kaum. Letztere geht im Licht des (unumstrittenen) „schwachen" anthropischen Prinzips sicherlich gegen eins. Andere[22] sehen im anthropischen Merkmal des Universums ein neues und leichter zu rechtfertigendes „Argument für Finalität" oder besser ein „Argument aufgrund der Finalität" für die Existenz eines Schöpfergottes. Diese ganze Diskussion ist philosophisch sehr spitzfindig und verwirrend[23], denn sie hängt offensichtlich von den Voraussetzungen und dem Deutungsrahmen ab, den man anwendet, um die Wahrscheinlichkeit *a priori* zu bestimmen, daß alle Konstanten usw. – die ganze „Feinabstimmung" – genau die Werte haben, die das Leben und so unser Dasein ermöglichen.

Ein großer Teil der gegenwärtigen Argumentation zugunsten einer theistischen Interpretation[24] sucht seine eigene Basis in dem Nachweis, daß das uns bekannte tatsächlich das einzige Universum ist, mit dem wir es zu tun haben. Ganz sicher ist es das einzige Universum, das wir kennen und in dem wir nach Sinn und Bedeutung suchen. Diejenigen, die sich für eine theistische Schlußfolgerung aus anthropischen Überlegungen aussprechen, lehnen oft die Vorstellung der Existenz einer Vielzahl von (für uns) nicht beobachtbaren Universen ab. Man hat behauptet, daß solche Universen zur selben Zeit wie wir existieren, weil am Anfang dieses Universums ein mehrfacher Spaltungsprozeß abgelaufen sei, oder daß sie nacheinander existieren, und zwar als Produkte eines Expansions- und Kontraktionszyklus (abwechselnd „big bang" und „big crunch"), oder daß sie sich in jedem Augenblick als Wirkung einer Quantenspaltung bilden (die nicht sehr weit verbreitete „Viele-Welten-Hypothese" einiger theoretischer Physiker). Diejenigen, die eine theistische Schlußfolgerung aus anthropischen Zusammenhängen favorisieren, nehmen diesen Standpunkt anscheinend deshalb ein, weil sie glauben, daß eine theistische Argumentation nur dann nicht in sich zusammenfällt, wenn die „Feinabstimmung", auf die das anthropische Prinzip aufmerksam macht, in *einem* Universum wirkt. „Sieh dir nur diese merkwürdigen Zufälle an, die unsere Existenz in diesem einmaligen Universum ermöglicht haben" – eine solche Einladung scheint an uns zu ergehen. Sie fordert uns zu der Folgerung heraus, daß die bemerkenswerte Entwicklung von Personen (und sie *ist* bemerkenswert, wie wir später noch mit gutem Grund betonen werden) in diesem einen Universum ein Beweis dafür ist, daß sein Ursprung in einem schöpferischen personalen Gott liegt.

Ich selbst will die allgemeinen Folgerungen dieser Argumentation nicht bestreiten, möchte aber betonen, daß sie nicht davon abhängt, daß unser Universum das *einzige* ist, das es gibt, und daß keine anderen Universen im Sinne der drei bereits erwähnten Auffassungen existieren. Vor einigen Jahren habe ich eine theologische Bewertung[25] des anthropischen Prinzips im Licht einer Anerkennung des Zusammenspiels von Zufall und Gesetzen als der Basis der in diesem Universum sich entwickelnden Formen (insbesondere im Kontext der biologischen Evolution) unternommen. Dabei habe ich, was wir weiter unten nochmals erörtern werden, dieses Zusammenspiel als mit der Art, wie ein Schöpfergott handeln würde, vollkommen vereinbar beurteilt. Wenn dies so ist und wenn wir die Möglichkeit, daß es eine „Gruppe" von Universen gemäß den oben dargestellten Auffassungen gibt, ernst nehmen, dann gilt, wie ich geschrieben habe:

> „... wenn wir [auch] die Rolle des ‚Zufalls' als Mittel, mit dessen Hilfe alle Möglichkeiten des Universums ausgeschöpft werden, betrachten müssen, dann müssen wir die Zeitskala und die ontologische Bandbreite, in der das Wirken des ‚Zufalls' vermutet wird, erweitern. Vom Zufall muß jetzt angenommen werden, daß er wirkt ... um die Möglichkeiten der Materie-Energie-Raum-Zeit nicht nur auf der räumlichen und zeitlichen Skala unseres gegenwärtigen Universums, sondern auch in der Gruppe der möglichen Universen, in denen Materie-Energie-Raum-Zeit meist durch neue Entitäten ersetzt werden kann, die mit anderen physikalischen Konstanten übereinstimmen und sich vermutlich entsprechend ganz anderer als der in unserem Universum zu entdeckenden physikalischen Gesetze verhalten, ans Licht zu bringen. Wichtig ist hier aber die Einsicht, daß die Möglichkeiten der Gruppe von Universen ebenso wie die dieses bestimmten Universums im Verlauf der Ausdehnung der Raumzeit (oder dessen, das an ihre Stelle tritt) durchgespielt oder „erforscht" wurden oder werden ... Denn wie lange es nach der Zeitskala unseres Universums gedauert haben mag oder wie viele Universen auch immer ihm vorausgegangen sein (oder ihm noch folgen oder gleichzeitig mit ihm existieren) mögen, in *diesem* Universum hat die Materie-Energie-Raum-Zeit es faktisch geschafft, sich selbst reproduzierende Strukturen hervorzubringen, die Selbstbewußtsein und ein Wissen um die eigene Existenz entwickelt haben und sogar neue Möglichkeiten fanden zu verstehen, wie ihr Dasein möglich wurde.
> Deshalb betonen wir die Einzigartigkeit unseres Universums. Denn in diesem Universum sind bestimmte grundlegende und vorgegebene Merkmale festzustellen ..., die das begrenzen, was letztlich durch die dynamischen Evolutionsprozesse hindurch verwirklicht werden kann ... Das Dasein des Menschen ist nicht notwendig, d.h. es ist kontingent, und zwar in dem Sinn, daß der Mensch nicht in allen möglichen Welten, auf deren Existenz er (auf der Grundlage der Annahme einer Gruppe von Universen) schließen kann, zu finden ist. Dasselbe könnte von jedem anderen selbstbewußten Wesen ausgesagt werden, das aus derselben Art von Teilchen, die dieses Universum bilden, zusammengesetzt ist."[26]

Wie immer die Beschränkungen und der Rahmen der Metagesetze und der zusätzlichen Beziehungen aussehen mögen, die bei der Hervorbringung der Vielfalt, die jede behauptete Gruppe von Universen bildet, eine Rolle spielen, sie müssen so beschaffen sein, daß sie in einem der Universen (*diesem*) eine Kombination von Parametern, grundlegenden Konstanten usw. ermöglichen, auf deren Grundlage sich an einem Ort des Universums lebende Organismen, einschließlich unserer selbst, entwickeln konnten. Gemäß diesem Argument ist die Tatsache, daß die Gruppe von Universen so beschaffen ist, daß Personen entstehen konnten, also ebenso bedeutsam, wie es die Entstehung von Personen wäre, wenn unser Universum das einzige wäre. Unabhängig davon, ob wir den gegenwärtigen Kosmos (der so oder so groß genug ist) oder die ganze Vielfalt einer hypothetischen Gruppe von Universen betrachten, bleibt die Tatsache bestehen, daß die Bedingungen auf dieser Erde, in dieser Galaxie, in diesem Universum so beschaffen waren, daß sich lebende Organismen und mit Selbstbewußtsein ausgestattete Personen entwickelten. Faktisch ist dies wenigstens einmal, hier, geschehen; es war folglich Bestandteil der Bandbreite der Möglichkeiten der ganzen natürlichen Ordnung, ob sie sich nun über viele Universen oder nur dieses eine erstreckt. Jede auf „anthropischen" Überlegungen beruhende Argumentation zugunsten des Theismus ist daher von der Frage, ob unser Universum das einzige ist oder nicht, unabhängig.

Nach diesem Exkurs kehren wir also zu der schwierigen Frage zurück, wie die jüngste Entdeckung zu interpretieren ist, daß das uns bekannte Universum so fein auf das Dasein lebender Organismen, einschließlich unserer selbst, deren Gegenwart dieses Universum zu einem erkennbaren Universum macht, abgestimmt ist. Die Eigenschaften des Universums scheinen dazu geführt zu haben, daß es durch die in ihm ablaufenden Prozesse, die ihren eigenen inneren Prinzipien der Entfaltung neuer Formen folgen, einen Teil des Universums (uns) hervorgebracht hat, der weiß, daß er in einem solchen Universum existiert, und darüber hinaus auch weiß, daß er dies weiß. Wir haben betont, daß wir die Entwicklung von zu Erkenntnis fähigen Organismen, *homo sapiens*, mit Hilfe unserer wachsenden Einsicht in die Prozesse der Evolution und in die Humanbiologie, verbunden mit den anthropologischen Wissenschaften, im Nachhinein verstehen können. Dies sollte uns jedoch nicht dazu verleiten, die Tatsache herunterzuspielen, daß unser Erscheinen auf der Bildfläche aus der Sicht der Naturwissenschaften durchaus nicht zu erwarten war. Wegen der unvermeidlich reduktionistischen Methode der Naturwissenschaften (was keine Kritik darstellen soll) sind sie nur sehr eingeschränkt in der Lage, genau zu erklären, welche neuen Arten organisierter Daseinsformen auf den Ebenen der Komplexität hervortreten, die oberhalb der Ebene, auf der sie selbst jeweils arbeiten, angesiedelt sind. Solche Entwicklungen können im Nachhinein verständlich erscheinen, ohne zugleich im strengen Sinn vorhersagbar zu sein. Dies ist insbesondere im Hinblick auf die Entwicklung der Menschen und ihrer Erfahrung der eigenen Personalität der Fall.

Wir haben bereits[27] eine vorläufige Darstellung der Einzigartigkeit und Besonderheit der Personalität schon innerhalb eines rein biologischen Kontextes erarbeitet. Jetzt sind wir jedoch an einem Punkt angekommen, an dem angemessen herausgestellt werden kann, daß die Entwicklung der Personalität wahrlich erstaunlich ist. Denn wir können mit Recht fragen, warum die Welt vor dem Auftreten lebender Organismen und besonders der Menschheit nicht weiterhin ein Mechanismus ohne Empfindung und Verstehen blieb – nichts als bewegte Materie, endlos, sinnlos[28]. Tatsache ist, daß dies nicht der Fall war; und es ist John Durants[29] Aussage zuzustimmen, daß uns die Wissenschaft mit all ihren beeindruckenden Erkenntnissen im Bereich von Physik und Biologie und ihrer Kenntnis des menschlichen Körpers keine Auskunft darüber geben kann, warum wir die Erfahrung der Subjektivität machen. Aus dieser entspringt die Sprache der personalen Erfahrung und der personalen Interaktion, die im Leben der meisten Menschen eine bestimmende Rolle spielt und die sich in Literatur, Kunst und Musik, ja in unserer Kultur insgesamt, widerspiegelt. Obwohl die Biologie uns hilft zu verstehen, wie unsere kognitiven Prozesse das Überleben begünstigen, und die Neurowissenschaften beginnen, uns Einsicht in die kognitiven Funktionen des Gehirns zu vermitteln, sind sie immer noch Lichtjahre von einer Beschreibung der tatsächlichen Erfahrung der Kognition entfernt, von den Myriaden anderer Aspekte der subjektiv erfahrenen Personalität des Menschen ganz zu schweigen. Wir scheinen der Überwindung dieser Kluft nicht näher zu sein als die Pioniere der wissenschaftlichen Methode vor 300 Jahren.

Wir sind sicherlich, wie in Teil I dargelegt, einer Erklärung dafür nähergekommen, wie Materie sich selbst reproduzieren und so leben kann und wie sie in der Folge mit der Entwicklung kognitiver Fähigkeiten, die dem Überleben förderlich sind, immer komplexer wird. Dies erklärt jedoch keineswegs, wie wir in unserem Inneren faktisch denken, fühlen usw., d.h. wie wir selbst unser Leben erfahren. Wenn uns ausschließlich die Ergebnisse der Wissenschaften zur Verfügung stünden, gäbe es für uns keinen Grund, das Auftreten des *homo sapiens* und so der Personalität vorherzusagen oder zu erwarten oder anzunehmen, daß es überhaupt Personen auf der Welt geben könnte. Die Subjektivität unserer ihrer selbst bewußten Personalität ist selbst auf der Basis unserer gegenwärtigen, hochentwickelten Wissenschaft ganz und gar nicht vorhersagbar. Rückblickend sehen wir, wie sie sich allmählich entwickelt, aber das Auftreten von Personen zeigt, daß wir es mit etwas qualitativ Neuem zu tun haben. Die Schwelle der Personalität bildet für die Naturwissenschaften eine echte Grenze. Mit dieser Aussage beabsichtige ich nicht, die Diskussion zu mystifizieren. Ich meine jedoch, daß wir unser faktisches Unverständnis des Wesens der „Person" offen anerkennen sollten. Es besteht eine tiefe Kluft zwischen dem, was auf der Grundlage von Mechanismen und Organismen vorhersagbar ist, und einer plausiblen Erklärung der Gegenwart von Personen im Universum, die außerhalb der Reichweite der Wissenschaft als solcher liegt. Um es mit den schon früher gebrauchten Wor-

ten auszudrücken: Der Begriff und so die Repräsentation der Personalität ist von allen uns bekannten Entitäten diejenige, die von ihrem Wesen her am wenigsten reduzibel ist.
Das Universum hat also anscheinend aufgrund der in ihm ablaufenden Prozesse – und es gibt keinen Grund, diese gut belegte Annahme abzulehnen – einen Teil seiner selbst hervorgebracht, der – als Person – eine deutlich neue Art der Kausalität in es selbst einführt, nämlich die des personalen Subjektseins. Das „anthropische Prinzip", die Feinabstimmung, die das Auftreten des Lebens und der Menschheit erlaubt, betont den tiefen Zusammenhang zwischen dem Vorhandensein des Lebens und unserer selbst einerseits und den dem physikalischen Universum eigenen Merkmalen andererseits. Diese Verbindung stellt jedoch selbst ein Problem dar, und zwar nicht nur wegen jener bereits hervorgehobenen[30] Charakteristika der Personalität, aufgrund derer das Wesen der Person nicht auf andere wissenschaftliche Ebenen reduziert werden kann (ein allgemeines Merkmal der Beziehung zwischen verschiedenen Ebenen[31]), sondern auch, weil sie die Möglichkeit einer neuen Art der Erklärung, nämlich der *personalen* Erklärung, eröffnet.
Wir können also die Frage nach der Eigenart eines Universums, das solche Entitäten wie Personen hervorbringen kann, nicht umgehen. Wie ich es an anderer Stelle ausgedrückt habe[32]: Wenn – wie wir wissen, und nicht nur vermuten – aus dem Stoff, aus dem die Welt besteht, der ursprünglichen Ansammlung von Protonen, Neutrinos, Photonen usw., Personen geworden sind – Menschen, die im Verhältnis zu anderen Menschen ein „inneres", selbstbewußtes Leben besitzen –, wie sollen wir dann die Entwicklung des Kosmos (oder der Gruppe der Universen) angemessen interpretieren, wenn diese fundamentalen Teilchen und diese Energie nach vielen Äonen jene Qualität des Daseins aufweisen, die durch Selbstbewußtsein und eine neue Art des Subjektseins in der Welt ausgezeichnet ist und die wir deshalb „personal" nennen? Weist uns unser enges Verhältnis zu den fundamentalen Eigenschaften der physikalischen Welt, den „anthropischen" Eigenschaften, in Verbindung mit der Besonderheit der Personalität nicht darauf hin, daß wir nach einer „besten Erklärung" alles Seienden (personaler und nichtpersonaler Art) mit Hilfe irgendeiner Art der Kausalität, deren Konsequenzen das Personale in sich *einschließt*, suchen sollten? D.h., die eine „beste Erklärung" alles Seienden, dieses „X", müßte ganz anders beschaffen sein, es müßte über die Ordnung des Geschaffenen hinausgehen. Mit anderen Worten: „X" muß das Personale so transzendieren, daß „X" die Grundlage sowohl jener besonderen Form des Daseins, die wir personal nennen, als auch des nichtpersonalen Seins, das wir bereits betrachtet haben, sein könnte. Da das Personale aus bereits genannten Gründen die höchste Kategorie des Daseins bildet, die wir innerhalb der Ordnung des Geschaffenen nennen können, und da „Gott" der Name ist, den wir diesem „X" geben, können wir begründet sagen, daß *Gott (wenigstens) „personal"* oder „überpersonal" ist. Zugleich erscheint es weni-

ger irreführend und angemessener, Gott personale statt nichtpersonaler Eigenschaften zuzuschreiben – auch wenn wir wie immer anerkennen, daß solche Zuschreibungen letztlich dem gegenüber, auf den sie sich beziehen, nämlich Gott, unzulänglich bleiben.

h. Ziele verfolgend

Es gehört zum Wesen menschlicher Personen, Ziele zu haben, und zwar besonders, wenn es darum geht, ihren Werten im Leben der Individuen und der Gesellschaft Gestalt zu verleihen. Einige dieser uns eigenen „Werte" – jene von Zielen geleiteten Verhaltensmuster, die Ergebnis der Evolution sind und von Menschen nicht verändert werden können –, die nämlich, die G.E. Pugh[33] die „eigennützigen" nennt, haben wir mit den höheren Primaten gemeinsam. Für andere jedoch, die „sozialen", gilt dies nur eingeschränkt, und noch andere, die „intellektuellen", finden sich nur beim Menschen. Denn als Personen sind wir durch das ständige Bestreben zu tun, was wir tun „sollen", unser Handeln nicht an dem, was einfach „ist", zu orientieren, gekennzeichnet. Diese den Menschen auszeichnenden Werte können, wie mir scheint, nicht auf das bloß Biologische reduziert werden, wie es einige Soziobiologen programmatisch behaupten, und sie kennzeichnen die Entwicklung der Personalität der Menschen.[34] Wenn dies so ist, dann sind die Menschen als potentielle Träger von Werten auf der Bildfläche erschienen, so daß der Gott, der solche personalen Existenzen erschuf, in seinem eigenen inneren Selbst eine letzte Quelle von Werten sein muß, denn Werte transzendieren naturgemäß das Physikalische und das Biologische und partizipieren am Wesen des Ziele verfolgenden Personalen. Jede Beziehung eines solchen Schöpfergottes zu geschaffenen Personen hätte *ipso facto* einen personalen Charakter, und es scheint eine in hohem Maße rationale Behauptung zu sein, daß ein solcher personaler *Schöpfergott Ziele verfolgt*, die in der Existenz und dem Schicksal von Personen, die Werte verkörpern, manifest sind.

An dieser Stelle wird die Unzulänglichkeit unseres ausschließlichen Redens vom „Sein" Gottes, von Gott als dem Grund des Seins, immer deutlicher. Denn es gehört zum Wesen des Personalen, daß ihm nicht nur statische Prädikate, die sich auf feststehende, unveränderliche Charakteristika beziehen, zukommen, sondern daß man ihm auch Prädikate dynamischer Art beilegen kann, weil die im Fluß befindliche Erfahrung zur Quintessenz des Personseins gehört. Die „statischen" Prädikate wie „höchste Vernunft", „allwissend", „allmächtig", „Erhalter", „Bewahrer", „treu" usw., die wir bei unserem Reden von Gott bislang meist betrachtet haben, müssen also durch andere und „dynamischere", dem Phänomen des Personalen angemessene Prädikate ergänzt werden – was, wie wir gesehen haben, schon in unserer Einsicht, daß Gott als Schöpfer immanent ist und sein schöpferisches Wirken immer weitergeht, impliziert ist. Um es anders auszudrücken: Wenn unsere

Gottesvorstellungen personal sein sollen, müssen sie sowohl dynamische als auch statische Elemente beinhalten. Es ist daher angemessener, unsere Betrachtung des schöpferischen Handelns eines personalen Gottes unter die Überschrift „Das Werden Gottes“ zu stellen.

2. Das Werden Gottes

Freie Personen sind dadurch ausgezeichnet, daß sie Absichten haben und Zwecke verfolgen und handeln, um diese zu verwirklichen. Wenn wir also akzeptieren, daß die Existenz solcher frei wollender, Ziele verfolgender Personen im Universum uns einen Hinweis auf das Wesen des Schöpfers gibt, können wir begründet die Frage stellen: Können wir aus den in der natürlichen Welt ablaufenden Prozessen[35] irgend etwas über die „Ziele“ Gottes als in der geschaffenen Welt handelnden Schöpfers ableiten? D.h., können wir die Ziele dieses personalen Gottes mit Hilfe von Methoden erkennen, die mit unserem auf den Wissenschaften beruhenden Wissen über das Universum in Einklang stehen? Die Traditionen der monotheistischen Religionen, besonders des Christentums, behaupten nachdrücklich, Aspekte der Ziele Gottes zu kennen. Wir wollen diese behaupteten Offenbarungen nicht herabsetzen, sondern fragen, ob die wissenschaftliche Betrachtung der natürlichen Welt einschließlich des Menschen unsere Vorstellungen von den Zielen Gottes in der Schöpfung, die besonders von der jüdisch-christlichen Tradition betont werden, stärkt und bereichert oder ob sie sie beeinträchtigt und einschränkt. Allgemeiner gesprochen: Wird unser Verständnis Gottes, des personalen Schöpfers, als „beste Erklärung“ alles Seienden durch das, was die Wissenschaft uns über Sein und Werden der natürlichen Welt einschließlich der Menschheit lehrt, bereichert?

a. Freude an der Schöpfung

Wir haben gesehen[36], daß die natürliche Welt mit ihren hierarchisch angeordneten Ebenen von Entitäten, Strukturen und Prozessen in ihrem „Sein“, überaus mannigfaltig ist und daß sie im Verlauf ihres „Werdens“ in der Zeit mit einer enormen Fruchtbarkeit eine Fülle weiterer Formen hervorbringt. Aus der Einheit in dieser Vielfalt und dem Reichtum der Vielfalt selbst haben wir bereits[37] sowohl die wesentliche Einheit des Grundes ihres Seins, nämlich des einen Schöpfergottes, als auch den unergründlichen Reichtum des Einheit stiftenden Seins jenes Schöpfergottes abgeleitet. Jetzt jedoch müssen wir die Vielfalt selbst genauer betrachten. Schon die Formen der unbelebten Materie des ganzen Kosmos, wie er uns erscheint, sind vielfältiger als alles, was wir auf der Erde unmittelbar beobachten können. Darüber hinaus scheint sich der verzweigte Baum der irdischen biologischen Evolution primär in eine opportunistische Richtung zu bewegen und so die enorme Vielfalt des biologischen Lebens auf diesem Planeten zu produzieren. Wie Charles Darwin es in einer berühmten Passage ausgedrückt hat:

> „Es ist anziehend, eine dicht bewachsene Uferstrecke zu betrachten, bedeckt mit blühenden Pflanzen vielerlei Art, mit singenden Vögeln in den Büschen, mit schwärmenden Insecten in der Luft, mit kriechenden Würmern im feuchten Boden, und sich dabei zu überlegen, dass alle diese künstlich gebauten Lebensformen, so abweichend unter sich und in einer so complicierten Weise von einander abhängig, durch Gesetze hervorgebracht sind, welche noch fort und fort um uns wirken ... Es ist wahrlich eine grossartige Ansicht, dass der Schöpfer den Keim alles Lebens, das uns umgibt, nur wenigen oder nur einer einzigen Form eingehaucht hat, und dass, während unser Planet den strengsten Gesetzen der Schwerkraft folgend sich im Kreise geschwungen, aus so einfachem Anfange sich eine endlose Reihe der schönsten und wundervollsten Formen entwickelt hat und noch immer entwikkelt."[38]

Wir können daraus nur schließen, daß der personale Schöpfer, wenn es ihn denn gibt, diese reiche Vielfalt der Entitäten, Strukturen und Prozesse in der natürlichen Welt wollte und daß, wenn dies der Fall ist, ein solcher Schöpfergott an der Vielfalt des von ihm Geschaffenen – mit den einzigen Worten, die in der personalen Welt der menschlichen Erfahrung hier verwendet werden können – seine „Freude" hat – und nicht nur an dem, was Darwin in derselben Passage die „Lösung des höchsten Problems ..., das wir zu fassen vermögen, die Erzeugung immer höherer und vollkommenerer Thiere" nennt. Die Existenz des *ganzen* Gewebes der geschaffenen Ordnung, Kette und Schuß, muß mit der Heterogenität und Vielfalt seiner Formen als dem Willen des Schöpfers entsprechend gelten. Wir können dies nur verstehen, wenn wir mit den Mitteln unserer personalen Sprache sagen, daß *Gott Freude an der Schöpfung hat*. Einen Hinweis darauf finden wir darin, daß Gott im ersten Kapitel der Genesis als zufrieden beschrieben wird: „Gott sah alles an, was er gemacht hatte: Es war sehr gut."[39] Dies führt zwanglos zu der Vorstellung des „Spielens" Gottes in der Schöpfung, die ich an anderer Stelle[40] im Zusammenhang mit hinduistischen ebenso wie mit jüdischen und christlichen Motiven erörtert habe. Durch bestimmte Entwicklungen in den Wissenschaften ist immer deutlicher geworden, daß dieses „Spielen" Gottes in der Schöpfung in gewisser Hinsicht dem Spiel des Zufalls ähnlich ist. Diesem Aspekt der Wissenschaften und unseres Weltbildes müssen wir uns nun zuwenden.

b. Grund und Quelle von Gesetz („Notwendigkeit") und „Zufall"

Unsere Spiele folgen vorgegebenen Regeln, aber da ein Element des Zufalls eine Rolle spielt, sind sie durch eine gewisse Unvorhersagbarkeit und Offenheit im Hinblick auf ihren Ausgang gekennzeichnet, die gerade ihre Attraktivität und Faszination begründen. Interessanterweise sind dieselben Merkmale zugleich Aspekte der von der Wissenschaft bis heute erforschten natürlichen Welt.[41] Wir haben in Teil I gesehen[42], daß es in der natürlichen Welt verschiedene Arten von Systemen gibt, die u.a. anhand ihrer Vorhersagbarkeit unterschieden werden können. Insbesondere haben wir festgestellt, daß es nichtlineare komplexe dynamische Systeme gibt, die auf der beobachtbaren Makroebene Veränderungen durchlaufen können, die unvorhersagbar sind, obwohl alle untergeordneten Prozesse von deterministischen Gesetzen bestimmt werden. Ihre Existenz haben die Wissenschaftler in verschiedenen Gebieten erst in neuerer Zeit und nur allmählich klarer erkennen können. Als „dissipative"[43] Systeme sind sie besonders für unser Verständnis der biologischen Systeme von Bedeutung. Denn sie geben uns, wie wir gesehen haben[44], einen Hinweis darauf, wie das Zusammenspiel von zufälligen Ereignissen auf der Mikroebene zu einer Form der Selbstorganisation führen kann, die sich selbst reproduzieren kann, also lebendig ist – d.h., der Übergang von unbelebter zu lebender Materie wird durch die Übereinstimmung mit den Eigenschaften dieser Art physikochemischer Systeme verständlich. Solche Übergänge in solchen Systemen sind vor ihrem tatsächlichen Eintreten unvorhersagbar, aber im Nachhinein zeigt sich, daß sie innerhalb der Bandbreite der Möglichkeiten des Systems als Ganzem lagen, denn sie alle sind das Ergebnis der gesetzesähnlichen Verstärkung der Wirkungen eines einzigen oder einiger weniger Mikroereignisse. Dieses schöpferische Zusammenspiel von „Zufall" und Gesetz ist bei der Evolution der belebten Materie durch natürliche Auslese sogar noch deutlicher zu erkennen. Zunächst ist allerdings genauer zu klären, was wir in diesem Kontext mit dem Begriff „Zufall" meinen.

Mikroereignisse sind auf zweierlei Art und Weise unvorhersagbar:

1. Sie können unvorhersagbar sein, weil wir keinen Zugang zu dem notwendigen detaillierten Wissen mit der auf dieser Mikroebene erforderlichen Genauigkeit gewinnen können. Von der Rolle des „Zufalls" zu sprechen, kann in solchen Fällen bedeuten: a) daß wir die Mikroparameter der Ausgangsbedingungen, die die Makroereignisse determinieren (z.B. die Kräfte, die auf eine hochgeworfene Münze wirken), nicht genau bestimmen können, während wir zugleich oft wissen, welche allgemeinen Einflüsse in dem System als Ganzem wirken (z.B. die Symmetriegesetze, aus denen die gleiche Wahrscheinlichkeit von Kopf und Zahl resultiert); b) die beobachteten Ereignisse sind das Ergebnis einer Überschneidung zweier voneinander unabhängiger Kausalketten, die genau zu kennen im Hinblick sowohl auf die Ketten selbst als auch auf die Stelle der Überschneidung unmöglich ist.

2. Mikroereignisse können auch unvorhersagbar sein, weil auf der subatomaren Ebene die Unschärferelation Heisenbergs[45] zum Tragen kommt. Diese Unvorhersagbarkeit ist den betreffenden Ereignissen inhärent und unabänderlich.

Beide Kategorien unvorhersagbarer Mikroereignisse produzieren auf der makroskopischen Ebene Effekte, die innerhalb eines gesetzesähnlichen Rahmens wirken, der ihre möglichen Folgen einschränkt. Von diesen „gesetzesähnlichen" Einschränkungen kann gesagt werden, daß sie die Bandbreite der Folgeereignisse begrenzen oder diesen neue und unerwartete Resultate verleihen. Beide Betrachtungsweisen sind für eines der wichtigsten Gebiete, in denen es zu einem Zusammenspiel von „zufälligen" Ereignissen unter gesetzesähnlichen Rahmenbedingungen kommt, nämlich die Evolution des Lebens, von Bedeutung.

Wir haben bereits gesehen[46], daß die Evolution des Lebens von einem Prozeß abhängt, in dessen Verlauf Veränderungen des genetischen Materials, das als Träger von Informationen dient (DNS), auftreten, die in bezug auf die biologischen Bedürfnisse des diese DNS besitzenden Organismus, insbesondere sein Bedürfnis, zum Erhalt der Art Nachkommenschaft zu erzeugen, zufällig sind. Das, was wir „Zufall" nennen, kommt auf zwei Ebenen zum Tragen: bei der Mutation innerhalb der DNS selbst (1(a) und/oder 2, s.o.) und bei der Überschneidung zweier kausal nicht verknüpfter Ereignisreihen (1(b), s.o.) – jene, aus denen die Veränderungen der DNS und die Folgen solcher Veränderungen für jene Merkmale des Organismus, die sein Überleben in seiner bestimmten biologischen und ökologischen Nische betreffen, resultieren.

Die ursprünglichen Mutationen sind in bezug auf die Zukunft des biologischen Organismus, sogar sein zukünftiges Überleben, zufällig, aber diese Veränderungen zeitigen ihre Folgen in einer Umgebung, die regelmäßige und gesetzesähnliche Merkmale aufweist. Die biologische Nische, in der der Organismus lebt, filtert nämlich mit Hilfe des Prozesses der natürlichen Auslese jene Veränderungen der DNS heraus, die den sie enthaltenden Organismus in die Lage versetzen, mehr Nachkommenschaft zu erzeugen. Wie eine solche „Auslese" in einem bestimmten Fall im einzelnen abläuft, hängt natürlich von der betroffenen Art ab. Die statistischen Aspekte dieses Prozesses können jedoch auf völlig gesetzmäßige Weise von der Mathematik beschrieben werden. Dieses Zusammenspiel von „Zufall" (auf der molekularen Ebene der DNS) und „Gesetz" oder „Notwendigkeit" (auf der statistischen Ebene der Population des Organismus) verleitete Jacques Monod in seinem einflußreichen Buch „Zufall und Notwendigkeit"[47] dazu, den „Zufall" zu einem nahezu metaphysischen Prinzip zu erheben, mit dessen Hilfe das Universum interpretiert werden kann. Bekanntlich kam er zu dem Ergebnis, daß das „gewaltige Gebäude der Evolution" in diesem Sinn auf „purem Zufall" beruht und daß *deshalb* alle Schlüsse auf Richtung und Sinn der Entwicklung der Welt des Lebens im besonderen und des Universums im allgemeinen zwangsläufig falsch sind. Mit dieser Argumentation leitete er im Namen der Wissenschaft den heftigsten und einflußreichsten Angriff dieses Jahrhunderts auf den Theismus ein. Denn in den Augen Monods ist es reiner Zufall, daß es zur Entstehung von Lebewesen, besonders des *homo sapiens*, kam, und es steht nicht zu erwarten, daß wir jemals die Richtung oder den Sinn der Evolution des Lebens erkennen werden. Selbst wenn es einen Schöpfergott gäbe, könnte er praktisch ebensogut nicht existieren, da die Evolution in jeder Hinsicht vollkommen unkontrolliert und zufällig abläuft.

D.J. Bartholomew[48] hat eine sehr gute Übersicht über die Antworten auf diese These und den mit ihr verbundenen Angriff auf den Theismus – die interessanterweise hauptsächlich von theologisch interessierten Wissenschaftlern und einigen Philosophen statt von Theologen kamen – gegeben und ihre jeweiligen Stärken und Schwächen analysiert. Ich werde hier der in meinen Augen fruchtbarsten Art der theologischen Reflexion der Prozesse, auf die Monod das zwanzigste Jahrhundert auf so wirkungsvolle Weise aufmerksam gemacht hat, folgen. Ich habe mich ihr zugewandt[49], um eine Antwort auf Monods Position zu geben, und sie ist mit der auf statistischen Informationen beruhenden Behandlung des Problems durch Bartholomew weiterentwickelt worden.

Es gibt keinen Grund, der Zufälligkeit molekularer Ereignisse im Verhältnis zu ihren biologischen Folgen den bedeutenden metaphysischen Status einzuräumen, den Monod ihr zuschreibt. Durch die Beteiligung dessen, was wir „Zufall" nennen, auf der Ebene der Mutation der DNS ist nicht an sich schon ausgeschlossen, daß jene Ereignisse auf den höheren Ebenen von Organismen, Populationen und Ökosystemen regelmäßige Trends und innere Neigungen aufweisen. Die Bezeichnung der Mutation der DNS als „zufälliges" Ereignis dient einfach dazu, ihre Zufälligkeit in bezug auf die biologischen Konsequenzen zu betonen. Wie ich es an anderer Stelle ausgedrückt habe:

> „Anstatt die Rolle des Zufalls bei genetischen Mutationen als Manifestation der Irrationalität des Universums aufzufassen und sich dadurch entmutigen zu lassen, sollte man in Übereinstimmung mit den Beobachtungen geltend machen, daß die ganze Bandbreite der Möglichkeiten der belebten Materie nur mit Hilfe der schnell und häufig auftretenden Zufälle, die auf der molekularen Ebene der DNS möglich sind, ausgeschöpft werden kann."[50]

Wenn das Universum so geartet wäre, daß alle potentiellen Formen der Organisation von Materie (sowohl der belebten als auch der unbelebten), die sich in ihm finden, vollkommen erforscht werden könnten, würde man erwarten, daß der „Zufall" oder besser die Wahllosigkeit (oder das „freie Experiment") auf der Mikroebene eine solche Rolle spielt. Tatsächlich hat es, seit Monod sein Buch 1970 in französischer Sprache veröffentlicht hat, Entwicklungen in der theoretischen und Molekularbiologie und in der physikalischen Biochemie gegeben, die auf die Verknüpfung dessen, was wir Zufall und Gesetz (oder Notwendigkeit, um Monods Ausdruck zu gebrauchen) nennen, bei Ursprung und Entwicklung des Lebens ein neues Licht werfen – nämlich die Untersuchungen der von Ilya Prigogine[51] begründeten Brüsseler Schule und der von Manfred Eigen[52] geführten Göttinger Schule. Sie haben gezeigt, daß das Zusammenspiel von Zufall und Gesetz faktisch in der Zeit schöpferisch wirkt, denn die Verbindung beider ermöglicht die Entstehung und Entwicklung neuer Formen, was die natürliche Auslese opportunistisch erscheinen läßt.

Richard Dawkins[53] hat dies mit Hilfe seines Computerprogramms in bezug auf das, was er „Biomorphe" nennt, zweidimensionale Muster sich verzweigender Linien, die durch wahllose Veränderungen einer definierten Zahl von Merkmalen in Verbindung mit einem Reproduktions- und Ausleseverfahren erzeugt werden, ausgezeichnet dargestellt. Es ist bemerkenswert, wie subtil, vielfältig und komplex die Muster der „Biomorphe" nach erstaunlich wenigen „Generationen", d.h. Wiederholungen des Verfahrens, sind. Solche Computersimulationen tragen viel zur Beantwortung der Frage bei, wie die Komplexität und Vielfalt biologischer Organismen durch das Wirken der scheinbar einfachen Prinzipien der natürlichen Auslese entstehen konnten. Denn diese beinhalten nur das Zusammenspiel und die Konsequenzen von (in bezug auf die biologischen Ergebnisse) wahllosen Prozessen in dem gesetzesähnlichen Rahmen der Regeln, die für die Veränderungen in biologischen Populationen in komplexen Umgebungen maßgebend sind. Die Eigenart dieser Regeln beruht auf dem „Gegebensein" der Eigenschaften der physikalischen Umgebung und der bereits entwickelten anderen lebenden Organismen, mit denen der betreffende Organismus interagiert. Diese Einflüsse selbst gehen alle aus den inhärenten Eigenschaften der Welt, in der der Organismus sich entwickelt, hervor. Sie gehen also auf jene grundlegende kontingente Tatsache zurück, daß das Universum genau die Gesetze, Beziehungen, Entitäten, Strukturen und Prozesse enthält, die wir faktisch beobachten.

Diese Gegebenheit kann für einen Theisten nur als ein Aspekt der Merkmale, mit denen Gott die Welt ausgestattet hat, betrachtet werden. Die Art, wie das von uns „Zufall" Genannte innerhalb dieses „gegebenen" Rahmens wirkt, um neue Strukturen, Entitäten und Prozesse hervorzubringen, kann dann als Aufdeckung der Möglichkeiten, die der physikalische Kosmos von Anfang an besaß, verstanden werden. Ein Theist muß von solchen Möglichkeiten annehmen, daß sie entsprechend der Intention und Ziele des Schöpfers in die Schöpfung eingetragen sind und daß sie durch das Wirken des „Zufalls", der ihre Entstehung stimuliert, nach und nach aktualisiert werden. Man könnte sagen, daß das Potential des „Seins" der Welt in dem „Werden", das durch das Wirken des Zufalls Realität wird, manifest wird. Wir schließen daher, *daß Gott letztlich Grund und Quelle sowohl des Gesetzes (der „Notwendigkeit") als auch des „Zufalls" ist.*

Ich habe an anderer[54] Stelle versucht, dieses Charakteristikum der Art, wie der Schöpfer handelt – ein Charakteristikum, dessen wir erst in diesem Jahrhundert wirklich gewahr geworden sind –, mit Hilfe einer Analogie aus der Musik, eines Modells Gottes als Komponist, in Worte zu fassen. Diesem Versuch werden wir uns in Kapitel 9 zuwenden. Für einen Theisten ist jetzt klar, daß Gott in der Welt *dadurch* schöpferisch handelt, daß das, was wir „Zufall" nennen, innerhalb der geschaffenen Ordnung wirkt, wobei jedes Stadium dieses Wirkens dem nächsten Stadium den Boden bereitet. Der Schöpfer, so hat es jetzt den Anschein, entfaltet die Möglichkeiten des Universums, die er selbst ihm verliehen hat, in und durch einen Prozeß, in dem diese schöpferischen Möglichkeiten und Neigungen, die entsprechend seinen eigenen Intentionen den fundamentalen Entitäten dieses Universums und ihren Beziehungen zueinander innewohnen, aktualisiert werden. Dies geschieht innerhalb einer geschaffenen zeitlichen Entwicklung, die durch eben jene von Gott gegebenen Möglichkeiten geformt und bestimmt ist.

Der tatsächliche Verlauf dieser Entfaltung der verborgenen Möglichkeiten der Welt ist jedoch nicht von vornherein determiniert, denn in den Systemen und Prozessen der Welt gibt es unaufhebbare Unwägbarkeiten, auf die wir bereits hingewiesen haben (Mikroereignisse auf der Ebene Heisenbergs und nichtlineare dynamische komplexe Systeme). Das Ende der „natürlichen" Geschichte der Welt ist also offen. Mit anderen Worten: Wir müssen uns Gott jetzt als an der Erforschung der vielen Arten noch nicht realisierter Möglichkeiten des von ihm geschaffenen Universums beteiligt vorstellen – und wir müssen anerkennen, daß der Übergang von „kausaler" zu anthropomorph-narrativer Sprache an dieser Stelle nicht zu vermeiden ist. Es zeigt sich so, daß die Kreativität Gottes als genuin innovativ und anpassungsfähig, aber nicht als unvollständig und ziellos gelten muß. Denn es gibt, wie wir gesehen haben, den natürlichen schöpferischen Prozessen innewohnende Neigungen – ein Theist würde sagen, daß diese auf Gott zurückgehen –, die das Spiel sozusagen zugunsten des Lebens und, nach dem Auftreten lebender Organismen, auch zugunsten einer gesteigerten Komplexität, Wahrnehmung, Bewußtheit und Sensibilität, mit allen Konsequenzen, die diese mit sich bringen, beeinflussen. Obwohl eine solche Vorstellung für Theisten, besonders für an Gott Glaubende, die in der jüdisch-christlichen Tradition stehen und die Schöpfung als Ausdruck des Willens und der Ziele Gottes auffassen (weniger vielleicht für Hindus mit ihrem Bewußtsein des Spielens, *lila*, Gottes in der Schöpfung[55]), neu sein mag, ist sie doch weit davon entfernt, dem Glauben an Gott von vornherein zu widersprechen. Vielmehr bereichert sie unser Verständnis des Schöpfungshandelns Gottes. Zu den Möglichkeiten des ursprünglichen Quantenvakuums oder dessen, was sonst von der gegenwärtigen Theoriebildung als Ursprung des Universums postuliert wird, muß nämlich die Fähigkeit gehört haben, sich zu entwickeln, um jene Eigenschaften der Komplexität, der Wahrnehmungsfähigkeit, des Bewußtseins und der Sensibilität aufweisen zu können, die die höheren Lebensformen kennzeichnen. Dies ist im Hinblick auf die Entstehung des Lebens im Universum das eigentlich bedeutsame Faktum, und der Zufall ist einfach ein Element, das notwendig ist, wenn alle Möglichkeiten des Universums, besonders die der Entstehung des Lebens, wirkungsvoll in Erscheinung treten sollen. Wie ich es an anderer Stelle ausgedrückt habe:

„... wenn wir voraussetzen, daß die Welt ihr Sein einem Schöpfergott verdankt, dann sehe ich keinen Grund, warum Gott sich nicht ‚zufälliger' Ereignisse bedienen sollte, damit die Möglichkeiten seines Universums sich in allen ihren Verzweigungen entwickeln können; tatsächlich können alle Möglichkeiten – ausreichend Zeit und Raum vorausgesetzt – grundsätzlich nur auf diese Weise aktualisiert werden. Oder, um eine andere Metapher zu verwenden, es ist, als sei der Zufall das Radar Gottes, das alle möglichen Ziele erfaßt, die sich in seiner Reichweite befinden."[56]

D.J. Bartholomew betont, Gott und der Zufall seien nicht nur – wie oben ausgeführt – logisch miteinander vereinbar, sondern es gebe „positive Gründe für die Annahme, daß ein Element reinen Zufalls bei der Erschaffung einer reichhaltigeren Umwelt, als sie unter anderen Umständen möglich wäre, eine konstruktive Rolle spielt"[57]. Er behauptet, daß „der Zufall dem potentiellen Schöpfer viele Vorteile eröffnet, von denen nur schwer vorstellbar ist, daß sie auf irgendeine andere Weise erreichbar wären"[58]. Da in vielen natürlichen Prozessen, deren sich Menschen oft bedienen, zufällige Prozesse tatsächlich zu zuvor festgelegten Zielen führen können, weil viele Naturgesetze statistischer Art sind, „haben wir allen Grund anzunehmen, daß ein Schöpfer, der bestimmte Ziele zu erreichen wünscht, sich dazu entschließen würde, zu diesem Zweck zufällige Prozesse einzusetzen, deren Makroverhalten die gewünschte Eigenart aufweist"[59]. Die bestimmten Ziele, zu denen zufällige Prozesse führen können, könnten daher sehr wohl darin bestehen, „intelligente Wesen hervorzubringen, die zur Interaktion mit ihrem Schöpfer fähig sind"[60]. Dies würde nach Bartholomew eine Umgebung erfordern, in der der Zufall Stimulans und Prüfstein der intellektuellen und spirituellen Evolution bildet. Er geht sogar noch weiter und behauptet, daß

„eine Welt des Zufalls mit einer theistischen Betrachtung der Natur nicht nur vereinbar ist, sondern von ihr beinahe gefordert wird ... Sowohl dem Glauben als auch der Vernunft entspricht eher die Annahme, daß Gott, ganz ähnlich wie wir selbst, den erforderlichen Grad der Zufälligkeit mit Hilfe deterministischer Mittel erzeugt. Wir betonen nochmals, daß dies weder impliziert noch voraussetzt, daß Gott im voraus um die Folgen auf der Mikroebene weiß. Seine Aufmerksamkeit richtet sich auf Makroeffekte."[61]

Die „starke" Position, die Bartholomew im Hinblick auf die Rolle des Zufalls für die Ziele Gottes vertritt, hat Auswirkungen auf die Art, wie wir uns Gottes Interaktion mit der Welt vorstellen können. Schon jetzt ist deutlich, daß Gott in einer Welt, in der der Zufall die Rolle spielt, die Bartholomew und ich ihm zuschreiben, Risiken eingeht, und zwar in bezug auf seine Schöpfung und besonders die von ihm geschaffene Menschheit.
Es scheint, als müßten wir jetzt folgende Elemente in Betracht ziehen: 1. diese neue Betrachtung Gottes, des Schöpfers, der durch den Zufall handelt, der innerhalb des durch Gesetze gesteckten Rahmens, d.h. der von Gott gegebenen Eigenschaften und Tendenzen der natürlichen Welt, wirkt; 2. eine neue Betonung[62] der Immanenz Gottes in den Prozessen der schöpferischen und

fruchtbaren Welt; und 3. unsere frühere Erkenntnis der unaufhebbaren Unvorhersagbarkeit eines großen Teils dessen, was in der Welt vor sich geht.[63] Diese Überlegungen weisen uns in die Richtung neuer Modelle des schöpferischen Handelns Gottes, die die Tatsache hervorheben, daß die in der Schöpfung offenbare Rationalität so beschaffen ist, daß neue Möglichkeiten, die durch die Verbindung von Zufall und Gesetz entstehen, erforscht werden. Sie führen uns zu der Einsicht, *daß Gott, der Schöpfer, durch die Schöpfung die Möglichkeiten der Schöpfung erforscht.*

c. Sich selbst begrenzende Allmacht und Allwissenheit

Eine solche Reflexion der Rolle des „Zufalls" in der Schöpfung nötigt uns, mit größerem Nachdruck als bisher anzuerkennen, daß wir von Gott sagen müssen, daß er sich selbst bei der Schöpfung Beschränkungen auferlegt, und zu behaupten, *daß Gott eine „sich selbst begrenzende" Allmacht und Allwissenheit besitzt.* Denn um seine Ziele zu verwirklichen, hat er es zugelassen, daß seine Allmacht und Allwissenheit durch eben die Offenheit, die er selbst der Schöpfung verliehen hat, modifiziert, eingeschränkt und beschnitten werden. Die Offenheit und Unvorhersagbarkeit der in der Welt ablaufenden Prozesse nimmt mit der Komplexität der Organisation der Entitäten und Strukturen, die diese Prozesse durchlaufen, zu. Dies gilt besonders, wenn es sich um lebende Entitäten handelt, und erst recht für die menschliche Erfahrung jener Freiheit, die das Menschliche-Gehirn-im-menschlichen-Körper besitzt.

Gott eine „Selbstbeschränkung" im Hinblick auf seine Allmacht zuzuschreiben bedeutet, daß Gott die Welt so geschaffen hat, daß es in ihr bestimmte Bereiche gibt, über die er aufgrund seiner eigenen Entscheidung keine Macht besitzt (z.B., um mit vielen Theologen zu sprechen, der freie Wille des Menschen). Entsprechend will die Rede von einer „Selbstbeschränkung" Gottes im Hinblick auf seine Allwissenheit sagen, daß Gott die Welt außerdem so geschaffen hat, daß es zu jeder Zeit bestimmte Systeme gibt, deren zukünftigen Zustand selbst Gott nicht kennen kann, weil er grundsätzlich nicht erkennbar ist (dies gilt z.B. für Systeme im „Heisenbergschen" Bereich und für bestimmte nichtlineare Systeme auf der makroskopischen Ebene). Wenn es keinen bestimmten Zeitpunkt gibt, von dem man genau sagen könnte: „Dies wird der zukünftige Zustand jener Systeme sein", dann können weder wir noch Gott in irgendeinem Augenblick wissen, wie der zukünftige Zustand solcher Systeme aussehen wird. Anscheinend hat Gott die Welt so eingerichtet, daß er die zukünftige Entwicklung dieser Systeme selbst nicht kennt, weil sie nicht erkennbar ist.

Wie wir in Kapitel 7 gesehen haben,[64] muß man sich die „Allwissenheit" Gottes so vorstellen, daß er zu jeder Zeit weiß, was zu wissen *möglich* ist. Damit sind solche grotesken Vorstellungen ausgeschlossen, es sei Gott mög-

lich zu wissen, daß 2 + 3 = 6 usw. Ebenso ist ausgeschlossen, daß Gott im voraus weiß, welche Entscheidungen die Menschen in ihrer Freiheit tatsächlich treffen werden, denn ein solches Wissen Gottes stünde in einem logischen Widerspruch zu einer echten Freiheit der Menschen. Die Tatsache, daß Ereignisse im subatomaren („Heisenbergschen") Bereich und in nichtlinearen dynamischen makroskopischen Systemen für uns unvorhersagbar sind, ist nicht „logisch" in diesem Sinn, aber solche Ereignisse sind, so behaupte ich, auch für Gott unvorhersagbar. Denn es zeigt sich, daß die Unvorhersagbarkeit in der Art dieser Systeme selbst verankert ist: Es gibt keine „verborgenen Variablen" im „Heisenbergschen" Fall; und im Fall nichtlinearer Systeme könnte es nicht nur sein, daß es keine geschlossenen Lösungen gibt, sondern daß eben die Heisenbergsche Unschärferelation der Genauigkeit, mit der die Ausgangsbedingungen bestimmt werden *können*, Grenzen setzt. Hiermit ist also eine Begrenzung der Allwissenheit Gottes gegeben. Es handelt sich in diesen Fällen jedoch nicht um eine rein logische Begrenzung (wie in dem Rechenbeispiel oben), sondern vielmehr um eine *Selbst*begrenzung, weil Gott als Schöpfer „entschieden" hat (dies ist die Implikation des Gedankens Gottes als Schöpfer), eine Welt zu schaffen, in der diese subatomaren Elemente und nichtlinearen Systeme einen solchen unvorhersagbaren Charakter haben. Ihre Unvorhersagbarkeit, ihre inhärente Unbestimmtheit ist nicht logisch notwendig, sondern kontingent – im Sinne der Kontingenz der Art, wie Gott diese bestimmten Systeme mit diesen Eigenschaften geschaffen hat. Wenn man diesen Umfang des „Unmöglichen" zuläßt, dann bleibt Gott im Sinne der Definition Swinburnes allwissend, allerdings in bezug auf diese besonderen Ereignisse und Systeme nur auf kontingente Weise – eine Kontingenz, die Gott selbst gewählt hat, indem er sie so schuf. Diesen Aspekt des Wissens Gottes über die von ihm geschaffene Welt nenne ich die „Selbstbegrenzung" der Allwissenheit Gottes.
Diese Überlegungen schließen natürlich nicht aus, daß Gott die Wahrscheinlichkeit der Ereignisfolge in solchen Systemen kennt und daß er damit die allgemeine Richtung der Geschichte dieser natürlichen Ereignisse im besonderen und der Natur im allgemeinen kennt und – wie wir noch darlegen werden – beeinflußt.

d. Verletzliche, sich selbst entäußernde und sich hingebende Liebe

So kommen wir zu der Einsicht, daß Gott es durch sein kontinuierliches Wirken als Schöpfer zuläßt, daß er weder eine alles andere beherrschende Macht über das Weltgeschehen noch vollkommenes Wissen über zukünftige Ereignisse besitzt. Diese Selbstbegrenzung ist die Bedingung für die Entwicklung freier, mit Selbstbewußtsein ausgestatteter Menschen, d.h. der menschlichen Erfahrung als solcher. Von diesem Akt der Selbstbegrenzung zugunsten des Wohls, ja der Existenz eines anderen Wesens kann begrün-

det gesagt werden, daß er mit der Tatsache, daß *das Wesen Gottes letztlich „Liebe" ist*, übereinstimmt und sie veranschaulicht. Denn im menschlichen Leben – und es kann sich nur um eine Analogie aus der menschlichen Erfahrung handeln – manifestiert sich die Liebe zuhöchst in einem sich selbst zurücknehmenden, edelmütigen Handeln zugunsten des Wohls und des Daseins des anderen. Die Beschreibung Gottes *als* „Liebe" ist natürlich eine spezifisch christliche Einsicht, und ich behaupte nicht, daß wir diese einfach durch die Betrachtung der Welt und ohne die Offenbarung Gottes in Jesus dem Christus ausdrücklich gewinnen könnten. Aber eine solche Betrachtung, die zum Gedanken der Selbstbegrenzung der göttlichen Allmacht und Allwissenheit führt, läßt es zumindest als sinnvoll erscheinen, von der *Verletzlichkeit Gottes*, ja der *Selbstentäußerung* (kenosis) und *Selbsthingabe* Gottes in der Schöpfung zu sprechen. Diese Einsicht ist in der Kirche in den vergangenen Jahren besonders durch die Schriften J. Moltmanns, C. Hartshornes und W.H. Vanstones wiederentdeckt worden.[65]
Es scheint, als bleibe Gott nicht nur in der Erhaltung der Welt im Sein treu und zuverlässig, sondern als habe er sich zugleich ihrem Werden gegenüber verletzlich gemacht. Mit der Einführung der Offenheit und damit schließlich der menschlichen Freiheit in die geschaffene Welt hat er seine letzten Ziele aufs Spiel gesetzt. Dennoch scheint sich hierin eine subtile transzendente Rationalität zu äußern, denn – wie Bartholomew geltend macht – dies scheint die einzige Möglichkeit zu sein, intelligente, ihrer selbst bewußte, fühlende und freie Wesen ins Dasein zu rufen, für die eine persönliche Beziehung zu Gott möglich ist, der „sich dazu entschlossen hat, eine Welt des Zufalls zu schaffen, weil eine solche Welt die Eigenschaften besitzt, die für die Entstehung von Wesen, die Gemeinschaft mit Gott haben können, notwendig sind"[66]. Die Evolution des Lebens weist viele Verzweigungen auf, faktisch aber führte eine von ihnen zur Entstehung von Menschen, die sich dadurch auszeichnen, daß sie um die Welt (heute auch um ihre eigenen Wurzeln in der Evolution) wissen, die wissen, daß sie wissen, die als Personen zueinander in Beziehung treten können und die in Freiheit gemäß ihren Absichten und Zielen handeln können. Wie weiter oben in diesem Kapitel bereits angesprochen,[67] beginnen wir zu erkennen, inwiefern das Auftreten menschlicher Personen auf der Bühne des Lebens im Licht alles Vorangegangenen verständlich ist und inwiefern der Sprung, der mit dem Übergang zur Menschheit gegeben ist, unser Begreifen übersteigt. Jede theistische Erklärung für die Existenz *dieser* Art der natürlichen Ordnung und Prozesse muß daher in ihr Verständnis des Schöpfergottes den Gedanken einschließen, daß Gott mit der Erschaffung solcher besonderer Wesen, die fähig sind, auf sein Dasein zu schließen und mit Hilfe von Gebet und Kult Gemeinschaft mit ihm zu suchen (was für die Menschheit seit den ersten Anzeichen von Selbstbewußtsein charakteristisch ist), ein Ziel verfolgte.
Wie wir gerade gesehen haben, gehört zu den Bedingungen für die Entwick-

lung der Offenheit natürlicher Systeme – und damit zu gegebener Zeit die Erfahrung der Freiheit des Menschlichen-Gehirns-im-menschlichen-Körper – ein kompliziertes Zusammenspiel von Zufall und Gesetz, das Folgen hat, die oft grundsätzlich nicht vorhersagbar sind (und den zu eng gefaßten menschlichen Interessen oft sogar entgegenstehen). Wenn Gott das Dasein von ihrer selbst bewußten, intelligenten, frei wollenden Geschöpfen wollte, dann ist es ein Gebot der Logik anzunehmen, daß er die Mittel zur Erreichung dieses Ziels ebenfalls wollte. Es muß sich dabei um ein vorrangiges Ziel Gottes handeln, denn es beinhaltet als logische Folge ein Element der Gefährdung seiner Absichten, durch das er sich auf eine Weise verletzlich macht, die wir erst jetzt zu erkennen beginnen. Der Gedanke, *daß Gott mit der Schöpfung ein Risiko eingeht*, ist nicht neu – wie die traditionelle Theologie, die in den „Schöpfungsgeschichten" des Alten Testaments enthalten ist, zeigt –, aber er wird meines Erachtens durch diese biologischen Überlegungen heute verstärkt und in einen umfassenderen Zusammenhang gestellt. Wenn es in der geschaffenen Ordnung das Wahre, Schöne und Gute, d.h. Werte, geben sollte, mußte die Möglichkeit der Entwicklung eines *freien* Wesens als potentielles Ergebnis in die kosmischen Prozesse integriert werden. Der Preis, den Gott – wenn wir es wagen dürfen, so zu sprechen – dafür zu zahlen hatte, bestand in jenem Akt der Selbstbegrenzung, der *Kenosis*, der Gottes schöpferisches Handeln charakterisiert – eine sich selbst auferlegte Gefährdung durch eben die Prozesse, die Gott selbst in Gang setzte, um ein übergeordnetes Ziel, nämlich die Entstehung freier Personen, zu erreichen.

e. *Das natürliche Böse*

Gottes Schöpfungsakt ist, wie wir gesehen haben, nicht etwas, das ein für allemal abgeschlossen wäre – die Schöpfung geht noch weiter, und Gott ist in dem ganzen Prozeß immanent und gegenwärtig. Zu den Prozessen, die die Naturwissenschaften heute für uns sichtbar werden lassen, gehören: das Wirken des Zufalls unter gesetzesähnlichen Rahmenbedingungen als Ursprung des Lebens, die Entstehung neuer Lebensformen nur durch die Prozesse der natürlichen Auslese mit dem Tod der alten Formen und die Entstehung fühlender, freier, intelligenter Personen im Verlauf einer Entwicklung, die in Zusammenhang mit einem wachsenden Bewußtsein und Selbstbewußtsein zwangsläufig eine zunehmende Schmerzempfindlichkeit und damit die Erfahrung des Leidens mit sich bringt. Tod, Schmerz und Leiden bilden den Stachel dessen, was oft das „natürliche Böse" genannt wird. Hiermit sind jene Geschehnisse gemeint, die scheinbar sinnloses Leiden und Unglück mit sich bringen und Gesundheit, Wohlergehen und Glück des Menschen, ja das Leben selbst schädigen. Der Begriff „das natürliche Böse" bezieht sich auf Ereignisse, die in der nichtmenschlichen, natürlichen Welt verwurzelt sind – wozu u.a. Erdbeben, Flutkatastrophen, „Unfälle" (die Überschneidung zweier voneinander unabhängiger Kausalketten) und der Zusammenbruch der biologischen Organisation des physischen/geistigen Organismus des Menschen gehören.[68] Es sind primär solche Störungen der körperlichen und mentalen Organisation des Menschen, mögen sie spontan auftreten (wie bei der Mißbildung eines wachsenden menschlichen Embryos oder bei Krebs) oder das Resultat des Eindringens anderer Organismen sein (Krankheit), die für uns gleichzeitig die tragischste menschliche Erfahrung und die am unmittelbarsten erfahrene Manifestation der Tatsache darstellen, daß das komplizierte, in einem dynamischen Gleichgewicht befindliche Netzwerk des lebenden menschlichen Organismus überaus fein ausbalanciert – und damit empfindlich – ist.

Wir haben gesehen, daß der „Zufall“ und das „Gesetz“ (die Regelmäßigkeiten, die aus den gesetzesähnlichen Rahmenbedingungen, innerhalb derer der „Zufall“ wirkt, entspringen) mit ihrem Zusammenspiel in einem Universum notwendig sind, das die Matrix für die Entwicklung frei wollender, verantwortlicher, bewußter und selbstbewußter Personen sein soll. Indem Gott dieses Ziel, das durch den *homo sapiens* repräsentiert wird, will, will er zwangsläufig auch die erforderlichen Mittel – und diese können nur jene willkürlichen Wirkungen des „Zufalls“ einschließen, die die Menschheit und andere lebende Organismen schädigen und das „natürliche Böse“ bilden, das zum Erbe allen Lebens gehört. Dieses Auftreten willkürlicher Prozesse innerhalb der Regelmäßigkeiten eines biologischen Systems, diese Verbindung von „Zufall“ und „Gesetz“, ist, während es die Wurzel individueller Tragödien sein kann, doch auch die unentbehrliche Basis für das Leben überhaupt und jede Form des biologischen Lebens, besonders des frei wollenden, seiner selbst bewußten, d.h. unseres Lebens. Die zufällige Fehlorganisation des wachsenden menschlichen Embryos, die zu der Geburt eines mißgebildeten Menschen führt, und der zufällige Verlust eines gesteuerten Zellwachstums, der sich in einem Krebsgeschwür bemerkbar macht, sind individuelle und vereinzelte Ergebnisse desselben Zusammenspiels von „Zufall“ und „Gesetz“, das Leben überhaupt erst ermöglicht hat und weiter ermöglicht. Solche Interpretationen, die auf dem uns von den Wissenschaften heute ermöglichten Verständnis beruhen, entschärfen daher das Problem der Existenz des „natürlichen Bösen“ und seine vielfach unterstellte zerstörerische Wirkung auf den theistischen Glauben.

Unser Gefühl des Verlusts und Unglücks wird jedoch durch nichts gemildert, wenn wir bestimmte natürliche Übel erfahren oder miterleben, besonders wenn Personen betroffen sind, die wir kennen. Wir können jetzt jedoch zumindest besser verstehen, inwiefern Gottes Wille die Arten lebender Geschöpfe ins Dasein ruft, die vom Wirken derselben Faktoren, die jene bestimmten „natürlichen“ Übel hervorbringen, abhängig sind. Das Zusammenspiel von „Zufall“ und „Gesetz“ ist die notwendige Bedingung für die Existenz bestimmter guter Möglichkeiten, und die „natürlichen bösen“ Folgen brauchen nicht als entweder vermeidbar oder als solche von Gott gewollt betrachtet zu werden. Nicht einmal Gott hätte das eine ohne das andere haben können.

Gott hat ein Universum geschaffen, in dem, wie sich zeigt, bestimmte Situationen unvorhersagbare Ergebnisse haben und in dem gerade die Existenz solcher Situationen es ermöglicht, daß Neigungen zu Komplexität, Bewußtsein und Freiheit im Universum, oder jedenfalls auf der Erdoberfläche, aktualisiert werden. Wir haben gesagt, daß Gott sich in seinem Schöpfungshandeln dadurch und zu diesem Zweck implizit selbst das Wissen um das genaue Ergebnis bestimmter Prozesse und als Folge auch seine Macht über sie genommen hat. Wir betrachten Gottes Allwissenheit und Allmacht als in diesem Sinn „durch ihn selbst begrenzt". Diese Begrenzung ermöglicht die Entstehung eines ganz bestimmten Universums – eines Universums nämlich, das aufgrund seiner Offenheit und Flexibilität fähig ist, Komplexität, Bewußtsein und Freiheit hervorzubringen. Auch in diesem größeren Zusammenhang trägt die von den Wissenschaften neu eröffnete Perspektive dazu bei, dem Problem des „natürlichen Bösen" den Stachel zu nehmen und so eine plausiblere Theodizee zu entwerfen.

f. Ein leidender Gott

Wenn Gott in den natürlichen Prozessen, insbesondere in jenen, die bewußtes und seiner selbst bewußtes Leben hervorbringen, immanent und gegenwärtig ist, dann können wir nur zu dem Schluß kommen, daß *Gott in, mit und unter den schöpferischen Prozessen der Welt* und ihrer offenen Entfaltung in der Zeit *leidet.*[69]

Die Ablehnung des Gedankens der Leidensunfähigkeit Gottes ist denn auch ein Merkmal der Theologie der letzten Jahrzehnte. Es ist eine wachsende Zustimmung zu der Vorstellung zu verzeichnen, daß es möglich ist, „ohne inneren Widerspruch von einem *Gott* zu sprechen, *der in hohem Maße leidet und doch Gott bleibt, und von einem Gott, der immer und überall und doch zugleich auf entscheidende Weise im Leiden Christi leidet.*"[70] Wie Paul Fiddes in seiner Darstellung und Analyse dieser Veränderung der theologischen Perspektive bemerkt, war es die Neubewertung der „Bedeutung der Liebe [insbesondere der Liebe Gottes], der Implikationen des Kreuzes Jesu, des Problems des [menschlichen] Leidens und der Struktur der Welt"[71], die die Vorstellung des leidenden Gottes gefördert hat. Die durch die Wissenschaft eröffneten neuen Perspektiven betreffen das zuletzt genannte Element – die „Struktur der Welt" –, indem sie zeigen (wie oben beschrieben), daß die in der Welt ablaufenden Prozesse so beschaffen sind, daß ein Engagement des immanenten Schöpfers in ihnen als eines gelten muß, das Leiden auf der Seite des Schöpfers einschließt. Wir sind genötigt zu bekräftigen, daß Gott mit uns unter dem „natürlichen" Bösen der Welt leidet, weil – wie wir an diesem

Punkt unserer Erörterung nur erst vorsichtig sagen können – er beabsichtigt, dadurch ein größeres Gut hervorzubringen, nämlich die Sphäre frei wollender, liebender Personen, die mit ihm und untereinander Gemeinschaft haben.[72]

Größe und Reichweite der liebenden Verletzlichkeit Gottes, die sich selbst durch die Schöpfung gefährdet, tritt erst mit dem Auftreten des *homo sapiens* in vollem Umfang zutage. Denn die Menschen können nicht nur die höchste Erfüllung der Ziele des Schöpfers darstellen, sondern sie bilden aufgrund ihrer Freiheit zugleich jenen Teil der Schöpfungsordnung, der am meisten dazu fähig ist, Wille und Absichten Gottes zunichte zu machen und auf eine Art und Weise in Tiefen der Entwürdigung und der Verneinung von Werten zu versinken, die anderen Geschöpfen nicht zugänglich ist oder von ihnen nicht aktualisiert wird. Darüber hinaus können sie bis zu einem einzigartigen Grad Schmerz, Leiden und den Verlust, den der Tod darstellt, erfahren. Erst mit dem Auftreten von Menschen auf der Erde wird die freie Setzung von Werten – das Wahre, Schöne und Gute, um der Kürze willen das klassische Trio zu nennen – und gleichzeitig deren bewußte und vorsätzliche Ablehnung möglich. Dieses Paradox der Schöpfung, das mit einer Menschheit, die sich von der Quelle des eigenen Seins entfremden kann, gegeben ist, verdient eine ausführlichere Erörterung. Ich möchte an dieser Stelle die Aufmerksamkeit jedoch primär auf die Tatsache lenken, daß die wissenschaftliche Wahrnehmung der Rolle und inneren Unvermeidlichkeit von Schmerz, Leiden und Tod in einem Universum, in dem sich freie, intelligente Personen entwickeln können, den Gedanken der Leidensfähigkeit Gottes unterstützt.

g. *Gott und die Zeit*

Aus der erneuerten Einsicht, daß Gott in den Schöpfungsprozessen und vor allem mit der leidenden Menschheit leidet, erhebt sich nun nochmals[73] die Frage nach dem Verhältnis Gottes zur Zeit. Denn wenn Gott in einem dem menschlichen Leiden analogen Sinn mit der Schöpfung „leidet", dann muß angenommen werden, daß Gott sich durch diese Interaktion mit der Welt verändert. Tatsächlich ist dies die Art, wie die Erzählungen der biblischen Tradition – die Geschichte der Beziehung Gottes zu seinem Volk und Gottes Reaktion auf die Antwort seines Volkes oder ihr Fehlen – Gott darstellen. Sie beschreiben Gott in unbefangen anthropomorpher Sprache als irgendwie „in der Zeit", während sie zugleich anerkennen, daß es unmöglich ist, dem, was Gott an sich ist, gerecht zu werden.

Analysen der Frage des Verhältnisses Gottes zur Zeit zeigen, daß einige wichtige der traditionell Gott zugeschriebenen Eigenschaften (z.B. seine Personalität, seine Fähigkeit, in der Welt zu handeln,[74] sein Wissen um die Zeitlichkeit und Veränderlichkeit der Welt[75]) sinnlos und unverständlich werden, wenn Gott in dem Sinn als „zeitlos" betrachtet wird, als sei er gänzlich „außerhalb" der Zeit, als gehöre die Zeit in keiner Weise zu seinem Wesen, so daß die Erfahrung Gottes kein Nacheinander, d.h. nichts der Zeitlichkeit Ähnelndes kennt. Unsere Behauptung, Gott sei in irgendeinem Sinn „personal", kann nur dann einen Sinn haben, wenn zu den Erfahrungen Gottes etwas gehört, das der Folge von Bewußtseinszuständen vergleichbar ist, die einen Aspekt unseres Personseins bildet. Eine mit Bewußtsein ausgestattete Person zu sein, *ist*, eine Folge von Zuständen des Bewußtseins (und in unserem, wenn auch nicht in Gottes Fall, auch des Körpers) wahrzunehmen.

Wir haben jedoch gesagt,[76] daß die physikalische Zeit und der physikalische Raum als von Gott geschaffen gelten können, insofern sie echte Relationen innerhalb der geschaffenen Welt der Materieenergie, wie sie von der Physik heute beschrieben wird, darstellen. Dabei haben wir gleichzeitig anerkannt, daß zeitliche Relationen (d.h. in der physikalischen Zeit) sich nichtsdestoweniger von räumlichen auf charakteristische Weise unterscheiden.[77] Wenn Gott also *Schöpfer* der Zeit ist, transzendiert er sie dann nicht in dem Sinn, daß er den ganzen Verlauf „unserer" Zeit sozusagen von dem Berggipfel einer anderen Dimension aus betrachtet – selbst „über" oder „außerhalb" der Zeit, so daß unser „vorher", „jetzt" und „danach" ihm gleichzeitig vor Augen stehen? Und sieht Gott dann nicht in die Zukunft, so daß diese eigentlich vorherbestimmt ist und all unser Reden über die Unvorhersagbarkeit als nur das menschliche, nicht aber das göttliche Vorherwissen betreffend gelten muß? Wir mußten allerdings erkennen, daß Ereignisse auf der subatomaren („Heisenbergschen") Mikroebene der Quanten und oft auch die Entwicklung nichtlinearer dynamischer Systeme unvorhersagbar sind. Im besten Fall kann nur der *Bereich* möglicher Resultate bestimmter Ereignisse (z.B. bei Quantenmessungen oder bei komplexen, nichtlinearen dynamischen Systemen) vorhergesagt werden, wobei das eigentliche Ereignis selbst nicht vorhersagbar ist. Die Zukunft des Quanten- oder des komplexen Systems ist wirklich offen, und es treten wirklich neue Zustände des Systems auf. Deshalb haben wir weiter gesagt, daß das Resultat solcher Ereignisse notwendig auch für Gott unvorhersagbar sein muß, wenn Gott beständig und seinen eigenen Gesetzen gegenüber treu sowie durch die Gesetze der Logik und der Mathematik eingeschränkt ist, was der Fall sein muß, wenn der Gottesgedanke irgendeinen Sinn besitzen soll. Erst recht kann Gott die Zeit, in der wir handeln, nicht so „transzendieren", daß er unser zukünftiges Handeln genau und definitiv kennen kann, wenn der freie Wille des Menschen echt und keine Illusion ist – auch wenn er in unserer Erfahrung mehr Einschränkungen unterliegt, als uns bewußt ist. Mit den Worten Keith Wards:

> „Wenn man wirklich freie Geschöpfe zuläßt, sprechen überwältigende Gründe gegen die Unveränderlichkeit Gottes und für die Zeitlichkeit Gottes. Denn das freie Handeln der Geschöpfe wird die Ausgangssituation des nächsten Zeitabschnitts in der Welt teilweise determinieren. Bevor er diesen nächsten Abschnitt erschafft, muß Gott also wissen, welche Entscheidungen getroffen wurden. Die Schöpfung ergibt sich aus dem Wissen Gottes, das seinerseits von freien Akten der Geschöpfe

abhängig ist; folglich muß von Gott gesagt werden, daß er von Augenblick zu Augenblick auf freie Handlungen, für die sich die Handelnden jeweils entscheiden, reagiert ... Die Verbindung eines nichtzeitlichen Wissens, einer nichtzeitlichen Schöpfung mit freien geschöpflichen Handlungen ist in sich widersprüchlich."[78]

Wie in bezug auf „Heisenbergsche" Mikroereignisse und nichtlineare dynamische Systeme, die unaufhebbar unvorhersagbar sind, gezeigt wurde, bedeutet dies jedoch nicht, daß Gott nicht das vollkommenste mögliche Wissen der wahrscheinlichen Ergebnisse des Wirkens unseres freien Willens besäße – so wie es bei Eltern im Hinblick auf die Entscheidungen ihres Kindes oder einer Ehefrau hinsichtlich der Entscheidungen ihres Ehemannes unter Umständen der Fall ist. D.h., Gott wird eine umfassende Kenntnis aller möglichen Folgen unserer Entscheidungen haben, und da er uns und alle Umstände so genau kennt, wird er die relative Wahrscheinlichkeit ihres Auftretens kennen – allerdings kann er, wenn unser Wille als wirklich frei gelten soll, nicht sicher wissen, was geschehen *wird*.
Wie können wir das Verhältnis Gottes zur Zeit im Licht dieser verschiedenen Überlegungen am besten beschreiben? Diese und ähnliche Fragen stehen seit Jahrhunderten im Mittelpunkt der philosophischen und theologischen Diskussion wichtiger Themen, zu denen – um nur einige wenige zu nennen – der freie Wille, die Prädestination, die behauptete Unveränderlichkeit und Leidensunfähigkeit Gottes und das Verhältnis von Zeit und Ewigkeit gehören. Uns beschäftigt hier primär die Bedeutung der Perspektiven der Wissenschaften des zwanzigsten Jahrhunderts für die traditionellen Debatten, deren Scharfblick auch heute noch unseren Respekt verdient.
Aus der speziellen Relativitätstheorie erwächst eine besondere Schwierigkeit für alles Reden von Gottes Verhältnis zur „Zeit". Denn diese Theorie ersetzt die eine, universale, sich im Fluß befindliche Zeit, die Newton und der gesunde Menschenverstand voraussetzen, durch viele verschiedene „Zeiten", die für die verschiedenen Beobachter spezifisch sind, die sich alle an ihrem eigenen Ort befinden und sich mit ihrer eigenen Geschwindigkeit bewegen, d.h. die sich alle innerhalb ihres eigenen Bezugsrahmens befinden. Zu welcher dieser „Zeiten" steht Gott in Beziehung? Kann er zu ihnen allen in Beziehung treten? John Polkinghorne weist allerdings auf folgenden Sachverhalt hin:

„Wir können uns den ‚Augenblick' jedes Beobachters als dreidimensionalen Querschnitt durch die vierdimensionale Raumzeit vorstellen ... Ein *allgegenwärtiger* Beobachter, dessen unmittelbarer Kontakt zu der gegebenen Situation nicht an einer bestimmten Stelle des Querschnitts lokalisiert ist, sondern sich ganz über diesen erstreckt, würde zu gegebener Zeit die Erfahrung des ‚immer und überall' machen. Dies würde unabhängig von der von ihm gewählten Zeitachse gelten ... Der allgegenwärtige Gott bedarf keiner Zeichen, um zu erfahren, was geschieht, und daher hat er unmittelbaren Zugang zu jedem Ereignis, wann immer es auftritt."[79]

Da die Folge bestimmter geschaffener, kausaler Sequenzen von dem Bezugsrahmen irgendwelcher Beobachter unabhängig ist, ist es darüber hinaus ohne

Widerspruch denkbar, daß Gott sie in seinem eigenen Selbstbewußtsein nacheinander erfährt und so zu ihnen in Beziehung tritt.
Es spricht nichts gegen die Annahme, daß eine solche Folge in Gott zu jedem solchen Bezugsrahmen in Beziehung steht, so wie Gott zu vielfältigen anderen Aspekten der geschaffenen Ordnung ein Verhältnis hat. Tatsächlich ist dies eine mögliche Interpretation der Aussage, daß Gott jede geschaffene Zeit „transzendiert". Wie John Polkinghorne weiterhin sagt,[80] gibt es ein natürliches Bezugssystem, das die Kosmologen verwenden, wenn sie vom Alter des Universums sprechen: die „kosmische Zeit", die aufgrund bestimmter sich verändernder Eigenschaften des ganzen Universums gegeben ist. Deshalb verwickelt uns die Relativitätstheorie nicht in einen logischen Widerspruch, wenn wir auch weiterhin von Gottes Erfahrung nicht der „Zeiten", sondern der „Zeit" in der geschaffenen Ordnung sprechen, denn mit dem Gebrauch des Singulars beziehen wir uns auf die „kosmische Zeit".
Von allgemeiner Bedeutung ist auch die neuerliche Bestätigung, die die bereits dargestellte, mit der berühmten Aussage des heiligen Augustinus übereinstimmende[81] Vorstellung, daß die physikalische („Uhr-")Zeit einen Aspekt der geschaffenen Ordnung bildet, durch die allgemeine Relativitätstheorie erfährt, denn in dieser ist die Vorstellung der Zeit eng mit Raum, Materie und Energie verbunden. Unser eigenes Bewußtsein der psychologischen Zeit, das Bewußtsein der Folge unserer Bewußtseinszustände, mit dem unser eigenes Bewußtsein der Personalität so eng verwoben ist, hängt mit dieser physikalischen Zeit eng zusammen. Denn wir bewegen uns frei von einem Zeitbewußtsein zum anderen, obwohl diese oft unterschiedlich schnell fortzuschreiten scheinen, während es gleichzeitig viele Interaktionen und Parallelen gibt. Dies kann uns vielleicht wenigstens eine Vorstellung davon vermitteln, inwiefern Gottes eigenes Bewußtsein aufeinanderfolgender Zustände (das Gott zugeschrieben werden muß, wenn die Rede von seiner „Personalität" irgendeine sinnvolle Bedeutung haben soll) mit der physikalischen, geschaffenen Zeit eng verbunden sein muß, während es zugleich von dieser verschieden bleibt. Auf der Grundlage eines solchen Modells wäre Gott nicht „zeitlos" und könnte als Schöpfer jedes Augenblicks der geschaffenen Zeit gedacht werden. Die Schöpfertätigkeit Gottes gilt dann als dasjenige Handeln, durch das Gott jedem Augenblick der physikalischen Zeit, dem „Jetzt", das die Zeiger der Uhr anzeigen, Dasein verleiht, und kein Augenblick existiert, bevor er auf diese Weise mit allen in ihm enthaltenen Entitäten, Strukturen und Prozessen geschaffen wird. Keith Wards Position, man könne „sagen, daß Gott aufgrund seines Wesens notwendig die unendliche Folge von Zeitzuständen, in denen er frei handelt, ewig hervorbringt"[82], stimmt hiermit überein, obwohl sie in einer Sprache formuliert ist, die eher der theologischen als der naturwissenschaftlichen Diskussion entspringt. Diese Vorstellung, daß Gott ewig allen aufeinander folgenden Momenten der Zeit Dasein verleiht, die mit Hilfe einer der beiden Ausdrucksweisen artiku-

liert werden kann, erhellt den Gedanken Gottes des Schöpfers als Erhalters und Bewahrers der Welt.

Gemäß dieser Interpretation existiert die Zukunft noch nicht, nicht einmal für Gott; Gott erschafft jeden Augenblick der physikalischen Zeit, dessen Ergebnisse offen, noch nicht festgelegt sind und der von noch nicht aktualisierten Möglichkeiten erfüllt ist. Wenn die Zukunft für Gott ebenso wie für uns noch nicht existiert, kann keine Rede davon sein, daß Gott im voraus weiß, was die Zukunft bringen wird, auch wenn er immer noch Ziele haben kann, die in der Zukunft verwirklicht werden sollen. Das schließt nicht aus, daß Gott in seiner Allwissenheit (die auf die bereits erläuterte Weise eingeschränkt ist[83]) auf eine uns verschlossene, umfassende Weise nicht nur diese Möglichkeiten, sondern die relative Wahrscheinlichkeit ihres Auftretens kennt. Diese geschaffene Zeit ist, mit Schillings bemerkenswerter Formulierung, „Trägerin oder Ort innovativer Veränderung“[84], und sie schlägt eine Richtung ein, in der durch die kosmischen, anorganischen, chemischen und biologischen Entwicklungsprozesse neue Systeme entstehen. In diesem Entwurf wird Gott als derjenige gedacht, der alles Seiende in jedem Augenblick der physikalischen Zeit erhält und der seine eigene Folge göttlicher Zustände (die göttliche „Zeitlichkeit“) zu der Folge geschaffener Augenblicke in Beziehung setzt, ohne selbst der geschaffenen physikalischen Zeit zu unterliegen. Darüber hinaus transzendiert Gott die *vergangene* Zeit in dem traditionell vorausgesetzten Sinn, daß sein – im perfekten, verläßlichen Gedächtnis Gottes gespeichertes – Wissen über sie vollkommen ist. Aber selbst Gott kann die Zukunft nicht mit absoluter Sicherheit kennen, wenn er jenen Systemen noch nicht das Dasein verliehen hat, die aus Entitäten bestehen, für die Zeit eine echte Relation ist, und die im Hinblick auf ihre Geschichte in der Zeit unaufhebbar unvorhersagbar sind.

Unsere eigene psychologische Zeit transzendiert die physikalische Zeit natürlich nicht, ist sogar in ihr gefangen, aber unsere Erfahrung unserer eigenen Folge von Bewußtseinszuständen unterscheidet sich so weit von der physikalischen („Uhr“-)Zeit, daß es für uns zumindest verständlich und vorstellbar ist, wie die Zeitlichkeit innerhalb Gottes, Gottes eigenes Bewußtsein einer Folge innerhalb des göttlichen Lebens, auf die geschaffene physikalische Zeit beziehbar sein könnte. Gott transzendiert die geschaffene Zeit als ihr Schöpfer (wir werden – im Einklang mit einigen späteren Überlegungen – noch darlegen müssen, daß die geschaffene Zeit „in Gott“ ist), aber er ist seinerseits der geschaffenen Zeit immanent, jedem Augenblick, den er schafft, gegenwärtig. Ebenso wie Gott in jedem Raum gegenwärtig ist, gibt es keine geschaffene Zeit, der Gott nicht gegenwärtig wäre, da er ihr Dasein verleiht.[85]

Zusammenfassend können wir an folgenden Einsichten festhalten: *Gott ist nicht „zeitlos“; Gott ist zeitlich in dem Sinn, daß das göttliche Leben in seiner Beziehung zu uns eine Folge kennt – Gott ist temporal auf uns bezogen;*

Gott erschafft jeden Augenblick der (physikalischen und, davon abgeleitet, psychologischen) Zeit der geschaffenen Welt und ist ihm gegenwärtig; Gott transzendiert die vergangene und gegenwärtige geschaffene Zeit: Gott ist ewig, in dem Sinn[86], daß es keine Zeit gibt, da er nicht war, und es in der Zukunft keine Zeit geben wird, da er nicht sein wird.[87]
Aus der Vorstellung, daß Gott transzendent und zugleich personal ist und daß er daher eine Aufeinanderfolge, d.h. eine Art der Zeitlichkeit kennt, folgt in Verbindung mit der Annahme der Leidensfähigkeit Gottes, daß Gott nicht mehr als unveränderlich im strengen, klassischen Sinn, der jede Art der Veränderung ausschließt, gedacht werden kann. Das Verhältnis eines leidensfähigen Gottes zur Zeit ist jedoch ohne weiteres vereinbar mit einem schwächeren, aber auch verständlicheren und angemesseneren Verständnis der Unveränderlichkeit, daß nämlich Gottes Wesen (und damit seine Ziele, Absichten und Neigungen) sich nicht verändert.[88] In genau diesem Sinn schreiben wir Personen „Konsequenz, Treue und Verläßlichkeit" zu.[89] Mit den Worten des Berichts „Wir glauben an Gott":

> „... das Alte Testament beharrt darauf, daß der ‚lebendige Gott' an seiner Fähigkeit erkannt werden kann, auf immer neue Situationen zu reagieren und sein Handeln ihnen anzupassen, so daß er einen Weg zur Überwindung jeder neuen Enttäuschung findet. Indem er in Raum und Zeit ein Universum schafft, das mit einem gewissen Grad an Freiheit ausgestattet ist, setzt sich ein solcher Gott Einwirkungen von seiten der Schöpfung und in diesem Sinn der Notwendigkeit, sich zu verändern, aus."[90]

h. Gott und die „imaginäre" Zeit

In der vorangegangenen Darstellung haben wir von der Zeit gesprochen, als sei die Vorstellung sinnvoll, daß die Zeit wenigstens bis zu dem Zeit„punkt", der Singularität, zurückverfolgt werden kann, an dem die Ausdehnung des uns bekannten Universums begann (der „Urknall"). Tatsächlich liegt diese Vermutung der am weitesten verbreiteten Vorstellung von der Entwicklung des Kosmos zugrunde, unabhängig davon, ob der Expansionsphase, die wir heute beobachten, ein „inflationärer" Zustand – der als auf derselben Zeitskala auftretend gedacht wird – vorausging oder nicht. Wir müssen jetzt jedoch auch jenen spekulativen Entwurf berücksichtigen, in dem, wie wir bereits gesehen haben,[91] Hartle und Hawking bei ihrem Versuch, die Quantentheorie und die Theorie der Schwerkraft miteinander zu verbinden, zu dem Gedanken geführt werden, daß man, je weiter man auf der normalen „wirklichen" Zeitskala zurückgeht, um so mehr genötigt ist, diese durch einen neuen Parameter zu ersetzen, der auch ein mathematisches „imaginäres" Element (d.h. eines, das *i*, die Quadratwurzel von –1, enthält) einschließt. Nach Hawking[92] führt der Gebrauch dieser ein imaginäres Element enthaltenden „Zeit" dazu, daß die Unterscheidung von Zeit und Raum verschwindet. Darüber hinaus kann die Raum„zeit" (diese imaginäre Zeit) endlich in der Ausdehnung sein und „doch keine Singularitäten aufweisen, die ihre Grenze oder ihren Rand bilden“[93]. Man muß sich vor Augen halten, daß diese Vorstellung noch sehr umstritten und unter Physikern nicht allgemein anerkannt ist; auch fehlt ihr noch die Grundlage einer schlüssig formulierten Quantentheorie der Schwerkraft. Gemäß diesem Entwurf läßt sich folgendes sagen:

> „Es gäbe keine Singularitäten, an denen die Naturgesetze ihre Gültigkeit einbüßten, und keinen Raumzeitrand, an dem man sich auf Gott oder irgendein neues Gesetz berufen müßte, um die Grenzbedingungen der Raumzeit festzulegen. Man könnte einfach sagen: ‚Die Grenzbedingung des Universums ist, daß es keine Grenze hat.‘ Das Universum wäre völlig in sich abgeschlossen und keinerlei äußeren Einflüssen unterworfen. Es wäre weder erschaffen noch zerstörbar. Es würde einfach SEIN.“[94]

In Hartles und Hawkings Theorie verliert das behauptete imaginäre Element der physikalischen Zeit seine Bedeutung an dem Punkt, an dem biologische Organismen auf der Erde auftreten. Daher läßt uns auch diese Kosmologie die Freiheit, den Gedanken der Personalität zu verwenden, um Gottes Beziehung zum Universum, das kontinuierlich von Gott erschaffen wird, zu beschreiben. Außerdem behält die Frage nach dem Geheimnis des Seins ihre Dringlichkeit, denn, wie Hawking selbst sagt:

> „Die übliche Methode, nach der die Wissenschaft sich ein mathematisches Modell konstruiert, kann die Frage, warum es ein Universum geben muß, welches das Modell beschreibt, nicht beantworten. Warum muß sich das Universum all dem Ungemach der Existenz unterziehen? Ist die einheitliche Theorie so zwingend, daß sie diese Existenz herbeizitiert? Oder braucht das Universum einen Schöpfer, und wenn ja, wirkt er noch in irgendeiner anderen Weise auf das Universum ein? Und wer hat ihn erschaffen?“[95]

Wir haben Hawkings Frage: „Braucht es [das Universum] einen Schöpfer?“ mit „ja“ beantwortet, und zwar deswegen, weil wir von der Existenz eines Universums, das so beschaffen ist wie das uns bekannte, im Licht der Naturwissenschaften auf das Sein eines Schöpfers als der besten Erklärung für alles Seiende schließen. Wir haben bislang versucht, Wesen und Eigenschaften dieses Schöpfergottes genauer zu erkennen. Hawkings nächste Frage: „Hat er [ein Schöpfergott] noch andere Wirkungen auf das Universum [außer der Schöpfung selbst]?“ verlangt nach weiteren Überlegungen. Denn der fehlende Glaube an die bloße Existenz eines Schöpfergottes wird weithin der Unfähigkeit der wissenschaftlich gebildeten Menschen des zwanzigsten Jahrhunderts zugeschrieben, sich irgendeine einleuchtende Vorstellung davon zu bilden, wie ein solcher Schöpfergott mit einer Welt interagieren und in ihr oder durch sie handeln könnte, von der – wie sie meinen – die Wissenschaften nachgewiesen haben, daß ihre Prozesse regelmäßig und nach bestimmten Gesetzen ablaufen. Im folgenden Kapitel wenden wir uns daher der Frage der Interaktion Gottes mit der Welt zu.

Kapitel 9:
Gottes Interaktion mit der Welt

1. Die moderne Diskussion

a. „Der Gott, der handelt"

Im Verlauf der Jahrhunderte haben verschiedene Formen der Interaktion Gottes mit der Welt den Glauben und die Aufmerksamkeit der Gläubigen beansprucht, und einige von ihnen waren bereits Bestandteil unserer Überlegungen. Es ist zweckdienlich, sie mit M.J. Langford[1] in folgende Kategorien einzuordnen:

1. Das schöpferische Handeln Gottes
2. Das erhaltende Handeln Gottes
3. Gottes Handeln als letzte Ursache
4. „Allgemeine Vorsehung"
5. „Spezielle Vorsehung"
6. Wunder

Langford illustriert die in dieser Klassifizierung enthaltenen Unterscheidungen mit dem Hinweis auf drei Methoden, mit deren Hilfe der Leiter und Anführer einer Gruppe von Bergsteigern das Geschehen unter Kontrolle behalten kann. Für ihn entspricht die ursprüngliche Planung der Expedition den Kategorien 1 und 2. Den Kategorien 3 und 4 entspricht die Führung der Gruppe den Berg hinauf, zu der die reibungslose und berechenbare Leitung des Aufstiegs gehört. Schließlich nennt Langford die Wahrnehmung der Leitungsfunktion bei spontanen Aktionen und Entscheidungen in Notfällen, die zwar allgemein, nicht aber im einzelnen vorhersagbar sind; sie entspricht den Kategorien 5 und 6.

Insofern Gott mit Hilfe personaler Begriffe beschrieben werden kann und es möglich ist, ihm Ziele zuzuschreiben, die er in der Welt verwirklicht, kann Kategorie 3 unter die anderen subsumiert werden, denn alle genannten Kategorien implizieren ein zielgerichtetes Handeln Gottes. Gründe für die Behauptung der schöpferischen und erhaltenden Tätigkeit Gottes (1 und 2) in der natürlichen, immer in Entwicklung begriffenen Welt sind in Kapitel 8 bereits genannt worden. Manche betrachten sie als eine ausreichende Darstellung des gesamten Handelns Gottes in der Welt und bestreiten deshalb die Notwendigkeit der anderen Kategorien. So vertritt John Macquarrie den Standpunkt, die Lehre von der allgemeinen Vorsehung (4) in der Form, die „behauptet, daß derselbe Gott, der die Welt ins Sein gerufen hat, das Geschehen in ihr weiterhin lenkt", sei „einfach eine andere Formulierung für die Behauptung seiner beständigen schöpferischen und erhaltenden Energie", denn die Schöpfung kann nicht als ein Ereignis in der Vergangenheit gedacht werden, so daß Gott „eine Art abwesender Grundbesitzer wäre, der alle Dinge vor langer Zeit in Gang gebracht hätte und die Welt jetzt sich selbst überließe“[2]. Diese letztere Auffassung ist auch in Kapitel 8 vertreten worden, wo Gottes immanente kreative Gegenwart in der natürlichen Welt betont wurde; wir müssen jedoch fragen, ob daraus folgt, daß die Behauptung der Wirklichkeit der schöpferischen und erhaltenden Energie Gottes uns von allen weiteren Entscheidungen oder Analysen im Hinblick auf Gottes Interaktion mit der Welt entbindet.

Christoph Schwöbel hat darauf hingewiesen, daß „die Rede von der göttlichen Vorsehung unserem Verständnis des göttlichen Handelns als Wirken Gottes, des Vaters, des Sohnes und des Heiligen Geistes“ nichts hinzufügt – d.h. außer, wie er sagt, Gottes „schöpferischem und erhaltendem Handeln, außer Gottes Handeln in Christus und außer Gottes Handeln in der Eingebung des Heiligen Geistes“[3]. Ähnlich wie Macquarrie versteht Schwöbel in diesem Zusammenhang unter Vorsehung folgendes:

> „(1) Abgesehen von dem, was über Schöpfung, Erlösung und Heil gesagt werden kann, gibt es eine göttliche Ordnung alles Geschehens in der Hinordnung aller Dinge auf ein Ziel, und dies gilt für den Lauf der Dinge in der Welt im allgemeinen und in meinem eigenen Leben im besonderen. (2) Diese göttliche Ordnung kann (zumindest bis zu einem gewissen Grad) in den Ereignissen dieser Welt erkannt werden … unser Begriff der ‚Vorsehung‘ bezieht sich auf die Korrelation zwischen unserem Verständnis des Handelns Gottes und unserer Erfahrung des Laufs der Dinge in dieser Welt.“[4]

Ein solcher Glaube an die göttliche Vorsehung basiert auf der existentiellen christlichen Erfahrung, ja auf der religiösen Erfahrung im allgemeinen, und bildet die Voraussetzung für Gebet, Gottesdienst und das tägliche Leben der an Gott Glaubenden. Er darf deshalb nicht pauschal mißachtet und unter die abstrakteren Kategorien des schöpferischen und erhaltenden Handelns Gottes subsumiert werden. Auf alle Fälle sind die aus ihm erwachsenden Fragen, *wie* nämlich Gott mit einer Welt interagieren kann, die immer besser mit Hilfe wissenschaftlicher, psychologischer, soziologischer und historischer Begriffe beschreibbar ist, an jede Vorstellung einer immanenten schöpferischen und erhaltenden Tätigkeit Gottes in der Welt und in individuellen und personalen Zusammenhängen zu richten.

Die Erkenntnis ((2) in dem obigen Zitat von Schwöbel) sowohl der „göttliche[n] Ordnung alles Geschehens in der Hinordnung aller Dinge auf ein Ziel“ im „Lauf der Dinge in der Welt im allgemeinen und in meinem eigenen Leben im besonderen“ bleibt jedoch bekanntermaßen unscharf und kann nicht mit letzter Sicherheit verifiziert werden, jedenfalls nicht in diesem Leben. Gottes Akt der creatio ex nihilo, der Erschaffung alles Seienden, bleibt prinzipiell letztlich unaussprechlich und geheimnisvoll, so daß es lediglich möglich ist – wie wir es hier tun werden –, denkbare Modelle und Analogien für diesen Akt anzubieten. Die Befreiung des Schöpfungsaktes

Gottes von der Notwendigkeit einer Erklärung der Art, *wie* Gott schöpferisch handelt, kann auf die anderen behaupteten Arten des Handelns Gottes allerdings nicht so einfach übertragen werden. Nun ist die Behauptung, daß Gott durch die in der Welt ablaufenden natürlichen Prozesse kontinuierlich in dieser handelt, daß er handelt, um in der Geschichte zu erlösen und zu retten, und daß er den Verlauf des Lebens der Individuen prägt, für den christlichen Glauben zentral. Ihre Plausibilität und Verständlichkeit wird heute angeblich durch die wissenschaftlichen Perspektiven, die wir erörtert haben, insgesamt in Frage gestellt. Die Diskussion dieses Themas ist für unser Anliegen hier entscheidender als die Frage, ob der traditionelle Begriff „Vorsehung" noch sinnvoll verwendet werden kann oder nicht. Nur wenn wir es für denkbar halten, daß die Ereignisse in Natur, Gesellschaft und Geschichte sowie im Leben der Individuen auf verständliche und glaubwürdige Weise als Ergebnis der Interaktion *Gottes* mit ihnen beschrieben werden können, hat es Sinn, von einer „Vorsehung" im Lauf der Dinge im allgemeinen (4 oben) oder in bestimmten, besonderen Ereignisfolgen (5 und möglicherweise 6 oben) zu sprechen. Und selbst dann müßten wir zugeben, daß es für uns schwierig ist, eindeutig zu erkennen, was Gott getan hat.
An der zentralen Bedeutung dieser Frage für die Glaubwürdigkeit des Glaubens an den Gott der jüdisch-christlichen Tradition kann es kaum Zweifel geben. Denn im Gottesdienst sowohl der Juden als auch der Christen nimmt die Lesung ihrer Schriften breiten Raum ein, und diese bestehen zu einem großen Teil aus Erzählungen, die als Handlungen Gottes in der Geschichte interpretiert werden, die die Gläubigen als anschauliche Beispiele für Wesen und Eigenart des Gottes, der in jenen Ereignissen handelte und auch heute noch handelt, auffassen dürfen. Vernon White hat es ein wenig kompromißlos als „Forderung aus der Offenbarung der Eigenart, Reichweite und Wirksamkeit des Handelns Gottes in der Welt" bezeichnet, daß wir die biblische Darstellung Gottes als jemand, der „personal, universal, mit Vorrang und souveräner Wirksamkeit handelt; der bezogen auf bestimmte Ereignisse, die für ihn sowohl Zweck als auch Mittel sind, handelt", nicht ignorieren dürfen.[5] Mit einer etwas zurückhaltenderen Formulierung faßt Langford den Inhalt des Alten Testaments zusammen als „immer neues Zeugnis des Glaubens an einen sehr aktiven und personalen Gott, der die Welt gleichzeitig erhält und regiert"[6], und er schließt daraus außerdem, daß

> „das Neue Testament ein Porträt eines sehr personalen und aktiven Gottes zeichnet, das die Basis für die christliche Lehre von der speziellen Vorsehung darstellt ... die Worte und Taten Jesu sind die wichtigsten Beispiele. Von den angeblich mirakulösen Episoden abgesehen, sind sie offenkundig „natürlich" in dem Sinn, daß sie den Gebrauch der Natur statt ihrer Aufhebung veranschaulichen. Für eine christliche Interpretation sind sie dennoch alle besondere Manifestationen der Liebe Gottes selbst."[7]

Die biblischen Motive haben die Gestalt der christlichen Theologie auf fundamentale Weise geprägt – obwohl sie, wie betont werden muß, nicht den einzigen Einfluß bildeten. Dennoch ist ihre anhaltende Wirkung sogar in einem postchristlichen Land wie dem modernen Großbritannien offenbar, wenn ein Blitzeinschlag in einer alten Kathedrale von bestimmten christlichen Pfarrern als Handeln Gottes interpretiert wird, durch das dieser seine Mißbilligung der Glaubensvorstellungen eines kurz zuvor in dieser Kathedrale geweihten Bischofs demonstriere! Nach dem Ende des Zweiten Weltkriegs dominierte in der protestantischen Christenheit des Westens ungefähr ein Jahrzehnt lang eine „biblische Theologie", die – obwohl sie gewiß nicht fundamentalistisch war – ernster, mit größerer Beredtheit und unvergleichlich größerer Gelehrsamkeit „die Lehre von einer einzigartigen historischen Offenbarung durch Gottes selbstoffenbarendes Handeln [vertrat] ... Gott wird durch die besonderen Akte, durch die er die Geschichte Israels prägt und die ganze Menschheit erlöst, erkannt."[8] Der von der biblischen Theologie gesetzte Schwerpunkt ist schon an den Titeln der Schriften ihrer wichtigsten Vertreter abzulesen; z.B.: God Who Acts: Biblical Theology as Recital (von G. Ernest Wright, 1952) und The Book of the Acts of God (von Reginald H. Fuller, 1957). Allerdings ist, wie Thomas Tracy es ausgedrückt hat, „die biblische Theologie unter dem Druck verschiedener Entwicklungen zusammengebrochen"[9]. Denn wenn die biblischen Theologen genötigt waren zu sagen, was Gott eigentlich bei den angeblichen „machtvollen Taten" getan hat, die sie in den Schriften entdeckten, erwiesen sich ihre Antworten als Darstellung dessen, woran die alten Hebräer oder die frühen Christen als Handeln Gottes *glaubten*. Die biblischen Theologen setzten voraus, daß vom Standpunkt eines Menschen ohne Glauben nichts außer den gewöhnlichen Naturgesetzen oder den Prozessen der Geschichte aufgezeichnet worden wäre – diese wären, wie Langdon Gilkey es in einem zentralen Beitrag, in dem er die Behauptungen der biblischen Theologie entkräftet, formuliert, „für Menschen ohne Glauben epistemologisch nicht von anderen Geschehnissen zu unterscheiden". Aber, wie er fortfährt,

> „für die Glaubenden muß das Handeln Gottes sich objektiv oder ontologisch von anderen Geschehnissen unterscheiden. Andernfalls gibt es keine machtvollen Taten, sondern nur unseren Glauben an sie ... Nur eine Ontologie der Ereignisse, die näher bestimmt, wie Gottes Verhältnis zu gewöhnlichen Ereignissen beschaffen ist und wie daher seine Beziehung zu besonderen Ereignissen gedacht werden kann, könnte die heute leere Analogie der machtvollen Taten, *leer seit der Leugnung des Wunderbaren*, mit Inhalt füllen."[10]

Der kursiv gedruckte Teil des letzten Satzes ruft uns in Erinnerung, daß die biblischen Theologen hinsichtlich der Möglichkeit von „Wundern" im Sinne von Ereignissen, „die die Naturgesetze durchbrechen", jene Skepsis übernahmen, die für unser wissenschaftliches Zeitalter charakteristisch ist. Es geht jetzt aber nicht darum, ob sie dies zu Recht taten oder nicht; entscheidend ist vielmehr, daß die „biblische Theologie" als Darstellung des Handelns Gottes in der Geschichte insgesamt auf theologischen und philosophischen Voraussetzungen beruhte, die nicht hinreichend geprüft worden waren. Mit den Worten Gilkeys:

> „Wenn wir die Analogien ‚machtvolle Taten', ‚einzigartiges Offenbarungsereignis' oder ‚Gott spricht zu seinem Volk' gebrauchen, müssen wir uns daher klarmachen, was wir in der systematischen Theologie mit dem Handeln Gottes im allgemeinen meinen könnten. Wenn wir nicht irgendeine Vorstellung davon haben, wie Gott in gewöhnlichen Ereignissen handelt, können wir kaum wissen, was unsere analogen Worte bedeuten, wenn wir sagen: ‚Er handelt in diesem Ereignis auf einmalige Weise' oder ‚dieses Ereignis ist eine besondere Tat Gottes'."[11]

Es stellt sich jetzt also folgende Frage: „Welche Vorstellung davon, wie Gott in der Welt handelt oder, allgemeiner gesprochen, wie er mit ihr interagiert, können wir uns überhaupt im Licht der wissenschaftlichen Betrachtung eben dieser Welt – deren Voraussetzungen auch unseren wissenschaftlichen, psychologischen, soziologischen und historischen Erklärungen der Ereignisse der menschlichen Erfahrung zugrunde liegen – bilden?" Uns beschäftigt die menschliche Erfahrung ebenso wie die Ereignisse in der natürlichen, nichtmenschlichen Welt, denn wenn von Gott angenommen werden soll, daß er mit Menschen interagiert, dann müssen diese Interaktionen letztlich die Gestalt von Veränderungen in uns selbst (einschließlich unseres Gehirns) annehmen, die stattfinden, wenn wir Handlungen in Gang setzen, die ohne den Einfluß Gottes eine andere Form gehabt hätten. Wir müssen uns nun einigen neueren Versuchen, diese Frage zu beantworten, und einer erneuten Prüfung der Implikationen der Perspektive der Wissenschaft zuwenden.

b. Voraussetzungen

Die Reflexion der Frage, wie Gott glaubwürdig als mit der Welt interagierend gedacht werden kann, ist in den vergangenen drei Jahrhunderten weitgehend von zwei Voraussetzungen bestimmt gewesen, die entweder als durch das Weltbild der Naturwissenschaften nachgewiesen oder doch zumindest als dessen Implikationen galten. Man kann ohne Übertreibung sagen, daß diese beiden Geister einen Teil des theologischen Denkens noch in den letzten Jahrzehnten heimgesucht haben. Ich spreche (1) von dem Verständnis der Welt der Natur, das diese grundsätzlich als einen Mechanismus betrachtet, der deterministisch von unumstößlichen „Naturgesetzen" gesteuert wird und dessen Verhalten daher zumindest „prinzipiell" vorhersagbar ist; und (2) von der dualistischen Annahme, daß Menschen aus zwei Entitäten – Geist und Körper – bestehen und daß diese zwei verschiedene Bereiche der Wirklichkeit darstellen, manchmal „Geist" und „Materie" genannt, deren Verhältnis, das zugegebenermaßen problematisch, ja rätselhaft ist, in der menschlichen Erfahrung des Subjektseins anschaulich zu werden scheint.

Im Fall von Voraussetzung (1) kann Gottes Interaktion mit der Welt über deren allgemeine und beständige Erhaltung im Sein hinaus nur als „Eingreifen" Gottes in den natürlichen Lauf der Dinge gedacht werden. Gemäß dieser Auffassung bringt Gott also Ergebnisse hervor, die ohne ein solches „Eingreifen" Gottes eine andere Gestalt hätten; sie wären dann nämlich Beispiele für die von Gesetzen gesteuerten Prozesse, die uns die Wissenschaften zeigen. Ich habe das Wort „eingreifen" und seine Ableitungen, wenn sie sich auf Gottes Handeln in der Welt beziehen, hier und an späteren Stellen gelegentlich in Anführungszeichen gesetzt, weil dieses Wort in meinen Augen ein wenig zweideutig ist. Z.B. ist es David Brown[12] ein wichtiges Anliegen, den Theismus gegen einen „Deismus" zu verteidigen, den er als „Glauben an einen nicht eingreifenden Gott" beschreibt, denn er glaubt, daß „ein solcher [,interventionistischer'] Rahmen für bestimmte Typen der religiösen Erfahrung wesentlich ist". Auf dieser Basis vertritt er z.B. die Auffassung, daß „das Argument [für den Glauben an Gott], das sich auf die religiöse Erfahrung stützt, nur dann tragfähig ist, wenn es sich auf die Art der Erfahrung beruft, für die ein solcher Rahmen wesentlich ist". Ich habe jedoch beträchtliche Vorbehalte gegen die Verwendung des „Eingreifens" Gottes als Unterscheidungsmerkmal zwischen Deismus und Theismus, so als würde der Theismus im Gegensatz zum Deismus notwendig ein „Eingreifen" Gottes in der von ihm geschaffenen Welt implizieren, wodurch Gott als ein Deus ex machina erscheint, der die ansonsten geordnet ablaufenden Prozesse der geschaffenen Welt unterbricht.

Ich habe den Eindruck, daß die Dinge, um die es Brown mit seiner Argumentation geht (u.a. die Gültigkeit der religiösen Erfahrung im oben genannten Sinn und später in seinem umfangreichen Werk die Lehre von der Inkarnation und die Trinitätslehre), eher davon abhängig sind, daß Gott als ständig mit der Welt interagierend und als ein konstanter Einfluß auf die geschaffene Ordnung im allgemeinen und die menschliche Erfahrung im besonderen gedacht wird, und weniger davon, daß Gott auf eine Art und Weise „eingreift", die die von ihm geschaffenen natürlichen und menschlichen Prozesse unterbricht. Es wird hoffentlich noch deutlich werden, daß es möglich ist, diese kontinuierliche und wirksame Interaktion Gottes mit der Welt auf eine Art und Weise zu beschreiben, die nicht einfach „interventionistisch" in dem gerade dargestellten Sinn ist und dennoch dazu dienen kann, die Lehren, die Brown m.E. zu Recht zu verteidigen versucht, zu untermauern.

Diese Auffassung vertritt auch William P. Alston, der in einem sehr hilfreichen Aufsatz[13] folgendes zu bedenken gibt:

> „Viele Menschen glauben, ebenso wie ich selbst es früher angenommen habe, der für die jüdisch-christliche Tradition wesentliche Glaube, daß Gott aktiv mit seinen Geschöpfen interagiert, nötige uns zu der Annahme, daß Gott in der Welt unmittelbar eingreift und den Lauf der Natur dabei außer Kraft setzt ... Schon dadurch, daß er die natürliche Ordnung erschafft und erhält, steht Gott in einem Kontakt zu seinen Geschöpfen, wie man ihn sich aktiver nicht wünschen könnte ... Wenn

Gott zu mir spricht oder mich führt oder mich mit Hilfe natürlicher Ursachen erleuchtet, dann steht er ebenso gewiß in aktivem Kontakt mit mir, als wenn er die betreffenden Wirkungen durch ein direktes ‚fiat' hervorgebracht hätte ... Wenn ein Mensch mit einem anderen direkt interagiert ... macht sich der Handelnde schließlich Elemente der natürlichen Ordnung zunutze ... Und dies bedeutet gewiß nicht, daß wir in solchen Fällen nicht in aktivem Kontakt miteinander stünden. Wie notwendig ein unmittelbares Eingreifen für die Beglaubigung von Boten auch sein mag, für eine echte Interaktion zwischen Gott und Mensch ist es nicht erforderlich."[14]

Alston sagt weiter (und dies ist im Hinblick auf unsere nachfolgende Diskussion interessant): „Wenn wir von ‚besonderen' Taten Gottes sprechen, ist die Besonderheit mehr mit unserem Sprechen als mit der Tat selbst verbunden ... Unsere Darstellung spiegelt eher wider, wie das Subjekt über die Sache denkt, was das Subjekt über sie glaubt ... es ist nur die Definition ‚besonderer' Taten Gottes, die von menschlichen Reaktionen abhängig gemacht wird. Elemente dieser Kategorie haben mit unzähligen anderen Ereignissen das objektive Merkmal, Taten Gottes zu sein, gemeinsam, und dieses Merkmal besitzen sie unabhängig von dem, was wir denken, fühlen und erfahren!"[15]

Jene, die „interventionistische" Auffassungen vertreten, scheinen anzunehmen, daß Gott, wenn er „allmächtig" ist, die Macht hat, bestimmte Ziele zu erreichen, seine eigenen Gesetze, die in der von ihm geschaffenen Welt wirken, „außer Kraft zu setzen". Es ist für diese Frage also von Bedeutung, wie Gottes Wissen und Macht beschaffen sind.

c. Einwände gegen den Gedanken eines „Eingreifens" Gottes

Es gibt gewichtige Einwände gegen ein solches Bild Gottes als Deus ex machina; zu ihnen gehören folgende aufschlußreiche Überlegungen[16]:

1. Der Gedanke eines „eingreifenden" Gottes scheint vorauszusetzen, daß Gott sich in irgendeinem Sinn „außerhalb" der geschaffenen Welt befindet und auf irgendeine nicht näher bestimmte Weise in sie zurückkehren muß, um seine Ziele zu verwirklichen. Wir haben jedoch bereits gute Gründe für die Notwendigkeit, die Gegenwart und Immanenz Gottes in der geschaffenen Ordnung neu zu betonen, entdeckt. Ein mechanistisches Verständnis der Welt führt, wie es im achtzehnten Jahrhundert der Fall war, notwendig zu einer deistischen Betrachtung Gottes und seines Verhältnisses zur Welt.

2. Der Gedanke Gottes als verläßlicher Quelle der Rationalität und Regelmäßigkeit der geschaffenen Ordnung scheint untergraben zu werden, wenn man versucht, sein Handeln *gleichzeitig* als Erhaltung der „Naturgesetze", die seinen göttlichen Willen für die Schöpfung ausdrücken, *und* als Intervention mit Hilfe von Taten, die eben diese Gesetze aufheben – so als hegte er Zweifel daran, ob er seine Ziele in der Welt, wie er sie erschuf, verwirklichen kann –, darzustellen. Selbst wenn man annimmt, daß es selten zu einem solchen „Eingreifen" kommt, nämlich nur dann, wenn es um besonders wichti-

ge Ziele wie z.B. die Unterrichtung der Menschheit über den Willen Gottes oder die Offenbarung seiner Ziele geht, ist man immer noch mit der Frage konfrontiert, ob dies im Licht anderer Einsichten über das Wesen Gottes, wie wir sie im letzten Kapitel formuliert haben, eine schlüssige Beschreibung des Handelns Gottes in der Welt ist.

Das theologische Unbehagen an der Vorstellung eines eingreifenden Gottes ist von David Jenkins in seinen Hensley-Henson-Vorlesungen sehr gut ausgedrückt worden:

> „... es ... wird deutlich, daß der Gott, von dem angenommen wird, er sei in einem entscheidenden Sinn der Autor der ganzen [menschlichen] Geschichte, in einem echten Sinn in der ganzen Geschichte auf fundamentale Weise gegenwärtig und sie gestaltend sowie in einem wirklich eindrucksvollen Sinn Ziel und Möglichkeit der gesamten Geschichte, bis sie an ihr Ende kommt – daß dieser Gott nicht so gedacht werden kann und soll, als sei er der höchste *Aufseher* des Universums, der dessen Angelegenheiten mit Hilfe einer Reihe direkter Interventionen *lenkt*, für die nur er verantwortlich ist und die in einem Gefüge von Ursachen und Wirkungen unweigerlich Folgen haben."[17]

3. Weiterhin muß man mit Hume anerkennen, daß adäquate historische Belege für einen solchen Verstoß gegen die ursprünglich von Gott in Kraft gesetzten Naturgesetze in der Praxis nie verfügbar sein werden. Gemäß der Hypothese sind die „Gesetze" selbst sowohl Ausdruck von Regelmäßigkeiten in Ereignisfolgen (wie Hume sie sah) als auch Ausdruck von allem Geschehen zugrunde liegenden fundamentalen Beziehungen und Realitäten (wie sie die moderne Wissenschaft häufiger sieht). Man bräuchte folglich erheblich *mehr* Beweise für das Auftreten eines Ereignisses, das solche „Naturgesetze" aufgehoben haben soll, als für eines, bei dem dies nicht angenommen wird – und es liegt in der Natur unserer fragmentarischen historischen (sogar zeitgenössischen) Belege, daß solche Beweise nicht zu erbringen sind. Jede positive Bewertung, daß die historischen Beweise tatsächlich als Hinweis auf ein göttliches „Eingreifen" interpretiert werden können, würde offensichtlich entscheidend davon abhängen, inwieweit die bewertende Person *a priori* an die Möglichkeit eines solchen „Eingreifens" glaubt. Selbst für Wissenschaftler, die Theisten sind, ist es schwierig, sich ein solches „Eingreifen" vorzustellen, es sei denn, es handele sich um wirklich sehr selten vorkommende Ereignisse – und auch dann ziehen sie es oft vor, solche angeblichen Interventionen Gottes in den Prozessen und Ereignissen der Welt als Zeichen der Existenz von uns bislang nicht bekannten „höheren Gesetzen" oder einer „tieferen Vernunft" zu betrachten.

4. Es gibt natürlich auch gut bekannte ethische Einwände gegen allzu simple Vorstellungen darüber, wie Gott in Ereignisse in der natürlichen Welt und im Leben der Menschen eingreift, die im Rückblick als das menschliche Leben und Wohlergehen schädigend beurteilt werden müssen. Wenn Gott ohne Widerspruch zu seinem Sein und seinen Zielen eingreifen *kann*, warum nutzt er diese Möglichkeit nicht, um Katastrophen in der natürlichen Welt oder in

der menschlichen Geschichte, Überschwemmungen in Bangladesch oder Konzentrationslager in Auschwitz, zu verhindern? Es gibt Menschen, die, wie David Jenkins, hierzu eine sehr entschiedene Meinung vertreten:

> „Ein Gott, der die Offenheit des von ihm geschaffenen Universums, die Offenheit und Freiheit von Menschen, die nach seinem Bild geschaffen sind, und das Geheimnis seiner eigenen gewagten und kreativen Liebe dazu nutzt, um von Zeit zu Zeit zusätzliche kausale Ereignisse in jenes Universum einzufügen, weil er bestimmte Ereignisse oder Trends hervorbringen will, wäre schon aufgrund dieser Möglichkeit ein sich in alles einmischender Halbgott, ein moralisches Monster und ein Widerspruch in sich selbst ... Gott mischt sich nicht willkürlich ein oder bringt dann und wann etwas in Ordnung. Dies ist moralisch unannehmbar, und die Berufung auf den geheimnisvollen Charakter des Außergewöhnlichen oder dessen Anstößigkeit ändert daran nichts ... Wie immer er [Gott] interagiert oder was immer er in Bewegung setzt, er kann nicht im Sinne einer zusätzlichen oder hinzugefügten oder gelegentlich auftretenden historischen Ursache eingreifen."[18]

Nicht alle stimmen solchen freimütigen Äußerungen zu (sie fanden viel Widerspruch), aber Jenkins Bemerkungen dienen doch dazu, die Schwierigkeit zu verdeutlichen, vor die viele Theisten sich gestellt sehen und die viele, wenn nicht zum Atheismus, so doch zu einem wehmütigen Agnostizismus führt. Inwieweit hängen Überlegungen wie die oben aufgeführten von Voraussetzung 1 ab, die sich auf ein mechanistisches, berechenbares, Gesetzen folgendes Universum als das von den Wissenschaften und sogar von der Interpretation der Ereignisse im menschlichen Leben durch den gesunden Menschenverstand beglaubigte Weltbild bezieht? Es wird sich zeigen, daß dieses Weltbild wenigstens von seiten der Wissenschaften keine Unterstützung findet und daß die Diskussion insofern eine ganz neue Wendung nimmt.

d. Die Analogie zum personalen Handeln und der Dualismus

In der Zwischenzeit müssen wir uns kurz der zweiten Voraussetzung der Vorstellung, Gottes Handeln in der Welt geschehe in der Form des „Eingreifens", nämlich der dualistischen Interpretation der Natur des Menschen und insbesondere der geistigen Erfahrung, zuwenden. Es herrscht allgemeine Übereinstimmung darüber, daß Gott nicht als ein Gott, der die Lücken in unserem Wissen über die natürliche, einschließlich der menschlichen, Welt schließt, gedacht werden kann – denn mit der Zunahme unseres Wissens verschwindet ein solcher „Gott" gewöhnlich im Nichts. Wegen vergleichbarer Überlegungen schrecken viele Theologen davor zurück, Gott als erste Ursache zu bezeichnen, wenn unter „Ursache" dabei eine Ursache innerhalb des natürlichen Nexus miteinander verbundener Ereignisse verstanden wird. Es wurde bislang allgemein angenommen, daß von Gott in dem Sinn gesagt werden kann, er stehe in einer kausalen Beziehung zu allem Sein, in dem ein personal Handelnder Dinge dadurch verursacht, daß er seine Intentionen durch sein Handeln verwirklicht. Das Festhalten an der Vorstellung, daß

Gott in der Welt handeln kann und handelt, stützt sich also auf ein Modell, und zwar das Verhältnis der Intentionalität, des Willens und der Ziele des Menschen zu seinem leiblichen Handeln, das sich auf die Welt insgesamt, die Welt der von der Wissenschaft beschriebenen Entitäten und Prozesse, richtet. Eine dualistische Betrachtung der Natur des Menschen schien der Tradition als Modell für das Verhältnis Gottes zur Welt gut geeignet zu sein. Die letzte Unaussprechlichkeit, Unerklärlichkeit und Transzendenz Gottes scheint dem Geheimnis zu entsprechen, das mit dem Wesen des menschlichen Bewußtseins, einer Eigenschaft jener vermeintlich separaten Entität, dem „Geist", verbunden ist.
Zwei herausragende neuere Versuche – von Schubert Ogden[19] und Gordon Kaufman[20] –, die Frage zu beantworten, wie Gott in der Welt handelt, stützen sich auf diese Analogie zwischen göttlichem und personalem Handeln. Beide sind jedoch dem Vorwurf[21] ausgesetzt, sich zu stark an eine implizit dualistische, ja cartesianische Auffassung des Wesens und Subjektseins des Menschen anzulehnen. Mit den Worten Thomas Tracys:

> „Die beunruhigende Stoßrichtung eines solchen Vorwurfs geht dahin, daß das diesen Entwürfen zugrunde liegende Verständnis der Person philosophisch genau an der Stelle problematisch ist, wo sie theologisch den größten Nutzen zu haben scheinen ... Sowohl Ogden als auch Kaufman scheinen sich einer strengen Unterscheidung (wenn auch die Unterscheidungslinien nicht notwendigerweise gleich verlaufen) zwischen dem Handelnden und seinem Körper als Basis für die Rede von einem Gott, der von der Welt unterschieden werden kann, aber in ihr und durch sie handelt, zu bedienen."[22]

Ob diese Kritik an diesen bestimmten Theologen in dem Maß gerechtfertigt ist, das Tracys Bemerkungen unterstellen, ist für uns an dieser Stelle weniger wichtig als die Einsicht, daß die Rede von Gottes Handeln in der Welt von der allgemeineren philosophischen Diskussion über die Eigenart des menschlichen Handelns[23] und das Geist-Körper-Problem entscheidend betroffen ist.[24] Jene breiteren Diskussionen unterliegen jedoch stark dem Einfluß wissenschaftlicher Entwicklungen, die dadurch nicht nur den Kontext der theologischen Diskussion, sondern sogar die Plausibilität einiger jener relativ neuen Entwürfe sehr verändern.

e. Wie?

Eines der wichtigsten Probleme für den Glauben an Gott erzeugt die Wissenschaft dadurch, daß sie die Theisten ganz zu Recht mit der Frage konfrontiert: „Wie kann man sich das Handeln Gottes in der Welt vorstellen?" Ebenso erwartet der zeitgenössische Skeptiker mit Recht, daß die Analogien, die der Theist zwischen dem Handeln Gottes in der Welt und dem menschlichen Subjektsein zu ziehen wünscht, im Interesse ihrer Verständlichkeit und Glaubwürdigkeit mit dem Stand unseres Wissens über dieses Subjektsein vereinbar sind. Wie wir im weiteren Verlauf dieses Kapitels noch sehen werden, gibt es Grund zu der Annahme, daß die Voraussetzungen 1 und 2 von der Wissenschaft nicht mehr gedeckt sind, so daß die Frage nach dem Handeln Gottes in der Welt insgesamt einer neuen Bewertung bedarf – nicht zuletzt deswegen, weil wir heute fragen müssen, wie Gott in einem gesetzmäßigen Universum, in dem „Ordnung weitgehend aus der Summe der Eigenschaften zufälliger Ereignisse erwächst“[25], handeln kann.

Die Frage „Wie handelt Gott in der Welt?“ ist jedoch komplexer, als es zunächst scheinen mag. Owen Thomas[26] unterscheidet die folgenden Bedeutungen der Frage „Wie?“, die für dieses Thema von Bedeutung sind:

A. Mit welchen Mitteln?
B. Auf welche Weise?
C. Mit welcher Wirkung?
D. Mit welchem Sinn, aus welchem Grund oder mit welchem Ziel?
E. In welchem Maß?
F. Analog zu was?

Die unterschiedlichen Auffassungen darüber, wie Gott in der Welt handelt, beziehen sich auf eine dieser verschiedenen Bedeutungen der Frage „Wie?“ oder eine Kombination mehrerer von ihnen. Sie unterscheiden sich weiterhin, wie Thomas zeigt,[27] durch das Maß, in dem es sich bei ihnen um Analogien oder Theorien (metaphysische Analysen des Verhältnisses der Aktivität Gottes zu den Prozessen und Ereignissen in der geschaffenen Welt) oder eine Mischung aus beidem – oder keines von beidem, wie z.B. der „Zwei-Perspektiven-und-Sprachen“-Ansatz – handelt.[28]

Weiterhin findet sich bei Thomas[29] eine knappe und hilfreiche Analyse der verschiedenen Zugänge zu dieser Frage in der klassischen und der modernen Theologie.[30] Auf sie sei hier nur hingewiesen, denn es ist nicht Ziel dieser Untersuchung, einen Überblick über die gesamte Diskussion zu geben, sondern zu klären, welche Auswirkungen die wissenschaftliche Perspektive des zwanzigsten Jahrhunderts auf sie hat. Dennoch ist es für das Verständnis hilfreich, zunächst seine Klassifizierung und einige seiner Kommentare wiederzugeben (Zitate stammen aus Kap. 14 seines Buches, vgl. Anm. 10).

f. Auffassungen des Handelns Gottes

Über den „Zwei-Sprachen“-Ansatz hinaus müssen die folgenden Positionen erörtert werden:

Personales Handeln (bezieht sich auf „wie?“, F oben), „das auf der Analogie zum personalen Handeln der Menschen in der Welt, wie es in der Philosophie des Handelns beschrieben wird, beruht“; es wurde bereits im Zusammenhang der Positionen von Ogden und Kaufman behandelt.[31] Dieser Ansatz bietet keine echte Erklärung oder Theorie des Handelns Gottes.

Es handelt sich tatsächlich um eine Analogie, die in allen anderen Ansätzen (einschließlich dem der „biblischen Theologie") verwendet wird, auch wenn sie sich im Hinblick auf den jeweils betonten Aspekt des menschlichen Handelns unterscheiden. Durch diese Analogie gewinnt die Möglichkeit, daß Gott bestimmte Taten vollbringt, an Glaubwürdigkeit; sie kann jedoch nur dann zur Beantwortung der „Wie?"-Fragen A bis E beitragen, wenn sie eine – im Vergleich zu den Entwürfen der meisten Autoren – weit bessere Erklärung dafür entwickelt, *wie* menschliche Intentionen und Ziele, wie sie in der mentalistischen Sprache beschrieben werden, sich im physikalischen System von Gehirn und Körper des Menschen, und, dadurch vermittelt, in der ganzen Welt auswirken können. Die Analogie kann, anders ausgedrückt, zu einem bloßen Festhalten an der behaupteten Ähnlichkeit zwischen menschlichem und göttlichem Handeln verkümmern, wenn nicht genauer geklärt wird, welcher Standpunkt in bezug auf Themen wie das Wesen der menschlichen Person, das Geist-Körper-Problem und die Philosophie des menschlichen Handelns vertreten wird.

Erste Ursache (bezieht sich auf „wie?", A und E oben); „Gott als erste Ursache handelt in und durch alle anderen sekundären Ursachen in Natur und Geschichte ... In ihrer traditionellen Form ist diese Auffassung eine komplexe Theorie, die zuweilen auf die Handwerker-Werkzeug-Analogie [des menschlichen Handelns] zurückgreift. In ihrer liberalen Form (z.B. Kaufman[32]) ist sie weder eine Theorie noch eine Analogie, sondern eine einfache Beteuerung." Gemäß dieser Auffassung vollbringt Gott besondere Taten.

Prozeßtheologie (bezieht sich auf „wie?", A, B, E und F oben)[33]; sie „hält dafür, daß Gott in allen Ereignissen durch Beeinflussung oder Überzeugung handelt. Indem er erfaßt oder erfahren wird, bietet Gott jedem sich entwikkelnden Ereignis ein erstes Ziel, das unterschiedliche Grade der Zustimmung erfahren kann ... Die Analogien, die zur Auswahl stehen, sind jene von Selbst-Körper, Geist-Gehirn und Selbstkonstitution." Gemäß dieser Auffassung vollbringt Gott besondere Taten.

Uniformes Handeln (bezieht sich sicherlich auf „wie?", E und, weniger eindeutig, auf B oben); „Gottes Handeln in der Welt wird als uniform und universal aufgefaßt, und [gemäß der von M. Wiles[34] vorgeschlagenen Variante] der Anschein einer besonderen Tätigkeit Gottes entsteht durch die Vielfalt der menschlichen Reaktionen." Nach dieser Auffassung können *besondere* Taten Gottes nicht behauptet werden. Dieser Ansatz verdient eine ausführlichere Diskussion, denn er ist eigens entwickelt worden, damit es möglich wird, den Überlegungen von Abschnitt c (1 bis 4) zu entsprechen, die so gewichtige Einwände gegen alle Modelle des Handelns Gottes in der Welt als ein – im wörtlichen Sinn – „Eingreifen" in den gewöhnlichen Verlauf der Ereignisse erheben. Er wird im Licht dieser Überlegungen, die die traditionellen Auffassungen sowie gewiß die der „biblischen Theologie" (die zugegebenermaßen die Grundlage vieler Predigten bildet!) ansonsten aushöhlen würden, als eine in der gegenwärtigen Situation vertretbare Auffassung unterstützt.

Die Autoren, die verschiedene nuancierte Versionen dieses Ansatzes des „uniformen Handelns" bieten, scheinen den Voraussetzungen zuzustimmen, die wir bereits genannt haben – nämlich die einer von Gesetzen gesteuerten, deterministischen Welt (1) und eines implizit dualistischen Verständnisses des Wesens des Menschen (2).[35] Diese Annahmen teilen sie mit den Vertretern anderer Positionen, wie z.B. der Behauptung einer ersten Ursache und der Prozeßtheologie. Da die Vorstellung eines Eingreifens Gottes in die Ereignisse der deterministischen Welt von Voraussetzung 1 jegliche Plausibilität verliert, impliziert die auf dem dualistischen Modell des Menschen gemäß der Voraussetzung 2 basierende Analogie für das Handeln Gottes folglich eine so starke Dichotomie zwischen Gott und der Welt, daß eine *kontinuierliche* Interaktion Gottes mit oder ein Handeln Gottes in der Welt ganz und gar undenkbar wird. So ist es kein Wunder, daß die Autoren, die mit diesen Voraussetzungen arbeiten, in ihren Schlußfolgerungen zu der Behauptung neigen, das *einzige* Handeln Gottes sei sein „einer" Akt der Schöpfung und Erhaltung alles Seienden, mit dem er dem Universum Sein verleiht und es im Sein erhält.

Nach Kaufman sollte daher „die ganze komplizierte und verwickelte teleologische Bewegung von Natur und Geschichte als eine einzige, alles umfassende Tat Gottes betrachtet werden"[36]. Maurice Wiles bekräftigt in seinen Bampton-Vorlesungen 1986[37] in Übereinstimmung mit den bereits genannten Autoren, daß

> „der Gedanke des Handelns Gottes zu der Welt als ganzer und weniger zu bestimmten Vorkommnissen in ihr in Beziehung gesetzt werden sollte …
> Für den Theisten, der notwendigerweise auf ein einheitliches Weltbild festgelegt ist, muß der ganze Prozeß der Schaffung der Welt, der noch immer in Gang ist, als eine einzige Tat Gottes betrachtet werden …
> … wir können diesen ganzen Komplex von Erfahrungen und Gedanken am besten verstehen, wenn wir uns die ganze kontinuierliche Erschaffung der Welt als eine einzige Tat Gottes, eine Tat, mit der er seiner Schöpfung, dem Menschen, radikale Freiheit ermöglicht, vorstellen. Das Wesen einer solchen Schöpfung … ist mit der Behauptung weiterer, besonderer Taten Gottes innerhalb der fortschreitenden Geschichte der Welt nicht vereinbar."

g. Ein „ontologischer Graben" in der „kausalen Verbindung"?

Das Problem, das mit den Folgerungen dieser Autoren, die ausdrücklich und offen von Wiles ausgesprochen werden, verbunden ist, besteht nicht nur darin, daß sie düstere Aussichten für das Leben der einzelnen Menschen in ihrer Beziehung zu Gott mit sich bringen, sondern auch in ihrer starken Abhängigkeit von den Voraussetzungen 1 und 2, die ihrerseits fragwürdig und, wie ich darlegen werde, nicht mehr durch die Naturwissenschaften gedeckt sind. Es ist in der Tat schwer vorstellbar, *wie* Gott in einer Welt, die auf allen Ebenen von deterministischen Gesetzen bestimmt sein soll, als Subjekt gedacht werden kann, wenn die einzige Analogie für ein solches Subjektsein mit Hilfe dualistischer Begriffe formuliert worden ist, die einen Graben implizieren, durch den Handlungen im „Körper" und damit in der natürlichen Welt von Intentionen und anderen Handlungen des „Geistes" getrennt sind. Es handelt sich um einen *ontologischen* Graben zwischen zwei Arten von Entitäten, und es ist kaum zu erkennen, daß es grundsätzlich möglich wäre, ihn zu überbrücken. Die Verwendung der Analogie des menschlichen Handelns entbindet den Theologen nicht von der Beschäftigung mit der schwierigen Frage, wie der Vorgang zu denken ist, durch den geistige Akte in Prozesse innerhalb des menschlichen Körpers und damit innerhalb der natürlichen Welt übergehen, ja solche Prozesse *sind*. Zugegeben, dies ist eine etwas beängstigende Aufgabe. Allerdings scheinen Theologen, die dem Anschein nach sehr unterschiedliche Positionen in bezug auf die Frage vertreten, wie Gott in der Welt handelt und ob er dies überhaupt tut oder nicht, an eben dieser entscheidenden Stelle dazu zu neigen, sich auf die bloße Behauptung zurückzuziehen, daß es im Fall des menschlichen Handelns eine solche Verbindung tatsächlich *gibt* und daß im Fall des Handelns Gottes eine analoge Verbindung gegeben ist. Solche Behauptungen stellen sie gewöhnlich auf, ohne irgend etwas über das menschliche Handeln selbst zu sagen, woraus hervorginge, *wie* man sich Gottes Einfluß auf die Ereignisse in der Welt vorstellen soll.

Dieses Versäumnis ist nicht auf jene beschränkt, die die Position des „uniformen Handelns" vertreten. So ist z.B. die Behandlung des Gedankens Gottes als Subjekt durch Austin Farrer[38] – sein Gebrauch der Vorstellung eines „doppelten Subjektseins" – als einer der besten Versuche, die Bedeutung der Rede vom Handeln Gottes zu erläutern, beurteilt worden.[39] Der Gedanke des doppelten Subjektseins behauptet, daß die Ereignisse in der Welt (Naturereignisse und menschliche Handlungen) als Handeln sowohl Gottes als auch endlicher Subjekte betrachtet werden können:

> „... zwei Subjekte wirken auf verschiedenen Ebenen in derselben endlichen Handlung, das endliche Subjekt, das in ihr lebt, das unendliche Subjekt, das dieses begründet ... Gemäß der theistischen Hypothese liegen zwei Ziele allem, was in dieser Welt von vernunftbegabten Geschöpfen vollbracht wird, zugrunde: das Ziel des handelnden Geschöpfs und das Ziel des Schöpfers, der dieses Handeln begründet oder unterstützt ... Ist das betreffende Geschöpf nicht vernunftbegabt, so liegen nicht zwei Ziele vor, denn nur der Schöpfer hat ein Ziel oder eine Intention. Aber es handelt sich auch hier um zweierlei Tun; es geht auf ein Handeln des Schöpfers zurück, daß das Geschöpf entweder handelt oder existiert, um zu handeln."[40]

Das Eintreten für dieses Paradox[41] gerät jedoch in bedenkliche Nähe zu der bloßen Behauptung seiner Wahrheit, die bereits kritisiert wurde, da Farrer, wie er selbst zugibt, die „kausale Verbindung" zwischen dem Subjektsein des Schöpfers und dem menschlichen Handeln nicht erklären kann.

„Die ‚kausale Verbindung' (sollte ihre Existenz behauptet werden können) zwischen Gottes und unserem Handeln ist für die Ausübung der Religion ohne Bedeutung ... Göttliches und menschliches Handeln bilden eine Einheit und bleiben dabei real und daher frei; da wir die Eigenart des Handelns Gottes nicht kennen, können wir die Frage ihrer gegenseitigen Beziehung nicht stellen."[42]

Das Problem besteht darin, wie Wiles betont, daß „wir die Eigenart des Handelns Gottes nicht so verstehen, daß wir in der Lage wären, sein Verhältnis zu unserem endlichen menschlichen Handeln zu definieren"[43]. Wenn dies jedoch für die Interaktion des Göttlichen mit dem Menschlichen gilt, die mit Hilfe der Analogie der personalen Interaktion zumindest intuitiv verständlich ist, dann bereitet es erst recht Schwierigkeiten, sich die „kausale Verbindung" zwischen dem Göttlichen und natürlichen, nichtmenschlichen Ereignissen vorzustellen. Die Schwachstelle in dieser Argumentation, die Farrer in dem genannten Zitat offen zugibt, findet sich auch bei anderen zeitgenössischen Autoren.

Michael Langford[44] z.B. operiert mit dem Gedanken Gottes und seiner „allgemeinen Vorsehung", mit der er intelligent plant und alle Ereignisse beständig lenkt. Die göttliche „Lenkung" der Natur erstreckt sich in seinen Augen, damit sie Gottes Absichten entspricht, auch auf „besondere Ereignisse anstatt auf allgemeine Entwicklungen". Dieser „speziellen Vorsehung ist mit der allgemeinen Vorsehung der Gedanke einer intelligenten Lenkung gemeinsam"[45]. Langford entscheidet sich allerdings „im Hinblick auf die Methoden, mit denen Gott handelt – wobei die Vermutung vorausgesetzt ist, daß er überhaupt handelt –, für eine agnostische Position"[46]. Er ist gebührend „mißtrauisch gegenüber der Forderung nach einer Beschreibung des ‚Mechanismus' seines [Gottes] Handelns, denn sie könnte die Annahme nahelegen, daß die Art dieses Mechanismus, wie immer er genau zu beschreiben wäre, der Art und Weise ähnelt, wie ein Teil einer Maschine auf einen anderen Teil wirkt."[47] Er gebraucht dann das „fruchtbare Bild"[48] Gottes als kreativer Künstler.[49] Obwohl jedoch diese Analogie in seinen Augen „die Bedeutung des Gedankens [Gottes als] die Natur ‚lenkend' ein bißchen veranschaulicht"[50], so erklärt sie noch nicht, „wie Gott Veränderungen in Gang setzt"[51], und sie beansprucht dies auch gar nicht.

Diese Position vertritt auch Vernon White, der bekräftigt: „Wenn wir im Bereich der menschlichen Erfahrung die verborgene kausale Wirkung menschlicher Intentionen auf physische Aktionen anerkennen können und müssen, ohne ihre genaue kausale Eigenart zu kennen, dann können wir doch gewiß analog die kausale Wirkung der Intentionen Gottes auf das geschöpfliche Handeln behaupten, ohne ihre Eigenart zu kennen."[52] Dieses Argument ist bis zu einem gewissen Grad tragfähig, denn die Analogie hilft uns tatsächlich, uns vorzustellen, *daß* Gott in der Welt handeln könnte, aber sie trägt nichts zur Plausibilität dieses Gedankens bei, wenn die Analogie nicht weiter entschlüsselt wird. Letzteres erfordert ergänzende begriffliche Ressourcen, die das menschliche Handeln erklären, um den Gedanken eines Handelns Gottes in unserer Welt zu verdeutlichen. Denn ohne eine plausible (und gewiß nicht mechanistische) Erklärung der Art, *wie* Gott mit dem kausalen Nexus einzelner Ereignisse in der Welt, einschließlich Menschlicher-Gehirne-in-menschlichen-Körpern, interagieren könnte, können wir nicht überzeugend behaupten, daß Gott handelt oder handeln könnte.[53]

Das Fehlen einer Erklärung der kausalen Verbindung ist auch eine Schwachstelle in Vincent Brummers ansonsten bewundernswerter Arbeit „What Are We Doing When We Pray?“[54]. Im Verlauf einer Analyse von göttlichem Handeln und Naturgesetz muß Brummer an einer entscheidenden Stelle zu einer rhetorischen Frage Zuflucht nehmen:

> „Wir verursachen durch unser Handeln kontingente Ereignisse, indem wir notwendige Bedingungen für sie, die sonst dem Zufall unterworfen wären, hervorbringen. Wenn aber menschliche Personen auf diese Weise in den Lauf der Natur eingreifen können, warum sollte Gott das nicht auch möglich sein? Das Handeln Gottes in der Welt muß daher ebensowenig die Form wunderbarer Interventionen, die die natürliche Ordnung verletzen, annehmen, wie die Handlungen der Menschen.“[55]

Die Analogie, auf die sich die Frage in diesem Zitat bezieht, wird, wie wir gesehen haben, oft als Grundlage für die Behauptung verwendet, daß Gott angeblich ebenso wie wir tatsächlich in die Welt „eingreift“, wobei die Voraussetzungen 1 und 2 zugrunde gelegt werden. Die schlichte Behauptung der Analogie des menschlichen Handelns ohne jede weitere Erklärung und die analoge Behauptung eines göttlichen Handelns hinterläßt bei uns Skepsis im Hinblick auf die bloße Möglichkeit des letzteren. Denn wir machen die Erfahrung, daß die Umsetzung unserer Intentionen in Handlungen innerhalb der natürlichen Welt zu den grundlegenden Charakteristika unserer Existenz gehört, aber im Hinblick auf alle anderen Ereignisse in der Welt außer denen, die wir selbst in Gang setzen, beobachten wir lediglich die Ereignisse selbst und nicht Gott als denjenigen, der sie intendiert oder in ihnen handelt. Also können wir für die Aussage, daß Gott in jenen anderen, viel zahlreicheren nichtmenschlichen natürlichen Ereignissen wirklich handele, nicht auf *unsere* Erfahrung als solche zurückgreifen – auch wenn es andere gute Gründe für die Annahme geben könnte, daß es eine solche kontinuierlich schaffende Wirklichkeit, die wir Gott nennen, gibt. Wir benötigen weitere Argumente für die Plausibilität einer solchen Behauptung.

Für alle genannten Autoren bleibt die Vorstellung Gottes als personalen Subjekts, wie wir bereits in den Kapiteln 7 und 8 gesehen haben, für den Gottesgedanken als solchen und für die weitverbreitete menschliche Erfahrung einer *personalen* Gottesbeziehung zentral. Diese Vorstellungen und Überzeugungen sind daher der Kritik ausgesetzt, daß die Analogie zwischen menschlichem und göttlichem Handeln das nicht leisten kann, was sie leisten soll – nämlich die Vorstellung eines Handelns Gottes in der Welt verständlich zu machen –, wenn das „kausale Bindeglied" in *sowohl* dem menschlichen *als auch* dem göttlichen Handeln in der Welt nicht näher erläutert wird. Auf das Fehlen einer solchen Erklärung der „kausalen Verbindung" müssen wir die Tatsache zurückführen, daß so viele zeitgenössische Theologen sich auf die schlichte Behauptung zurückziehen müssen, Gott handle tatsächlich in der Welt, und daß sie nicht versuchen, diesen Gedanken anders als unter Berufung auf die Analogie zum menschlichen Handeln verständlich zu machen.

Es ist also wichtig zu untersuchen, ob neue wissenschaftliche Perspektiven Licht auf die deterministischen und dualistischen Voraussetzungen 1 und 2 werfen, die für die Frage nach der „kausalen Verbindung" von Bedeutung sind.

2. Wie Gott gemäß der Perspektive der Wissenschaft mit der Welt interagieren könnte

In Kapitel 8 haben wir eine Anzahl wichtiger Arten unterschieden, wie unser wissenschaftliches Verständnis dessen, was in der Welt existiert und was in ihr vorgeht und vorgegangen ist, unsere Gründe für den Glauben an Gott als Schöpfer dieser Welt und die Bedeutung des Wortes „Gott" – d.h. unser Verständnis verschiedener Aspekte der Beziehung eines solchen Gottes zu der geschaffenen Welt sowie der Implikationen dieser Beziehung für das Wesen Gottes – modifiziert, ja bereichert hat. Wir sahen unter anderem, daß die Verständlichkeit der natürlichen Welt auf die grundlegende Rationalität Gottes als Schöpfer, die Regelmäßigkeit ihrer Prozesse auf die Treue Gottes gegenüber der geschaffenen Ordnung und die Kontinuität dieser Prozesse und der Verlauf ihrer Entwicklung auf die beständige Immanenz des schöpferischen Handelns Gottes hinweisen. Wir haben weiter gesehen, daß die Interpretation von Allmacht und Allwissenheit Gottes durch viele Religionsphilosophen und die traditionelle Frömmigkeit mit wichtigen Einschränkungen versehen werden muß. Es zeigte sich, daß diese wesentlichen Eigenschaften Gottes am besten gedeutet werden können, wenn Gott eine selbstauferlegte Verletzlichkeit im Verhältnis zu den Ereignissen und Prozessen der Welt, deren Schöpfung mit einer Selbstentäußerung (*kénosis*) Gottes einherging, zugeschrieben wird. Wenn, wie wir gesagt haben, die Welt nicht selbst die Quelle ihres Seins ist, dann, so schlossen wir, ist die „beste Erklärung" für diese Welt ein Schöpfergott, der wenigstens personal sein muß und der eine Art der Rationalität besitzt, die kreativ ist und der Welt neue Möglichkeiten erschließt. Jetzt müssen wir jedoch untersuchen, ob die wissenschaftliche Betrachtung der Welt einen Beitrag zu unserem Verständnis der Art, wie ein so beschriebener Gott mit der Welt interagieren könnte, leistet.

a. Unvorhersagbarkeit, Offenheit, Flexibilität und Neigungen

Obwohl die Naturwissenschaften sich traditionell mit den regelmäßigen, vorhersagbaren, von Gesetzen bestimmten Phänomenen der natürlichen Welt beschäftigt haben, mußten sie im zwanzigsten Jahrhundert erkennen, daß es auf jeder Ebene der Komplexität Systeme gibt, deren zukünftige Entwicklung unvorhersagbar ist. Es handelt sich um[56] subatomare Systeme auf der („Heisenbergschen") Mikroebene, Newtonsche Systeme mit vielen Körpern auf der Mikroebene der Beschreibung und nichtlineare dynamische Systeme auf der makroskopischen Ebene.[57] Die Einsicht in die Existenz der letztgenannten Kategorie ist trotz der großen Bandbreite von Phänomenen, die in diese Kategorie fallen, z.B. turbulente Flüssigkeiten, einige Netze von chemischen Reaktionen oder Neuronen und das Wetter, relativ neu. Es muß betont werden, daß die nichtlinearen, makroskopischen, offenen Systeme, um die es hier geht, auf der Mikroebene ebenso deterministisch sind wie jedes „klassische" System. Ihre Unvorhersagbarkeit auf der Makroebene ist das Resultat der Eigenart der Lösungen der mathematischen Gleichungen, die das Verhalten dieser Systeme als ganze bestimmen, und ihrer Sensibilität gegenüber den Ausgangsbedingungen.

Die Welt sieht also immer weniger wie der deterministische Mechanismus aus, der seit Newton von einem großen Teil der theologischen Reflexion des Handelns Gottes in der Welt vorausgesetzt wurde (Voraussetzung 1, oben). Heute erkennen wir, daß sie innerhalb eines gesetzmäßigen Rahmens eine gewisse Offenheit und Flexibilität besitzt, so daß bestimmte Entwicklungen unaufhebbar unvorhersagbar sind, und die relevanten Wissenschaften sowie die Mathematik liefern uns gute Gründe für die Annahme, daß diese Unvorhersagbarkeit eine bleibende ist.

Wir haben außerdem gesehen, daß der historische Verlauf der Entwicklung der Natur eine Art ansteigende Kurve dieser Unvorhersagbarkeit auf der makroskopischen Ebene aufweist, und zwar besonders bei der Offenheit der Evolution des Lebens und schließlich der zunehmenden Freiheit bewußter Organismen. Das unmittelbarste und bemerkenswerteste Beispiel für letztere ist natürlich die Erfahrung der menschlichen Freiheit, und wir sind sehr geneigt, sie mit der nichtlinearen, vom Gleichgewicht weit entfernten dynamischen Komplexität des neuronalen Netzes, das unser Gehirn bildet, in Verbindung zu bringen.

Die Geschichte des Verhältnisses von Naturwissenschaften und Christentum enthält viele Beispiele für die Lücken in der Fähigkeit der Menschen, kausale Erklärungen zu geben, d.h. Beispiele für Unvorhersagbarkeit, die von Theisten als Beweis für Gegenwart und Aktivität Gottes genutzt werden. Gott dient so dazu, die Lücken in den Erklärungen zu schließen. Der Fortschritt der Naturwissenschaften zeigt jedoch, wie angreifbar ein solcher „Gott der Lücken" wird, wenn die Wissenschaft nach und nach Erklärungen für diese angeblichen Gelegenheiten, bei denen ein solcher „Gott" seine „allmächtigen" Muskeln spielen lassen könnte, entwickelt. Jetzt müssen wir allerdings eine neue, unaufhebbare Art der Unvorhersagbarkeit bei Systemen wie den oben genannten und damit eine neue Flexibilität bei den in solchen Systemen auftretenden Ereignissen in Rechnung stellen – ein *strenger* Determinismus regiert auf der makroskopischen Ebene ebensowenig umfassend wie auf der subatomaren Ebene, was in bezug auf letztere seit den 1920er Jahren bekannt ist.

Wir müssen daher sozusagen permanente Lücken in unserer Fähigkeit, Ereignisse in der natürlichen Welt vorauszusagen, in Rechnung stellen. Sollen wir also einen „Gott der *unvorhersagbaren* Lücken" ins Feld führen? Dann bestünde nicht die Gefahr, daß ein solcher Gott durch die Zunahme des wissenschaftlichen Wissens an den Rand gedrängt wird. Allerdings erheben sich zwei weitere theologische Fragen: (1) „Kennt *Gott* das Ergebnis jener Situationen, die für uns unvorhersagbar sind?" und (2) „Handelt Gott innerhalb der Flexibilität dieser Situationen, um seinen Willen zu verwirklichen?" Was Frage 1 betrifft: Gottes Allwissenheit könnte so beschaffen sein, daß er die Details der Fluktuationen kennen und verfolgen würde, die wir weder vorhersagen noch beobachten können und deren Verstärkung auf der makroskopischen Ebene zu einem bestimmten Ergebnis statt eines anderen führt, das wir ebenfalls nicht vorhersagen können. Nur wenn wir Frage 1 bejahten (d.h. wenn wir annähmen, daß Gott das Ergebnis jeglicher Ausgangssituation voraussagen kann, selbst wenn wir dazu nicht in der Lage sind), könnten wir in der Folge behaupten, daß Gott handeln kann, um die anfängliche und dann verstärkte Fluktuation so zu verändern, daß eine makroskopische Konsequenz herbeigeführt wird, die seinem Willen und seinen Zielen entspricht – d.h. wir würden auch Frage 2 positiv beantworten. Wir würden von Gott dann annehmen, daß er sozusagen „innerhalb" der Flexibilität dieser unvorhersagbaren Situationen auf eine Art und Weise handelt, die wir prinzipiell nicht erkennen können. Ein solcher Modus des göttlichen Handelns stünde immer noch in Einklang mit unserer wissenschaftlichen Kenntnis der Situation, die ihrerseits unser Eingeständnis einschließt, daß wir Dinge nur eingeschränkt und manchmal überhaupt nicht voraussagen können. In diesem Fall würde die Auffassung naheliegen, daß Gott die Mikroereignisse innerhalb der anfänglichen Fluktuationen in der natürlichen Welt tatsächlich beeinflußt, um die Resultate hervorzubringen, die seinem Willen entsprechen. Dies scheint in John Polkinghornes Argument in „Science and Providence" impliziert zu sein, wo er, in meinen Augen zu Recht, betont, daß „der Gedanke der Immanenz Gottes uns hilft, die Bandbreite des Handelns Gottes ein wenig zu verstehen"[58]. Zwar zitiert Polkinghorne zustimmend die Aussage John V. Taylors in „The Go-between God", daß „die Hand Gottes … nicht in isolierten Akten der Einmischung, nicht in irgendwelchen Lükken, sondern im Prozeß selbst gesehen werden muß"[59], aber er ist dennoch der Meinung, daß der „Gedanke eines flexiblen Prozesses uns hilft zu erkennen, wo innerhalb der Grenzen der göttlichen Treue Raum für ein Handeln Gottes sein könnte“[60]. Seine daran anschließende Behauptung, Gottes immanentes Handeln „bleibe immer in den Komplexen verborgen, deren empfindliches Gleichgewicht sie jeglicher Prognose entzieht“[61], scheint mir der Kritik ausgesetzt zu sein, sie impliziere, daß Gott scheinbar innerhalb des Kausalzusammenhangs jener von uns nicht zu schließenden Lücken in der Vorhersagbarkeit der natürlichen Welt, die besonders in der Form der (oft komplexen) nichtlinearen Systeme manifest sind, handelt. Wenn das der Fall wäre, müßte Gott in der Lage sein, das Ergebnis seines Handelns innerhalb des „flexiblen Prozesses“ vorauszusagen und gleichzeitig ein Mikroereignis, das anschließend verstärkt wird, so zu verändern, daß es ein anderes ist, als es wäre, hätte es seinen eigenen natürlichen Verlauf nehmen können, ohne vom göttlichen Handeln beeinflußt zu werden. In dieses Dilemma gerät man, wenn man von Gott annimmt, daß er auf irgendeine Weise *innerhalb* der Prozesse auf der Mikroebene, also durch die „isolierten Akte der Einmischung“, die John Taylor ausschließt, handelt.[62]

Eine solche Auffassung des Handelns Gottes in diesen für uns unvorhersagbaren Situationen würde sich von der Vorstellung eines göttlichen Eingreifens in eine deterministische, streng durch Gesetze gesteuerte, mechanistische Ordnung der Natur, die man für die Konsequenz der Dynamik Newtons hielt, nicht prinzipiell unterscheiden. Der einzige Unterschied bestünde darin, daß Gottes Eingreifen (denn so müßte es genaugenommen genannt werden) angesichts unserer unaufhebbaren Unfähigkeit, die Geschichte vieler natürlicher Systeme vorherzusagen, uns immer verborgen bliebe, wohingegen es uns gemäß dem älteren Modell möglich wäre, Gottes Intervention in eine mechanistische, streng durch Gesetze gesteuerte Welt zu verifizieren, vorausgesetzt, wir würden die Naturgesetze erkennen, die in dieser Welt gewöhnlich zum Tragen kommen. Dann nämlich würden wir wissen, welchen Regelmäßigkeiten nicht entsprochen wurde, welche Gesetze sozusagen außer Kraft gesetzt wurden.

Obwohl also die Einführung eines Elements der Unvorhersagbarkeit, Offenheit und Flexibilität in unser Bild der natürlichen Welt uns auf den ersten Blick dabei zu helfen scheint, mit Hilfe einer neuen Terminologie darzulegen, auf welche Weise Gott in der Welt mit ihren nicht zu schließenden „Lücken“ handeln könnte, weisen die bisherigen Überlegungen darauf hin, daß ein solches Handeln Gottes ebenso „interventionistisch“ wäre wie das, das unter Voraussetzung eines mechanistischen Weltbildes behauptet wurde. Es muß betont werden, daß diese Analyse auf der Annahme beruht, daß Gott tatsächlich das Ergebnis natürlicher Situationen kennt, die wir nicht vorhersagen können (d.h. auf einer positiven Antwort auf Frage 1). Sie setzt vollkommenes Allwissen und Vorauswissen Gottes im Hinblick auf alle natürlichen Ereignisse voraus.

Wir haben jedoch bereits[63] Gründe dafür ins Feld geführt, warum Gottes Allwissenheit zumindest in gewisser Hinsicht als „sich selbst begrenzend" betrachtet werden sollte. Das bedeutet, daß Gott *nicht* weiß, welches von einer Million Radiumatomen das nächste sein wird, das z.B. in den nächsten 10^{-3} Sekunden zerfällt, sondern nur (wie wir selbst), welche durchschnittliche Anzahl solcher Atome innerhalb einer bestimmten Zeitspanne zerfallen wird. Das Modell einer sich selbst begrenzenden Allwissenheit besagt, daß Gott die natürliche Ordnung so eingerichtet hat, daß es für ihn und für uns prinzipiell unmöglich ist, das Ergebnis bestimmter Arten von Ereignissen vorauszusagen – dies meine ich in diesem Kontext mit dem Begriff „prinzipiell".[64] Mit anderen Worten: Wenn es in dem oben genannten Beispiel wirklich unentschieden ist, welches bestimmte Radiumatom in einer bestimmten gegebenen Zeitspanne zerfallen wird, erübrigt sich die Frage, ob Gott in die Mikroereignisse auf dieser Ebene eingreifen kann, um die natürliche Ordnung zu beeinflussen. Nicht nur die Ereignisse auf der subatomaren Ebene, sondern eine große Bandbreite makroskopischer Ereignisse ist ebenfalls prinzipiell unvorhersagbar.[65] Wir müssen also schließen, daß das Ergebnis dieser Art makroskopischer Ereignisse von Gott nicht gewußt werden kann. Ihre Manipulation durch Gott ist dann (in diesem Universum mit seinen faktischen geschaffenen Charakteristika) unmöglich. Es gibt einfach keinen zukünftigen, vorhersagbaren Zustand solcher Systeme, der Gegenstand des Wissens Gottes sein könnte.

Aus diesen Gründen haben wir uns bereits[66] dafür ausgesprochen, Gottes Allwissenheit und Allmacht als gewissermaßen „durch sich selbst begrenzt" zu betrachten. Dies, so haben wir gesagt, ist die Ursache dafür, daß die natürliche Ordnung jenes Maß an echter Offenheit und Unvorhersagbarkeit besitzt, das für das Zusammenspiel von Zufall und Gesetz in einem kreativen Prozeß und letztlich für die Entstehung echter menschlicher Freiheit erforderlich ist. Gemäß dieser Auffassung verleiht Gott nicht nur – wie von der christlichen Theologie schon lange anerkannt – den Menschen, sondern auch der natürlichen Ordnung insgesamt eine gewisse Autonomie, sich auf eine von ihm selbst nicht im einzelnen bestimmte Art und Weise zu entwikkeln. Er ermöglicht der natürlichen Ordnung eine Offenheit und Flexibilität, die zu der natürlichen, strukturellen Basis für die Flexibilität bewußter Organismen und schließlich für die Freiheit des Menschlichen-Gehirns-im-menschlichen-Körper, d.h. von Personen, werden.

Wir sind oben zu dem Schluß gekommen, daß dieses neue Bewußtsein der Unvorhersagbarkeit, Offenheit und Flexibilität, die vielen natürlichen Prozessen und Systemen eigen sind, nicht an sich unmittelbar dazu beiträgt, die „kausale Verbindung", die Gottes Handeln in der Welt ermöglicht, zu klären. Es hilft uns jedoch dabei, die natürliche Welt als eine Matrix zu sehen, innerhalb derer sich Offenheit und Flexibilität und, im Fall der Menschen, Freiheit spontan entwickeln können. Es weist außerdem auf einen geeigne-

ten Kontext hin, innerhalb dessen freie Personen auf fruchtbare Weise handeln können – in ihm ist nämlich ausreichend Regelmäßigkeit gegeben, auf der die Möglichkeit von Entscheidungen und Handlungen beruht. Zugleich bietet er unerwartete Herausforderungen für bewußte Organismen, und er ist nicht so starr, daß Kreativität und Spontaneität unmöglich wären.
In Teil I[67] haben wir gesehen, daß die Prozesse in der natürlichen Welt bestimmte Tendenzen aufweisen, von denen einige so stark sind, daß sie *Neigungen* in dem Sinn, auf den uns Karl Popper in neuerer Zeit wieder aufmerksam gemacht hat[68], genannt werden können. Zu ihnen gehört die Neigung zu wachsender Komplexität, die die Basis für einen Zuwachs an Organisation in lebenden Organismen darstellt, der selbst wiederum die Grundlage für das Auftreten von Bewußtsein und damit Selbstbewußtsein bildet. Eine theistische Interpretation des Universums muß diese Neigungen als diesem eigen und von Gott dem Schöpfer gewollt betrachten. Obwohl wir also schließen mußten, daß Gott das Ergebnis prinzipiell unvorhersagbarer Situationen nicht im einzelnen vorhersagen kann, bedeutet dies nicht, daß er keine Ziele hätte, die durch die dem Universum eigenen Neigungen, die sozusagen die Würfel präparieren, deren Fall den Ablauf natürlicher Ereignisse bestimmt, verwirklicht werden. Die Welt ist anscheinend so beschaffen – ein Theist würde sagen: „geschaffen" –, daß es zu einer Art Sperradeffekt kommt, mit der Folge, daß, wenn einmal eine bestimmte Ebene der Komplexität und dann der Organisation und dann des Bewußtseins und schließlich des Selbstbewußtseins erreicht ist, diese gewissermaßen die „Abschußrampe" für die nächste Phase der Erforschung neuer Möglichkeiten bildet. Und diese Bewegung setzt sich fort, obwohl noch Rückschritte möglich sind und manchmal tatsächlich auftreten. Mit den Worten D.J. Bartholomews: „Gott hat sich dafür entschieden, eine Welt des Zufalls zu schaffen, weil sie die Eigenschaften aufweist, die für die Entwicklung von Wesen, die mit Gott Gemeinschaft haben können, notwendig sind."[69]
Zusammenfassend läßt sich sagen, daß das neue wissenschaftliche Bewußtsein der Unvorhersagbarkeit, Offenheit und Flexibilität sowie der den natürlichen Prozessen eigenen Neigung zu ganz bestimmten Arten von Ergebnissen anscheinend darauf hinweist, daß unsere Welt so beschaffen ist, daß sie die Matrix bilden könnte, innerhalb derer sich freie Subjekte entwickeln konnten, und daß ihr ein solches Maß an Offenheit und Flexibilität innewohnt, daß wir in Gottes kontinuierlichem schöpferischen Handeln mit Recht[70] ein Element des Forschens entdecken. Wir haben jedoch auch gesehen, daß die Einsicht in diese Eigenschaften der Welt, so sehr sie unsere Interpretation der Bedeutung der in der Welt ablaufenden Prozesse verändert hat, für uns letztlich nicht sehr hilfreich ist, wenn wir eine Antwort auf die Frage, wie Gottes Handeln in der Welt am besten zu denken und auszudrükken ist, die Frage der „kausalen Verbindung" also, suchen. Die Definition des Problems als das der „kausalen Verbindung" zwischen Gott und der Welt

ist allerdings nicht angemessen, denn sie wird den vielen Ebenen, auf denen die Kausalität in einer Welt komplexer, auf vielfältige Weise und auf vielen Ebenen miteinander verzahnter Systeme wirkt, nicht gerecht. Diesem Hauptmerkmal der Welt, wie sie von der Wissenschaft wahrgenommen wird, müssen wir nun unsere Aufmerksamkeit zuwenden.

b. „Von-oben-nach-unten"- (oder absteigende) Kausalität

Wir haben in Teil I[71] gesehen, daß im Fall verschiedener natürlicher Situationen Kausalität in komplexen Systemen, die aus komplexen und auf verschiedenen miteinander verzahnten Organisationsebenen befindlichen Subsystemen bestehen, am besten als ein zweigleisiger Prozeß verstanden werden kann. Die Ereignisse auf den „niedrigeren" Ebenen der Hierarchie der Komplexität beeinflussen nicht nur langfristig (wie geringfügig auch immer) das Verhalten des gesamten umfassenden Systems als eines Ganzen, sondern auch der Zustand des Systems als eines Ganzen selbst kann als kausaler Faktor gelten, der die Ereignisse in den „niedrigeren" Subsystemen beeinflußt und sie darauf festlegt, einen bestimmten Verlauf (statt eines anderen) zu nehmen. Nun werden die Ereignisse auf jeder einzelnen Ebene oder in jedem einzelnen Subsystem (je nachdem, welcher Ausdruck der besonderen Situation angemessen ist; das können manchmal beide sein) mit Hilfe einer Sprache erklärt und beschrieben, die – im Licht der hier eingenommenen kritisch-realistischen Perspektive – Begriffe gebraucht, die sich auf die auf jenen Ebenen wirkenden Realitäten beziehen. Dies gilt auch für das System als Ganzes, so daß reale Eigenschaften des Systems als eines Ganzen als verursachende Faktoren oder Einflüsse bei Ereignissen in den Subsystemen der niedrigeren Ebenen gelten können – Ereignisse, die – wie betont werden muß – mit Hilfe der Begriffe der für diese niedrigere Ebene relevanten Wissenschaften beschrieben werden können. Wir haben daher auf die Beispiele[72] der scheinbar koordinierten Bewegung oder chemischen Transformation einzelner Moleküle in den sechseckigen fließenden „Zellen" der Konvektionsströme in Flüssigkeiten nach Bénard bzw. der räumlichen Organisation eines zuvor homogenen Reaktionssystems aufmerksam gemacht. Besonders bei biologischen Systemen haben wir bemerkt[73], daß in der Evolution eine solche „Von-oben-nach-unten"-Kausalität zu verzeichnen ist, so daß evolutionäre Ausleseprozesse als Ursache von Veränderungen in der DNS lebender Organismen gelten können. Insbesondere haben wir beobachtet[74], daß uns solche Überlegungen bedeutsame Hinweise darauf liefern, inwiefern bewußte Gehirnzustände eine „Von-oben-nach-unten"-Ursache auf den „niedrigeren" Ebenen der Neuronen – und damit möglicherweise eine solche Ursache menschlicher, auf Gehirnzuständen beruhender Handlungen – sein können. Damit ist eine neue Einsicht in das Wesen des menschlichen Handelns gegeben, die für unser Hauptproblem von zentraler Bedeutung ist.

Könnten wir die Welt als Ganzes im Licht dieser Eigenschaften der natürlichen Welt nicht als ein zusammenhängendes System betrachten, dessen allgemeiner Zustand ein kausaler Faktor „von-oben-nach-unten" oder ein Einfluß bei dem sein kann, was auf den Myriaden von Ebenen, die die Welt umfaßt, geschieht? Ich meine, daß diese neue Betrachtung der Art, wie Kausalität in unserer komplexen, hierarchisch aufgebauten Welt wirkt, eine neue Quelle für die Reflexion der Frage, wie Gott mit dieser Welt interagieren könnte, darstellt. Denn sie weist in eine Richtung, die es uns ermöglicht, uns vorzustellen, daß das Handeln Gottes in der Welt Wirkung zeigt, allerdings auf eine Art und Weise, die nicht im Gegensatz zu jenen im beobachtbaren Universum wirkenden Regelmäßigkeiten und Gesetzen steht, die von den für die betreffende Ebene der Komplexität und Organisation zuständigen Wissenschaften erklärt werden. Sie bietet darüber hinaus ein adäquates und hilfreiches Modell dafür, wie natürliche Ereignisse, einschließlich der unvorhersagbaren, und die Ergebnisse frei gewollter menschlicher Entscheidungen innerhalb der Hierarchie aufsteigen und zum Zustand des Ganzen beitragen können. Deshalb hilft sie uns, ein überzeugenderes Modell der Interaktion, ja des Dialogs, zwischen menschlichen Entscheidungen und Handlungen einerseits und göttlichen Intentionen und Zielen andererseits zu entwickeln. In diesem Zusammenhang ist schließlich auch die Bedeutung von Gebet, Gottesdienst und Sakramenten verwurzelt.
Für Versuche, den Gedanken der Transzendenz Gottes im Verhältnis zur Welt, seine Eigenart als „ganz Anderer", mit dem Gedanken seiner immanenten Gegenwart in, mit und unter der Welt zusammenzuhalten, ist es oft hilfreich, Modelle der Welt einzusetzen, gemäß derer diese in einem gewissen Sinn „in Gott", Gott aber zugleich „mehr als" die Welt ist; Gott ist dann die die Welt umfassende Wirklichkeit, in der diese besteht und existiert („Pan-en-theismus").[75] Gott ist der eine, in dem „wir leben, uns bewegen und sind"[76]. Dieses Modell beschreibt der heilige Augustinus einprägsam und anschaulich, indem er Gott folgendermaßen anredet:

> „Vor meinen Geist stellte ich die ganze Schöpfung und was in ihr zu sehen ist, die Erde, das Meer und die Luft, die Gestirne, die Bäume und die anderen sterblichen Geschöpfe; ferner alles, was wir in ihr nicht erblicken ... und ich bildete aus deiner Schöpfung eine einzige große Masse ... Groß machte ich mir diese Masse, aber nicht, wie sie wirklich ist, denn das konnte ich nicht wissen, sondern nach meinem Belieben von allen Seiten begrenzt. Dich aber, o Herr, bildete ich mir ein als den sie überall Umfassenden und Durchdringenden und Allbegrenzten. Gesetzt, das Meer erfüllte alles und allenthalben durch die unermeßlichen Räume wäre nur allein das Meer und es enthielte in sich einen Schwamm von beliebiger, jedoch begrenzter Größe, so wäre dieser Schwamm vollständig und in jedem seiner Teile erfüllt von diesem unermeßlichen Meere. So stellte ich mir deine begrenzte Schöpfung, die von dir, dem Unbegrenzten, erfüllt ist, vor und sprach: Siehe, so ist Gott und so ist Gottes Schöpfung beschaffen, und gut ist Gott und viel besser als jenes."[77]

Nach diesem Modell der Beziehung Gottes zur Welt als ganzer ist das ge-

samte System der Welt „in Gott", der (auf einzigartige Weise) ihr *als ganzer* und den sie ausmachenden individuellen Entitäten gegenwärtig ist. Wenn Gott auf dieser zusätzlichen Ebene der Totalität mit der „Welt" interagiert, dann könnte er „von-oben-nach-unten" ursächlich wirken, ohne die Gesetze und Regelmäßigkeiten (und die von uns festgestellten Unvorhersagbarkeiten) aufzuheben, die auf den Myriaden Unterebenen der Existenz, die jene „Welt" bilden, wirken. Einzelne Ereignisse könnten in der Welt auftreten und sein, was sie sind, weil Gott sie so will, ohne daß es an irgendeinem Punkt zu einem Verstoß gegen die Gesetze der Physik, Biologie, Psychologie, Soziologie oder irgendeiner anderen für die betreffende Beschreibungsebene relevanten Wissenschaft käme. Darüber hinaus sollten wir erwarten können, daß die unaufhebbare Unvorhersagbarkeit, Offenheit und Flexibilität, die kleinere komplexe dynamische Systeme innerhalb der Welt charakterisieren, zugleich ein Merkmal der Welt als ganzer sind, und daß dies mit der Art vergleichbar ist, wie die Folge menschlicher Gehirnzustände (von außen betrachtet) eine Unvorhersagbarkeit aufweist, die in einem Zusammenhang mit der menschlichen Freiheit stehen könnte. Könnte dies nicht das Korrelat der göttlichen Freiheit im Verhältnis zur Welt sein?
Ein solches Reden von Gott kann nicht umhin, von Gottes „Absichten" und Gottes „Freiheit" zu sprechen, d.h., es kann die Sprache des personalen Subjektseins nicht vermeiden. Denn diese Gedanken einer „Von-oben-nach-unten"-Verursachung durch Gott können nicht erläutert werden, ohne daß sie zu der Vorstellung Gottes als Subjekt in einem gewissen Sinn, und zwar am wenigsten irreführend in einem personalen Sinn, in Beziehung gesetzt werden. Wir können der Frage, ob der Gedanke einer „Von-oben-nach-unten"-Verursachung durch Gott zweckdienlich ist oder nicht, nicht weiter nachgehen, ohne nochmals die dualistischen Annahmen über das Wesen des Menschen zu betrachten, die, wie wir gesehen haben, bei den Versuchen, das Modell des menschlichen Subjektseins auf das Handeln Gottes in der Welt zu übertragen, so häufig vorausgesetzt wurden.

c. Personale Subjekte als psychosomatische Einheiten

Seit einigen Jahrzehnten drängen die einschlägigen Wissenschaften[78] – Untersuchungen der Evolution des Gehirns, Pharmakologie, Biochemie des Gehirns, Neurophysiologie, Neuropsychologie, Psychologie, die Wissenschaften vom Gehirn und die kognitiven Wissenschaften im allgemeinen, um nur einige zu nennen – unaufhaltsam zu der Erkenntnis, daß die in Gehirn und Nervensystem des Menschen ablaufenden Prozesse einerseits und der Inhalt des Bewußtseins, unsere persönliche, mentale Erfahrung, andererseits als zwei Facetten oder Funktionen einer einzigen umfassenden Entwicklung und Aktivität zu betrachten sind.[79] Als Beispiel könnte man die gut bekannten Wirkungen, die das hormonelle Gleichgewicht, Gehirnverletzungen und

Drogen auf die Persönlichkeit und den Inhalt der mentalen Erfahrung haben, und die Erforschung der Einheit oder besser der fehlenden Einheit der Erfahrung von Patienten mit „gespaltenen" Gehirnen nennen. Ich habe an anderer Stelle[80] darauf hingewiesen, daß die Betrachtung von Geist und Körper als Einheit, die mit diesen Beobachtungen am besten übereinstimmt, für die christliche Theologie faktisch ganz annehmbar ist – und sogar mit den biblischen Voraussetzungen hinsichtlich des Wesens des Menschen korrespondiert –, vorausgesetzt, sie wird durch den Vorbehalt eingeschränkt, daß die Sprache mentaler Ereignisse nicht auf die der physikalischen und neurologischen Wissenschaften reduzierbar ist, die den einen unteilbaren Prozeß, der abläuft, wenn wir denken, ebenfalls zu beschreiben versuchen. Von der Beschreibung eines Ereignisses im Geist/Gehirn mit Hilfe einer nicht reduzierbaren mentalistischen Sprache wird angenommen, und darin liegt die Stärke der Einschränkung, daß sie sich auf ein *reales* Merkmal des unteilbaren Geist/Gehirn–Ereignisses bezieht. Tatsächlich ist dies eine Auffassung, die von vielen Philosophen im Hinblick auf das Geist-Körper-Problem vertreten wird. Sie wird manchmal als „weicher Materialismus" bezeichnet, obwohl es einiger Erläuterung bedarf, was in diesem Kontext mit „Materialismus" gemeint ist[81], denn es wird der Materie die Fähigkeit zu denken zugeschrieben, wenn sie die Form des Menschlichen-Gehirns-im-menschlichen-Körper annimmt.

Wir haben bereits gesehen[82], daß die Verbindung einer nichtdualistischen Auffassung der menschlichen Person und der Beziehung zwischen Geist und Körper mit dem Gedanken einer „Von-oben-nach-unten"-Kausalität die Art und Weise erhellt, wie Zustände des Gehirns als ganzen (a) auf der Ebene der Neuronen und damit des Handelns kausale Wirkungen haben können und wie sie (b) zugleich mentale Zustände sein können, auf die sich eine nicht reduzierbare mentalistische Sprache, einschließlich des Sprechens in der ersten Person, begründet als auf eine reale Modalität jenes umfassenden unteilbaren Ereignisses beziehen kann, die das Denken als Aktivität des Menschlichen-Gehirns-im-menschlichen-Körper darstellt. Ein umfassender Gehirnzustand, der als „*ich* beabsichtige, X zu tun, wie ich X tue" erfahren wird, übt einen kausalen Einfluß auf eine Reihe von Subsystemen (bis hin zu Muskeln und ihrer koordinierten Bewegung) aus, der genau die beabsichtigte Aktion *ist* und mit Hilfe der diesen Ebenen angemessenen Wissenschaften (Biochemie der Muskeln, Physiologie, Anatomie usw.) erschöpfend erklärt werden kann.

Ich stehe auf dem Standpunkt, daß eine *Verbindung* des Gedankens der „Von-oben-nach-unten"-Kausalität von dem integrierten, unteilbaren Geist/Gehirn-Zustand zum körperlichen Handeln des Menschen ((a) oben) mit der Einsicht in die Einheit des menschlichen Geist/Gehirn/Körper-Ereignisses ((b) oben) ein fruchtbares Zeichen oder Modell darstellt, das Licht auf die Frage wirft, wie wir uns Gottes Interaktion mit der Welt vorstellen können. Gemäß dieser Auffassung sind die prinzipiell erkennbaren Aspekte des Zustands der Welt als ganzer (alles Seins) nur Gott bekannt, und dies ist der Bereich, in dem Gott auf seiner eigenen Ebene der Erkenntnis seinen Einfluß ausübt. Ebenso wie unsere menschliche personale Subjektivität (das Bewußtsein, ein „Ich" zu sein) ein einheitlicher, einigender, konzentrierter Einfluß auf die bewußte, gewollte Aktivität unseres Körpers ist – und dies ist das Charakteristikum des personalen Subjektseins –, so wird Gott hier als einheitliche, einigende Quelle und konzentrierter Einfluß auf die Aktivität der Welt gedacht. Wir analysieren hier die Vorstellung, daß die Folge der Zustände des Systems der Welt als ganzer auch eine Folge im Denken Gottes darstellt, der allem gegenwärtig ist, und daß dies ein Modell oder eine Analogie für die Art bildet, wie eine Folge von Gehirnzuständen allem Anschein nach die Folge unserer Gedanken konstituiert. Dieses Modell nimmt von Gott an, daß er kontinuierlich kausale „Von-oben-nach-unten"-Einflüsse auf die Welt als ganze auf eine Art ausübt, die derjenigen, durch die wir in unserem Denken auf eine „Von-oben-nach-unten"-Weise Wirkungen auf unseren Körper erzeugen können, analog ist.

Wir haben bereits[83] die Vermutung geäußert: „Statt als Übertragung von Energie kann man sich die kausale Wirkung des Gesamtzustands des Gehirns auf die tatsächlichen Zustände seiner Nerven und Neuronen vielleicht besser als Informationstransfer vorstellen." Sie bildet jetzt einen weiteren Hinweis darauf, wie das kontinuierliche Handeln Gottes in der Welt als ganzer am besten gedacht werden könnte, nämlich als einem Input von Information statt von Energie vergleichbar. Da Gott jedoch personal ist, wird dieser „Informationsfluß" besser als „Mitteilung" seiner Ziele und Absichten an die Welt durch jene Ebenen der Hierarchie der Komplexität hindurch beschrieben, die fähig sind, sie aufzunehmen. Die Implikationen dieses Sachverhalts werden später noch zu erörtern sein.[84]

Dieser ganzheitliche Modus des Handelns und der Einflußnahme gilt allein für Gott und ist für ihn charakteristisch. Gottes kontinuierliche Interaktion mit dem Ganzen und die nie endenden Einflüsse, die er auf es ausübt, können so alle Ereignisse auf den niedrigeren Ebenen gestalten und steuern, so daß seine Ziele letztlich nicht zunichte gemacht, sondern erreicht werden. Eine solche Interaktion ist möglich, ohne daß auch nur eine der natürlichen Beziehungen und der Flexibilitäten und Freiheiten, die auf allen niedrigeren Ebenen zum Tragen kommen und die Gegenstand der Erkenntnis der Wissenschaften und der normalen menschlichen Erfahrung sind, je aufgehoben würde – ebensowenig wie das „Programm" der Software eines Computers die Gesetze der Festkörperphysik außer Kraft setzt, die in den in der Hardware ablaufenden Prozessen wirken.

Nur Gott ist in seiner Transzendenz der Totalität alles Seienden und zugleich in seiner Immanenz auch den einzelnen Entitäten, die das geschaffene Sein ausmachen, gegenwärtig. Entsprechend bezieht sich die Erfahrung Gottes auf die Welt als ganze ebenso wie auf die einzelnen Entitäten und Ereignisse

in ihr. Ich meine – in Analogie zum Verhältnis unseres eigenen Bewußtseins und den entsprechenden Beschreibungen unserer mentalen Zustände zu wissenschaftlichen Darstellungen unserer Gehirnzustände und unserer körperlichen Handlungen –, daß nur Gott einzelne Zustände jenes Ganzen erkennen und wissen kann, welche anderen Zustände ihnen im Lauf der Zeit folgen können und welche nicht (oder welches auch immer die angemessene Dimension für die Rede von einer „Folge in Gott“ sein mag). Dieses göttliche Wissen würde uns also ewig verborgen bleiben, da wir auf Ebenen existieren, auf denen Vorstellungsvermögen und Sprache, die notwendig sind, um das „innere“ Leben Gottes zu erfassen, niemals verfügbar sein werden. Am besten bedienen wir uns, wie wir bereits gesagt haben, der Sprache der personalen Erfahrung als der am wenigsten irreführenden Option, die uns zur Verfügung steht. Gemäß diesem Ansatz können wir alle Ereignisse auf unserer eigenen Ebene des Seins mit Hilfe der uns verfügbaren natürlichen Begriffe (z.B. jenen der Wissenschaften) beschreiben und dieselben Ereignisse, seien sie privat und nur uns oder öffentlich und allen zugänglich, gleichzeitig als Manifestationen der gesamten Absichten Gottes, d.h. seiner allgemeinen Vorsehung, betrachten. Denn Gott könnte durch einen umfassenden Einfluß, den er auf eine „von-oben-nach-unten“-verursachende Weise auf alle die Totalität des Seins konstituierenden Ereignisse ausübt, dafür gesorgt haben, daß sie so sind, wie sie sind, und nicht anders. Gott ist also als der ständige, überpersonale, einigende und eine Einfluß auf alles Sein zu denken. Wir müssen weiter anerkennen – und dies ist für dieses ganze Modell wesentlich –, daß im Licht unserer bisherigen Erörterung Gott selbst sich dafür entschieden hat, ein bestimmtes Maß an Unvorhersagbarkeit, Offenheit und Flexibilität in der Welt, die er kontinuierlich erschafft, zuzulassen.
Welche Implikationen hat dies für die „kausale Verbindung“ zwischen Gott und seinem Handeln in der Welt? Ich möchte mit Kaufman und Wiles[85] unterstreichen, daß Gottes Handeln sich auf die Welt als ganze richtet, dabei aber stärker als sie betonen, daß diese erhaltende und stützende Interaktion kontinuierlich geschieht, und nicht nur am Anfang steht, und daß ihre Wirkungen allgemeiner oder besonderer Natur sein können. Die Freiheit Gottes, in der Welt zu wirken, wird in diesem Modell bewahrt und verstärkt. Die Auffassung, daß Gottes kontinuierliche Interaktion mit der Welt am besten als „Von-oben-nach-unten“-Kausalität gedacht werden kann, trägt auch zur Klärung dessen bei, was einige, z.B. Hugh Montefiore,[86] als Tendenz beurteilen, mit der Art von Immanenz, die ich hier und an anderer Stelle vertreten habe, den „Gott der Deisten“ zu postulieren.[87] Ich habe versucht, dieser Kritik zu begegnen, indem ich betont habe,[88] daß die kreativen Prozesse der natürlichen Ordnung, die das Wirken des Zufalls unter gesetzesähnlichen Rahmenbedingungen beinhalten, selbst die immanente schöpferische Aktivität Gottes sind. Eine Analogie aus der Musik kann uns, so meine ich, dabei helfen, uns dies vorzustellen (vgl. unten, Kapitel 9, Abschnitt 3b).[89]

Der Gedanke der „Von-oben-nach-unten"-Kausalität hat den Vorteil, daß er es uns ermöglicht zu verstehen, wie das Handeln Gottes, das sich auf den Zustand der Welt als ganzer richtet, eine ursächliche Wirkung auf einzelne Ereignisse und Entitäten innerhalb dieser Welt haben kann. Jede Veränderung der Interaktion Gottes mit der Welt als ganzer kann gemäß diesem „von-oben-nach-unten"-kausalen Modell innerhalb der Grenzen der Unvorhersagbarkeit, Offenheit und Flexibilität der Natur (einschließlich der Menschheit), die auf Gott selbst zurückgehen, bestimmte Ereignisse in der Welt beeinflussen. Darüber hinaus würde ein solcher kausaler Einfluß Gottes von uns nie als ein göttliches „Eingreifen", d.h. als eine Einmischung in den Lauf der Natur und eine Aufhebung der in ihr beobachteten Beziehungen, wahrgenommen werden.

d. Wie?

Für die weitere Erläuterung dieser Betrachtung der Interaktion Gottes mit der Welt könnte es sich als hilfreich erweisen, die Frage „Wie handelt Gott in der Welt?" unter Rückgriff auf Owen Thomas' Klassifizierung[90] des Wortes „wie" zu erörtern.

A. *Mit welchen Mitteln?* Diese Frage läuft auf eine früher bereits gestellte hinaus, nämlich: „Welches ist die ‚kausale Verbindung' bei dieser behaupteten ganzheitlichen Interaktion?" Eine Beschreibung der Welt als ganzer, die Voraussetzung für eine Antwort ist, ist nur Gott möglich, denn er allein verfügt über die relevante und erforderliche Erfahrung der Welt als ganzer. Dies entspricht unserer Beschreibung unserer eigenen Gehirnzustände, zu denen nur wir selbst Zugang haben, und auch dies nur mit Hilfe einer mentalistischen Sprache. Unsere Erklärung der „kausalen Verbindung" zwischen Gott und Welt ist also immer noch lückenhaft, aber sie ist an eine unvermeidliche Grenze gelangt, die nämlich zwischen der Welt als ganzer und dem inneren Leben Gottes, innerhalb dessen Gott sich die Welt so vergegenwärtigt, daß er ihren Gesamtzustand verändern kann. Ich habe gesagt, daß Gottes Einfluß auf die Welt als ganze angemessen im Sinne eines Flusses, eines „Input" von Information statt von Energie verstanden werden könnte. Nun erfordert, wie an anderer Stelle hervorgehoben wurde[91], ein Input von Information auf allen unserer Beobachtung zugänglichen Ebenen *irgendeinen* wie immer geringen Input von Materie/Energie. Wir stehen also noch immer vor dem Problem der „kausalen Verbindung", das jetzt die folgende Gestalt hat: Wie kann Gott ohne einen Input von Materie/Energie seinen Einfluß ausüben, einen Input von Information in die Welt als ganze hineingeben? Dies scheint mir die höchste Ebene des Rätsels der „kausalen Verbindung" zu sein, denn hier geht es um nichts weniger als die Eigenart des göttlichen Wesens im Verhältnis zur Eigenart von Materie/Energie, und dies scheint mir – im Unterschied zu irgendwelchen niedrigeren Ebenen der geschaffenen Ordnung, auf denen dann mit allen Schwierigkeiten, die dies mit sich bringt, ein „Eingreifen“ Gottes postuliert werden müßte – der richtige Ort zu sein, an dem das Problem anzusiedeln ist.

B. *Auf welche Weise?* – Durch kontinuierliche Interaktion als „von-oben-nach-unten“ mit der Welt als ganzer Handelnder, der die natürlichen Verhältnisse nicht verletzt, so daß es nach unseren Beobachtungen nicht zu einem „Eingreifen“ im Sinne eines Bruchs in den zuvor beobachteten regelmäßigen Verhältnissen kommt.

C. *Mit welcher Wirkung?* – Die Wirkung bezieht sich primär auf die Welt als ganze, dadurch vermittelt jedoch auf jede Entität oder jedes Ereignis der Welt, das Gott beeinflussen möchte, und zwar innerhalb der von Gott selbst gesetzten Grenzen der der Schöpfung inhärenten Unvorhersagbarkeit, Offenheit und Flexibilität, einschließlich der Ausübung der menschlichen Freiheit. Diese Wirkungen kommen auf eine „Von-oben-nach-unten“-Weise durch die Grenzbedingungen und Einschränkungen, die der Zustand des Ganzen für alle untergeordneten, Bestandteile des Ganzen bildenden Entitäten und Prozesse darstellt, hindurch zum Tragen.

D. *Mit welchem Sinn, aus welchem Grund oder mit welchem Ziel?* – Die Theodizee-Frage bleibt weiter offen, obwohl die Art jener selbstauferlegten Grenzen bereits erkennen läßt, in welche Richtung eine Lösung dieses Problems gehen könnte (vgl. oben, C).

E. *In welchem Maß?* – Auf die Welt als ganze und dadurch und punktuell, im Zuge der Verwirklichung seiner Ziele durch Gott, auf einzelne Entitäten und Ereignisse gerichtet, wie er es beabsichtigt.

F. *Analog zu was?* – Analog zum personalen Subjektsein der psychosomatischen Einheit des menschlichen Geistes/Gehirns, das auf eine „von-oben-nach-unten“-verursachende Weise auf den menschlichen Körper einwirkt und so Ereignisse auf niedrigeren Ebenen, wie sie von den einschlägigen Wissenschaften beschrieben werden, sowie Prozesse in der Welt auslöst. Dieser Prozeß ist analog einem Input von „Information“ und damit der Gestaltung und Umstrukturierung der materiellen Welt, die unser Gehirn–in–unserem–Körper ständig vornimmt.

Diese Behandlung der Gott-Welt-Interaktion ist natürlich lediglich eine Variante der oft gebrauchten Analogie des personalen Subjektseins für Gottes Handeln in der Welt. Ich meine aber, daß sie diese Analogie treffender und überzeugender darstellt, da sie sowohl die psychosomatische Einheit des „Personalen“ als auch die „Von-oben-nach-unten“-Verursachung durch das menschliche „Subjekt“ berücksichtigt. Sie ist als eine Bereicherung dessen gedacht, was Galilee und Hebblethwaite[92] als die allgemeine Richtung der Darstellung Farrows einschließlich seines Agnostizismus im Hinblick auf die Art und Weise des Handelns Gottes interpretieren, den man „nicht mit einem Agnostizismus in bezug auf den Sinn der grundlegenden Analogie des Handelns, mit der Farrer operiert, oder in bezug auf die Notwendigkeit ihrer

Verwendung verwechseln darf"[93]. Sie verwenden für ihre Beschreibung des Ansatzes Farrows zwar den Begriff des „Geistes" (der in diesem Zusammenhang das Ausgreifen Gottes auf die Welt als ganze meint) und gehen theologisch weiter, als wir es hier tun, aber sie stimmen dabei dennoch mit dem oben entwickelten Verständnis der Interaktion Gottes mit der Welt überein:

> „Mit seiner Behandlung der göttlichen Vorsehung lädt Farrer uns ein, viel ganzheitlicher über das Netz der geschöpflichen Interaktion als Feld des Handelns Gottes zu denken, als es die Analogie eines Subjekts unter anderen vermuten lassen würde. Obwohl jedem geschaffenen Energiesystem die Möglichkeit gegeben wird, ‚auf seine je eigene Art zu funktionieren', ist weder die natürliche noch die menschliche Welt ein geschlossenes System, zu dem der Heilige Geist keinen Zugang hätte. Im Gegenteil, der Geist Gottes „strahlt aus" auf seine Schöpfung, fügt ihr dabei höhere Ebenen der Organisation hinzu und webt die verschiedenen Fäden der Evolution, Geschichte und Lebensgeschichte der Individuen in die Muster der Vorsehung, die wir beobachten, hinein. Die Art und Weise des Wirkens des göttlichen Geistes mag uns nicht bekannt, die Hand Gottes uns vollkommen verborgen sein, aber die Wirkungen des göttlichen Handelns bei der Entstehung des Menschen, in der Heilsgeschichte und im Leben Christi und der Heiligen sind ganz und gar nicht verborgen."[94]

Es hat also den Anschein, daß die neuen Perspektiven, die die Naturwissenschaften im Hinblick auf die in der Welt ablaufenden Prozesse, einschließlich jener der „Von-oben-nach-unten"-Kausalität und des Menschlichen-Gehirns-im-menschlichen-Körper, eröffnen, nicht nur einen neuen Kontext für die theologische Diskussion darüber, wie die Interaktion Gottes mit der Welt gedacht werden könnte, bilden, sondern daß sie auch neue begriffliche Ressourcen für die Entwicklung von Modellen für diese Interaktion erschließen. Tatsächlich liegen bereits verschiedene Modelle für die Interaktion Gottes mit der Welt vor, und einigen von ihnen müssen wir uns jetzt zuwenden.

3. Modelle der Interaktion Gottes mit der Welt

Sie müssen im Licht des Verständnisses des Seins und Werdens Gottes, das wir als Reaktion auf die von den Naturwissenschaften angeregte neue Betrachtung der Welt entwickelt haben[95], überdacht werden. In den vergangenen Jahrzehnten haben verschiedene Autoren versucht, dieser Herausforderung mit Hilfe der Entwicklung neuer oder der Revision alter Modelle zu begegnen und so eine Antwort auf die verschiedenen Anfragen, einschließlich der der Wissenschaften, zu geben. So haben sie zu jener Wiedergeburt von Bildern der Beziehung Gottes zur Welt beigetragen, die die allgemeine und dauernde Aufgabe der Theologie ist – was natürlich nicht bedeutet, daß es in der jüdisch-christlichen Tradition nicht schon eine Fülle von Modellen (wir werden, in Übereinstimmung mit unserem bisherigen Wortgebrauch, eher dieses Wort statt des Begriffs „Bilder" verwenden) für diese Beziehung gegeben hätte.

a. Modelle der Beziehung zwischen Gott und Welt

Von John Macquarrie[96] stammt die zweckdienliche und scharfsinnige Klassifikation dieser Modelle als – ganz allgemein gesprochen – entweder „monarchisch“ oder „organisch“. Modelle der ersteren Art betonen die „Transzendenz und den Vorrang Gottes gegenüber der Welt“[97] und denken die Beziehung zwischen Gott und der Welt asymmetrisch: Die Welt ist von Gott, aber Gott nicht von der Welt abhängig; Gott bewegt die Welt, aber nicht umgekehrt, und so weiter. Der letztere, „organische“ Ansatz „rechnet ... mit einer sehr viel engeren Beziehung zwischen Gott und der Welt als das monarchische Modell. Er gibt die Gedanken der Transzendenz und des Vorrangs Gottes nicht auf, modifiziert sie aber ... Ich selbst ziehe es vor, ihn als eine Variante des Theismus zu betrachten, die sich vom klassischen Theismus dadurch unterscheidet, daß sie die Elemente der Vertrautheit und Gegenseitigkeit im Verhältnis von Gott und Welt betont.“[98]

Zu den monarchischen Modellen gehören unter anderem Gott als Schöpfer, Vater (im patriarchalischen Sinn gedacht[99]), Herr, König und Herrscher über das All. Selbst innerhalb solcher Modelle des Königtums sind zwei verschiedene Bilder zu erkennen,[100] nämlich das des „Philosophenkönigs“ und das des „Erlöserkönigs“. Ersteres ist das Modell eines Königs, „durch dessen Weisheit und Macht alles so gelenkt wird, daß es nichts im Königreich geben kann, das nicht seinem Willen entspräche“[101]. Im Fall des letzteren Modells, das in der Bibel vorherrscht, laufen die Dinge, die im Reich des „Erlöserkönigs“ geschehen, seinen Wünschen oft zuwider, und er „begegnet dem, tilgt und erlöst beständig das, was seinem Willen nicht entspricht“[102].

Die organischen Modelle mit ihrer Betonung der Vertrautheit und Gegenseitigkeit zwischen Gott und der Welt treten in der Bibel weniger deutlich hervor, obwohl sie dort gewiß nicht fehlen – z.B. der Gedanke, daß Gott den Menschen näher ist als ihr eigener Atem, Hoseas Bild Gottes als des treuen Ehemannes; Gott als Hirte Israels; das Bild der Schöpfung als Gewand, das Gott trägt; in der Weisheitsliteratur die Vorstellung der *Sophia*, die von Gott als personales Subjekt ausgeht und Ausdruck von Gottes eigenem Sein in der Schöpfung ist; und im Neuen Testament die Lehre von der Inkarnation, nach der Gott selbst in der Schöpfung in einem geschaffenen Menschen Fleisch wurde.

In der modernen Theologie gibt es verschiedene Ansätze, die Trennung zwischen diesen beiden sehr unterschiedlichen Modellen zu mildern, die – wie hervorzuheben ist – in den biblischen Schriften beide benutzt werden, ohne daß dies als Widerspruch empfunden würde. So gehört Sallie McFague[103] zu denen[104], die das Modell Gottes als Mutter neben dem Modell Gottes als Vater vertreten, und die Glaubenskommission der *Church of England* (die gewöhnlich keine ultraradikalen theologischen Positionen vertritt) hat 1987 in ihrem Bericht betont, daß das Modell der Beziehung Gottes zur Welt als *El-*

tern-Kind-Beziehung „in Judentum und Christentum große Bedeutung besitzt“[105]. Sallie McFague erörtert außerdem die Modelle Gottes als Liebender und Freund auf eine sehr interessante und fruchtbare Weise. Es ist wichtig, daß man bei solchen Experimenten nicht aus dem Blick verliert, daß – wie wir in der Einleitung[106] angedeutet haben – solche Modelle Metaphern mit dem gleichzeitigen „ist“- und „ist nicht“-Charakter ihrer Aussage gebrauchen. Daher können verschiedene Modelle gleichzeitig verwendet werden, ohne daß dies einen Widerspruch bedeuten würde; es führt im Gegenteil sogar zu einer Bereicherung unserer Wahrnehmung.

Wie wir in diesem Kapitel bereits gesehen haben, ist das personale Subjektsein traditionell als Analogie für Gottes Interaktion mit der Welt verwendet und in neuerer Zeit einer umfassenden Neubewertung unterzogen worden. Obwohl die traditionelle Theologie das Verhältnis von Seele und Körper nicht allgemein gebraucht hat, um die Beziehung zwischen Gott und der Welt zu beschreiben, außer auf eine bestimmte, eingeschränkte Weise, hat die Prozeßtheologie in den vergangenen Jahren von dieser Analogie in der Form Selbst : Körper : Gott : Welt reichen Gebrauch gemacht. Wie wir gesehen haben, erleichtern es ganzheitliche Auffassungen der menschlichen Person, die als Reaktion auf die wissenschaftlichen Erkenntnisse entwickelt wurden und die „Selbst“ und „Körper“ als zwei Aspekte einer umfassenden Einheit denken, in Verbindung mit dieser Analogie, das Handeln Gottes in der Welt nicht als Eingreifen und sein Wissen von der Welt auf eine vertrautere und mehr verinnerlichte Weise zu denken. Die Metapher der Welt *als* Gottes Leib ist insbesondere von Sallie McFague und Grace Jantzen erörtert worden.[107] Erstere bewertet dieses Modell zustimmend, und zwar besonders wegen seiner die Welt bejahenden und ökologischen Implikationen und weil es die Möglichkeit eröffnet, eine echte Anteilnahme Gottes an den Leiden und Freuden der Welt zu betonen, wobei sie jedoch den metaphorischen Charakter dieser Sprache nicht aus dem Blick verliert.

Grace Jantzen geht weiter und betrachtet die Welt als Gottes Leib in einem viel stärker ontologischen Sinn – Gott ist nicht mehr „unkörperlich“, denn Gott ist in der Welt, dem Medium des göttlichen Lebens und Handelns, verkörpert. Ihre Erläuterung dieses Gedankens ist wegen der erhellenden Modifikationen einer Reihe von Aspekten vieler der monarchischen und beinahe deistischen Formen der Rede von Gottes Beziehung zur Welt, die zur Zeit zu unserem wissenschaftlichen Verständnis der Welt in Widerspruch stehen, anregend. Letztlich kann man sich jedoch des Eindrucks nicht erwehren, daß ihre Position zu sehr in die Nähe eines Pantheismus gerät, bei dem alles Sein so weitgehend mit Gott identifiziert wird, daß Gottes Rolle als Schöpfer verdunkelt wird. Außerdem ist die Welt, alles Sein, nicht ein integrierter Organismus in dem Sinn, wie *unser* Körper einen einzigen Organismus bildet – sie ist vielmehr ein Nexus von auf komplizierte Weise miteinander agierenden lebenden Organismen, die in die verschiedenen Komplexe anorganischer Systeme eingebunden sind, von denen die meisten nicht unmittelbar mit lebenden Organismen interagieren. Darüber hinaus wird das Problem des Bösen besonders schwer zu bewältigen, wenn die Welt Gottes Leib *ist*, denn dann wird das Böse zum Teil des Seins Gottes selbst. Dennoch – wenn man so sagen darf, ohne respektlos zu erscheinen – ruft uns dieser Versuch, die Welt *als* Gottes Leib zu beschreiben, gerade in seiner Unzulänglichkeit in Erinnerung[108], wie wenige Modelle es gibt, die Gottes engen Kontakt zu und Gegenwart in der und für die Welt, die er erschaffen haben soll, adäquat auszudrücken vermögen. Das Verständnis Gottes als Schöpfer ist für den jüdisch-christlichen Gottesgedanken grundlegend, und hinter all diesen Modellen für die Beziehung Gottes zur Welt stehen verschiedene Formen, diese schöpferische Aktivität Gottes näher zu bestimmen. Tatsächlich legen die Schwierigkeiten, auf die der Gedanke der Welt als Leib Gottes hinweist, und die Fülle alternativer Modelle für die Beziehung Gottes zur Welt die Vermutung nahe, daß es fruchtbar sein könnte, die Frage näher zu untersuchen, was wir meinen, wenn wir sagen, daß Gott alles Seiende „erschafft".

b. Modelle des schöpferischen Handelns Gottes[109]

Gemäß einer weiteren Analyse John Macquarries[110] gibt es, etwas verallgemeinernd gesprochen, in der jüdisch-christlichen Tradition zwei Modelle für das schöpferische Handeln Gottes – das Modell des „Herstellens" und das der „Emanation". Im Fall des ersteren ist die grundlegende Analogie die eines Handwerkers, der einen Gebrauchsgegenstand herstellt – wie z.B. ein Töpfer, der einen Topf, etwas, das zuvor in dieser Form nicht existierte, herstellt. Dieses Modell weist auf die Abhängigkeit des Geschaffenen vom Schöpfer hinsichtlich sowohl seiner Gestalt als auch seines Daseins, auf die Verwirklichung von Intention und Ziel im Geist des Schöpfers und auf das relativ unabhängige Sein hin, das dem Geschaffenen durch den Schöpfungsakt verliehen wird. Solche Modelle der Schöpfung Gottes sind insofern unzulänglich, als sie implizieren, daß die „Materie", auf die der Schöpfungsakt sich bezieht, zuvor bereits vorhanden war – d.h., sie drücken nicht den Gedanken der *creatio ex nihilo* aus, der für die Lehre von Gott als Schöpfer, als der *einen* Quelle des Seins alles dessen, was ist, so wesentlich ist. Nichtsdestoweniger dienen sie der Betonung der Transzendenz Gottes sowie der Tatsache, daß der Schöpfungsakt ganz und gar der freien Initiative Gottes zu verdanken ist. Sie neigen jedoch unweigerlich dazu, eine deutliche Kluft zwischen dem Schöpfer und dem Geschaffenen entstehen zu lassen.

Das andere Modell – das der Emanation – ist weniger biblisch, fand aber schon früh Eingang in die christliche Theologie und hat historisch[111] dazu gedient, das andere Modell zu ergänzen und sogar zu korrigieren. Das klassische Beispiel für „Emanation" ist das der Sonne, von der Strahlen ausgehen, die die Erde durchdringen und so Wärme und Leben fördern. So tritt nach diesem Modell Gott aus Gottes eigenem Sein heraus, um sich aktiv an der Schaffung und Erhaltung des Seins alles dessen, was ist, zu beteiligen. William Law bietet mit Blick auf die Situation des Menschen eine, um es mit Stephen Hobhouse[112] zu sagen, „bewundernswerte Aussage über das, was man die christliche Form der kreativen Emanation nennen könnte“:

> „Die Erschaffung einer Seele ist daher nicht die Erschaffung des Denkens und Wollens oder das Bewegen dessen, das vorher ohne Sein und Denken war, dazu, zu sein und zu denken, sondern sie ist die Heraussetzung der Möglichkeit, zu denken und zu wollen, aus ihrem ewigen Sein in dem einen Gott in ein beginnendes Sein eines seiner selbst bewußten, von Gott unterschiedenen Lebens.“

Und schon eher in demselben Werk:

> „Hier, oh Mensch, siehe den großen Ursprung und den hohen Stand deiner Geburt ... Du beginnst mit dem Beginn der Zeit, aber wie die Zeit in Ewigkeit war, bevor sie zu Tag und Nacht wurde, so warst du in Gott, bevor du in die Schöpfung gesetzt wurdest; und wie die Zeit weder ein Teil der Ewigkeit noch aus ihr herausgebrochen ist, sondern aus ihr kommt, so bist du nicht ein Teil Gottes und auch nicht aus ihm herausgebrochen, sondern aus ihm geboren.“[113]

Dieses Emanationsmodell betont zweifelsohne auf angemessene Weise die Immanenz Gottes in der geschaffenen Ordnung und die beständige Nähe Gottes zu dem Geschaffenen. Dennoch vermeidet es die Gefahr, Gottes Gegenwart in der Welt zu stark mit der Welt zu identifizieren – die Gefahr, die Welt geradezu als eine Verlängerung des göttlichen Seins und als eines „Wesens“ oder einer Seinsart mit Gott zu betrachten. Darüber hinaus beinhaltet es den Gedanken, daß die Schöpfung immer weitergeht und nicht einfach ein einmaliges Ereignis ist. Es kann jedoch manchmal ebenfalls den Eindruck vermitteln, als sei der Prozeß der Emanation unvermeidlich, weil Gottes Wesen so beschaffen ist, daß Schöpfung durch Emanation für sein eigenes Sein konstitutiv ist. Dann aber spielt ein bewußter, freier Willens- und Liebesakt Gottes bei diesem Prozeß keine Rolle. Damit schießt dieses Modell über das Ziel hinaus, denn der Gedanke, daß die Schöpfung ein frei gewollter Ausdruck und Akt der Liebe Gottes ist, muß bewahrt werden.
Macquarrie weist darauf hin[114], daß Versuche, die Einsichten dieser beiden traditionellen Modelle zu verbinden, allzuoft lediglich in einem unbehaglichen Nebeneinander enden, das nicht den Eindruck eines wirklich stimmigen Bildes erweckt. Außerdem erhellt besonders das zweite Modell der Emanation entgegen unserer Hoffnung die eigentliche Vorstellung des „Erschaffens“, des Schöpfungsaktes, nicht sonderlich. Daher ist in letzter Zeit die ästhetische Aktivität des künstlerischen Schaffens im weitesten Sinn als geeignetes Modell für die Schöpfung durch Gott gerühmt worden.[115] Denn jedes Kunstwerk verdankt sein Sein der spontanen Aktivität des Künstlers. Seine Form wird vom Künstler gewählt und, wenn er sich für eine bestimmte Form entschieden hat, setzt diese seiner künstlerischen Aktivität gewisse Grenzen. Der Vorschlag, das künstlerische Schaffen als Modell der göttlichen

Schöpfung zu gebrauchen, wurde von Dorothy Sayers in ihrem Werk „Homo creator“ mit einer interessanten Begründung vorgetragen.

> „Die Komponenten der materiellen Welt sind festgelegt; die der Welt der Einbildungskraft nehmen in einem steten unumkehrbaren Prozeß zu, ohne Zerstörung oder Neuordnung des Vorherigen. Dies stellt die nächstmögliche Annäherung an die Erfahrung einer ‚Schöpfung aus dem Nichts‘ dar, und wir verstehen den absoluten Schöpfungsakt als analog der Tätigkeit des schöpferischen Künstlers ... Diese Erfahrung schöpferischer Einbildungskraft im Durchschnittsmann oder der Durchschnittsfrau und im Künstler ist für uns das einzige Mittel, den Begriff der Schöpfung zu verstehen und zu formulieren.“[116]

Dieses anregende Modell nimmt, abhängig vom menschlichen kreativen Prozeß, auf den es sich bezieht, etwas unterschiedliche Formen an.
Dorothy Sayers selbst wählt, wie wir es von einer ausgezeichneten Schriftstellerin nicht anders erwarten würden, als bevorzugtes Beispiel das des kreativen Schreibens. Sie erkennt eine Dreiheit in der Reaktion des Geistes des Lesers auf ein geschriebenes Werk, die „der Dreiheit des Werkes (das Buch als Gedanke, das geschriebene Buch, das gelesene Buch) und diese wiederum der ursprünglichen Dreiheit im Geist des Schriftstellers (Idee, Formkraft, Geist)“ entspricht;[117] und sie betrachtet diese Dreiheit aufgrund der Struktur des schöpferischen Geistes als unvermeidlich. Sie hat dies schon früher erläutert, und zwar in der Schlußrede des heiligen Michael in ihrem Theaterstück „The Zeal of Thy House“, die sie in dem späteren Buch zitiert:

> „Denn jedes schöpferische Werk (*oder jede schöpferische Tat*) ist dreifach, eine irdische Dreiheit, welche die himmlische widerspiegelt.
> Die erste (*nicht zeitlich, sondern lediglich in der Reihenfolge des Aufzählens*) ist die schöpferische Idee, die leidenschaftslos, zeitlos das gesamte Werk sofort als Ganzes betrachtet, das Ende im Anfang: Und diese ist das Bild des Vaters.
> Das zweite ist die schöpferische Formkraft (*oder Tätigkeit*), die durch die Idee gezeugt wird, die in der Zeit vom Anfang bis zum Ende wirkt, mit Schweiß und Leidenschaft, in die Fesseln der Materie hineingeboren: Und dies ist das Bild des Wortes.
> Das dritte ist die schöpferische Kraft des Geistes, der Sinn des Werkes und die Antwort darauf in der lebendigen Seele: Und sie ist das Bild des innewohnenden Geistes.
> Und diese drei sind eins, jedes für sich in gleicher Weise das ganze Werk, doch keines kann ohne das andere sein: Und das ist das Bild der Dreifaltigkeit.“[118]

Uns interessiert hier nicht primär die explizit trinitarische Interpretation; vielmehr ist es die scharfsichtige Analyse des Aktes der schöpferischen Phantasie, die sie bietet, denn dieser Text kommt dem, was von der *göttlichen* Schöpfung behauptet wird, näher als alle anderen Analogien, die wir bis jetzt betrachtet haben. Das wesentliche Merkmal dieses Aktes ist darin zu erblikken, daß er demjenigen Dasein verleiht, das bis zum Zeitpunkt der Schöpfung nur als eine Idee im Geist des Schöpfers existierte. An der frei gewollten Initiative des Autors in diesem Prozeß besteht kein Zweifel, so daß seine „Transzendenz“ gegenüber dem Werk recht deutlich ist. Das Modell beinhaltet jedoch auch die „Immanenz“ des Autors in dem geschaffenen Werk, denn

„wenn der Schriftsteller ... einen Akt des schöpferischen Vermögens erzielen will, so muß er seiner Formkraft erlauben, in gleicher Fülle in alle seine Geschöpfe einzudringen, gleichgültig, welche Züge seiner Persönlichkeit sie herausheben und verkörpern"[119]. Das Modell hat den weiteren Vorteil, daß es eine gewissen Unabhängigkeit des Geschaffenen vom Schöpfer einschließt. Denn, wie Dorothy Sayers zeigt, die vom Autor geschaffenen Charaktere beginnen in einem Roman nach ihrer Erfahrung ein gewisses Eigenleben zu entwickeln, das für den Schriftsteller eine Einschränkung bei der weiteren Entwicklung der Handlung darstellt. Dies ist sicherlich ein Merkmal der Beziehung Gottes zu der Welt, die er immer weiter erschafft, die jedoch frei wollende, ihrer selbst bewußte Geschöpfe enthält, denen Gott ein gewisses Maß an Autonomie verliehen hat. Wie Austin Farrer es später ausgedrückt hat:

> „Der Schöpfer der Welt kann nicht mit jenen schlechten Schriftstellern verglichen werden, die sich zuerst eine Handlung für ihre Geschichte ausdenken und die Figuren dann zwingen, dieser zu folgen, sogar wenn es ihnen gegen den Strich geht. Er ist wie der gute Schriftsteller, der intelligent genug ist, eine zufriedenstellende Geschichte aus dem natürlichen Verhalten der von ihm erdachten Figuren zu entwickeln."[120]

Insoweit ist jeder ursprüngliche Entwurf des Autors dauernd gefährdet, einer natürlichen Entwicklung der Handlung entsprechend der persönlichen Entwicklung der interagierenden Figuren untergeordnet. Dies alles ist dem analog, was wir über Gottes Verhältnis zum Handeln der Menschen aussagen wollen, aber es stellt sich die Frage, ob das Modell wirklich angemessen ist, denn menschliche Subjekte besitzen eine weit größere Autonomie als jede Figur in einem Roman im Verhältnis zu dessen Autor.
Dorothy Sayers Bericht aus ihrer eigenen Erfahrung erweckt den Eindruck, daß der Bühnenschriftsteller der inneren Kohärenz und Stimmigkeit der von ihm geschaffenen Figuren noch größere Aufmerksamkeit schenken muß als der Autor von Romanen, denn seine Figuren müssen auf der Bühne lebendig und von Schauspielerinnen und Schauspielern dargestellt werden, die sich mit ihrer Rolle identifizieren können müssen, wenn sie überzeugend wirken sollen. Das Schreiben eines Theaterstücks ist also vielleicht ein besseres Modell für das göttliche Schaffen. Um dieses Modell des Bühnenschriftstellers zu stärken, hat Maurice Wiles vorgeschlagen, eher an ein improvisiertes Drama zu denken, „in dem den Schauspielern der grundlegende Charakter der Personen, die sie darstellen, und die allgemeinen Umstände, unter denen deren Interaktion sich abspielt, vorgegeben werden, in dem sie aber frei bleiben, experimentierend zu entscheiden, wie das Drama sich entwickelt"[121]. Dann könnte das Drama sich sehr wohl grundsätzlich, wenn auch nicht im einzelnen, so entwickeln, wie es der Bühnenschriftsteller beabsichtigte, und es wäre gewissermaßen das Werk sowohl des Bühnenschriftstellers als auch der Schauspieler. Weiter kann man dieses Modell wohl nicht entwickeln, ohne daß es zu schwerfällig wird.

Wir ziehen die Möglichkeit in Betracht, daß die Tatsache, daß die Interaktion zwischen dem Schöpfer eines Kunstwerkes und diesem selbst das Endresultat bestimmt, ebenfalls ein Merkmal anderer aus der Kunst abgeleiteter Modelle für die Schöpfungstätigkeit Gottes ist: „Die künstlerische Aktivität schließt einen gewissen Kampf oder ein Abenteuer in sich – das Bemühen, Spontaneität in eine Form zu gießen und ihr Ausdruck zu verleihen ... Gott könnte, nachdem er sich frei dafür entschieden hat, etwas in einem bestimmten ‚Medium' zu erschaffen, die Freiheit gegenüber den Einschränkungen, die das Medium mit sich bringt, verlieren."[122] Für einen Bildhauer können solche Einschränkungen Fehler wie eine unvermittelte Veränderung der Körnung eines Steins oder ein Ast im Holz, das er bearbeitet, sein, so daß er, um seine kreative Arbeit fortsetzen zu können, dieses Hindernis bewältigen und so seine kreativen Intentionen verwirklichen muß – ein entscheidender Testfall für Einfallsreichtum und Geschick. So läßt dieses Modell erahnen, wie aus dem göttlichen Schaffen göttliche Erlösung werden kann.
Irgendwann gilt das Werk jedes Autors als „abgeschlossen" – solchen Grenzen unterliegt unsere Endlichkeit: Selbst das improvisierte Spiel in Wiles' Modell gelangt vermutlich an einen Punkt, an dem Spieler und Zuschauer das Theater verlassen. Wir müssen jedoch, wie Dorothy Sayers sagt, „Gott"

> „als einen lebenden Autor [betrachten], dessen Tätigkeitsbereich in beiden Richtungen unendlich weit über den Geist unseres Menschengeschlechts hinausragt. Wir sehen niemals sein großes Werk beendet ... Wir betrachten das zeitliche Universum somit als eines der großen, in Fortsetzungen erscheinenden Werke, deren Lieferungen von Zeit zu Zeit herauskommen und in Verbindung zu einer zentralen Idee stehen, die in ihrer Vollständigkeit dem Leser noch nicht bekannt ist. Im Rahmen seiner Mannigfaltigkeit finden sich viele kleinere Teileinheiten, etwa die von Fabel, Episode oder Gestalten."[123]

Die Kunstform *par excellence*, die die Zeit als ein inhärentes, wesentliches und konstitutives Element in sich schließt, ist die Musik. Natürlich gibt es eine alte, auf Pythagoras und Platon zurückgehende Tradition, auf die Erfahrung der Musik zurückzugreifen, um das eigene Verständnis des Universums darzustellen. Auch in der christlichen Tradition haben sich viele zu diesem Zweck der Musik bedient, am bemerkenswertesten Kepler:

> „Die Bewegungen des Himmels sind also nichts als eine Art ewiges Konzert rationaler statt hörbarer oder klingender Art ... Es gibt daher kein größeres oder erhabeneres Wunder als die Regeln des harmonischen Gesangs in mehreren Stimmen, die den Alten unbekannt waren, aber schließlich vom Menschen, dem Nachahmer seines Schöpfers, entdeckt wurden; so daß er durch die meisterhafte Symphonie vieler Stimmen in einem kleinen Teil einer Stunde die Vision der totalen Dauer der Welt in der Zeit heraufbeschwört; und daß er mit dem süßesten Gefühl des Glücks, dessen man sich durch die Musik, das Echo Gottes, erfreuen kann, fast die Zufriedenheit erlangt, die Gott der Schöpfer angesichts seines eigenen Werks empfindet."[124]

Karl Popper, von dem ich dieses wunderbare Zitat übernommen habe, bemerkt selbst, daß „ein großes musikalisches Werk (wie eine große wissenschaftliche Theorie) ein Kosmos ist, der dem Chaos aufgezwungen wird – und mit seinen Spannungen und Harmonien selbst für seinen Schöpfer unerschöpflich bleibt"[125], wobei er hier ein gemeinsames Thema sowohl der klassischen (griechischen und römischen) als auch der biblischen Schriften[126] wiedergibt, daß nämlich die Schöpfung durch Gott die Herstellung von Ordnung, eines „Kosmos" aus dem „Chaos", ist.

Die Musik ist aus verschiedenen Gründen als Quelle für Modelle der göttlichen Schöpfungstätigkeit besonders geeignet. In der Musik kommt es zu einer Entfaltung der Intention des Komponisten in der Zeit, und die Bedeutung eines jeden Augenblicks wird sowohl durch das ihm Vorausgehende als auch durch die Art konstituiert, wie er den Ausgangspunkt, von dem aus das Folgende sich entwickeln kann, bildet. Bestimmte Noten, Rhythmen, Harmonien und Dissonanzen – alle Elemente, die die Musik konstituieren – haben, abhängig davon, was ihnen vorangegangen ist, eine unterschiedliche Wirkung auf den Zuhörer. Und diese spontan erfahrene Wirkung löst ihrerseits die nächste Folge aus und verleiht ihr ihre Bedeutung. Dies ist eine Analogie zu der Tatsache, daß Sinn und Bedeutung, die wir einer bestimmten Phase der Weltgeschichte zuzuschreiben wünschen, sowohl von dem, was dieser Phase vorangegangen ist, als auch von dem, was auf sie folgt, abhängen. In der Musik entstehen neue Melodien und Entwicklungen auf nachvollziehbare und dennoch innovative Weise aus früheren Themen und Fragmenten; und ähnlich entwickeln sich durch die in der Welt ablaufenden Prozesse neue Formen, oft überraschend, aber im Licht der Wissenschaften doch im Nachhinein nachvollziehbar aus dem, was ihnen vorangegangen ist.

Wir haben bereits gesehen[127], daß durch die Verbindung dessen, was wir kurz „Zufall" und „Gesetz" genannt haben, aus den in der Welt ständig ablaufenden Prozessen neue und immer komplexere Formen anorganischer und lebender Materie hervorgehen und daß dem wechselseitigen Zusammenspiel beider die den natürlichen Prozessen der Welt innewohnende Kreativität zuzuschreiben ist. Auf diesem Hintergrund stellt sich für jede theistische Schöpfungslehre die Frage: Wie kann die Behauptung eines Schöpfergottes im Licht dieses Zusammenspiels des Zufalls und der „Notwendigkeit" auf verschiedenen Ebenen interpretiert, ja wie kann sie verständlich gemacht werden? Diese Notwendigkeit ist darauf zurückzuführen, daß der Stoff der Welt bestimmte „vorgegebene" Eigenschaften besitzt und sein Verhalten Gesetzen folgt, so daß man sagen kann, daß er Möglichkeiten besitzt, die durch die Intention und das Ziel des Schöpfers sozusagen in die Schöpfung eingetragen sind und die in dem weiten Experimentierfeld, das das Wirken des „Zufalls" eröffnet, allmählich aktualisiert werden. An dieser Stelle scheint die musikalische Kreativität ein besonders hilfreiches Modell für Gottes Schöpfungstätigkeit zu sein. Denn in der Musik gibt es eine Weiterentwicklung einfacherer Einheiten nach oft konventionellen Regeln, mit denen sich viel

Spontaneität, ja sogar Überraschendes verbindet. Wir können Gott als Schöpfer jetzt mit einem Komponisten vergleichen[128], der mit einem Arrangement von Noten in einem scheinbar einfachen Thema beginnt und dieses dann zu einer Fuge weiterentwickelt und ausbaut, indem er sich einer Vielfalt von künstlerischen Mitteln wie Fragmentation, Steigerung und neuen Verknüpfungen bedient, das Thema in alle Richtungen umkehrt, diese und weitere Variationen sich in unterschiedlichen Tonarten überschneiden läßt, eine Fülle von Mustern zeitlicher Sequenzen einsetzt, mit dem immer wiederkehrenden Resultat eines Zusammenspiels von Klängen, die auf geordnete Weise aus dem ursprünglich gewählten Thema herausfließen ... Auf diese Weise gelingt einem J.S. Bach eine komplexe und ineinandergreifende harmonische Verschmelzung seines anfänglichen Materials sowohl durch die Zeit als auch in jedem einzelnen Augenblick, die sich wunderschön entfaltet, ihren Höhepunkt aber erst erreicht, wenn in den letzten Takten alle Fäden durch die Rückkehr zu der anfänglichen Tonart zusammengefaßt werden – die Tonart der ursprünglichen Melodie, deren potentielle Entfaltung von Beginn an mitgedacht war.
Dem Zuhörer einer solchen Fuge[129] erschließen sich durch die üppige, überreiche Entfaltung der ursprünglichen, einfachen Struktur ganz neue Welten emotionaler Erfahrung, die dem Zusammenspiel zwischen einer Erwartung, die auf vergangener Erfahrung („Gesetz") beruht, und einer Offenheit für Neues („Zufall" in dem Sinn, daß der Zuhörer nichts voraussagen oder steuern kann) entspringen. So könnte man vom Schöpfer annehmen, daß er die Entfaltung der Möglichkeiten des Universums, die er selbst diesem eröffnet hat, ermöglicht und daß er durch sein erlösendes und gnädiges Handeln jene fördert, die in der Gemeinschaft freier Wesen Frucht bringen sollen – ein Improvisateur von unübertroffenem Einfallsreichtum. Er scheint dies durch einen Prozeß zu tun, in dessen Verlauf die kreativen Möglichkeiten, die den fundamentalen Entitäten jenes Universums und ihren wechselseitigen Beziehungen (aufgrund seiner eigenen Willensentscheidung) innewohnen, im Rahmen einer zeitlichen Entwicklung, die durch eben jene Möglichkeiten geprägt und bestimmt ist, aktualisiert werden.
Dieses Modell könnte weiter verfeinert werden, wenn es sich des Beispiels eines Komponisten bediente, der aus dem Stegreif aus einem vorgegebenen Thema eine Fuge entwickelt – wie es an jenem berühmten Abend im Mai 1747 am Hof Friedrichs des Großen in Potsdam geschah, als Johann Sebastian Bach, der seinem Sohn Carl Philipp Emmanuel einen Besuch abstattete, vom König aufgefordert wurde, auf einem der von diesem hochgeschätzten neuen „Pianofortes" von Silbermann zu spielen und dabei eine dreistimmige Fuge über ein vom König selbst vorgegebenes Thema zu improvisieren. Nicht jeder Gegenstand eignet sich für ein solches anspruchsvolles Vorhaben; daher wählte Bach am nächsten Tag ein eigenes Thema und improvisierte daraufhin eine *sechs*stimmige Fuge auf dem Instrument – eine außeror-

dentliche Leistung. Ein modernes Modell für Menschen mit einem anderen Geschmack könnte vielleicht die Improvisation eines virtuosen Jazzmusikers z.B. in der Preservation Hall in New Orleans sein. Die Integration der Improvisation in das Modell Gottes als Schöpfers führt in dieses ein Element der offenen Anpassungsfähigkeit ein, das jedes Modell des Verhältnisses Gottes zu einer zum Teil nicht determinierten Welt auf eine wie immer unzulängliche Weise enthalten sollte.

Das Modell des Weltprozesses als der sich entfaltenden Musik des göttlichen Schöpfers und Komponisten erhellt auch dessen Beziehung zu den Menschen, die dieser „Musik" zuhören. Obwohl die musikalischen Kompositionen von Menschen in der abschließenden Kadenz eine Art Vollendung erreichen, wäre es unsinnig zu meinen, die „Bedeutung" eines musikalischen Werkes sei nur dort zu finden. Jeder Moment, mit seinem gleichzeitigen Gedächtnis der Vergangenheit als Ambiente der Gegenwart und seiner Fähigkeit, die Reaktion auf die noch zu hörende Musik bereits zu formen, hat eine Bedeutung *sui generis* und verdankt seinen Sinn seiner Beziehung zu dem sich allmählich entfaltenden Ganzen.

Das Modell erleichtert es uns auch, uns ein wenig besser vorzustellen, was gemeint ist, wenn wir von Gottes Immanenz in der Welt sprechen.[130] Es besteht kein Zweifel an der „Transzendenz" des Komponisten im Verhältnis zu der Musik, die er schafft – er verleiht ihr Existenz, und ohne den Komponisten gäbe es sie gar nicht. Das Modell spiegelt also, wie alle anderen von der künstlerischen Kreativität abgeleiteten Modelle, jene Transzendenz Gottes als Schöpfer alles Seins angemessen wider, die wir als diejenigen, die der Musik der Schöpfung „zuhören", behaupten wollen. Wenn wir uns jedoch ein Musikstück, z.B. eine Klaviersonate von Beethoven, anhören, dann geschieht es manchmal, daß wir darin so sehr aufgehen, daß wir Beethovens musikalische Gedanken einen Augenblick lang mitdenken. In solchen Momenten machen wir die Erfahrung

> „einer Musik, so tief empfunden,
> daß sie gar nicht gehört wird, sondern du bist die Musik,
> solange die Musik währt."[131]

Wenn dann allerdings jemand fragen würde: „*Wo* ist Beethoven jetzt?", könnten wir lediglich antworten, daß Beethoven-*als*-Komponist nur in der Musik selbst zu finden ist. Die Musik würde in gewisser Weise die in uns geweckten musikalischen Gedanken Beethovens darstellen, und wir würden Beethoven-*als*-Komponist wirklich begegnen. Es handelt sich um die Erfahrung einer sehr tiefen Kommunikation zwischen Komponist und Zuhörer. Dies kommt, wie ich meine, der Immanenz Gottes in der Schöpfung und Gottes Selbstmitteilung in dem und durch das von ihm Geschaffene sehr nahe. Die Prozesse, die von den Wissenschaften offengelegt wurden, sind an sich das Handeln Gottes als Schöpfer, und Gott ist nicht eine Art *zusätzlicher* Faktor, der zu den Weltprozessen hinzukommt. Gott ist, um es mit der

gewöhnlich in der Sakramententheologie verwendeten Sprache auszudrükken, „in, mit und unter" allem, was ist, und allem, was geschieht.
Die Tatsache, daß Musik gespielt werden muß, damit sie sich dem Zuhörer mitteilen kann, um Musik zu *werden*, führt ebenfalls zu einigen anregenden Analogien zur Schöpfung Gottes. Denn das, was der Komponist niederschreibt, ist lediglich eine Art Blaupause, eine Skizze seiner Intentionen, die nur unter den Händen der Musiker, seiner Interpreten, zur vollen Entfaltung kommen. Die Menschheit ist aufgefordert, die Musik der Schöpfung einfühlsam mit Gott zusammen zu schaffen, denn die Menschen sind die einzigen Wesen in der geschaffenen Welt, die fähig sind, mit Hilfe der Wissenschaften zu erkennen, was Gott in der natürlichen Welt vollbringt, und durch die Reflexion ihrer unmittelbaren und vermittelten Gotteserfahrungen Einblick in die Absichten Gottes zu gewinnen. Gottes schöpferische Absichten werden in der Schöpfung widergespiegelt und tragen auch in und durch die menschliche Kreativität Frucht.[132] Die Aufführung einer musikalischen Komposition hängt nun sehr weitgehend von der Wahrnehmung der Intentionen des betreffenden Komponisten durch Musikwissenschaftler und die von ihnen beeinflußten Musiker in einer späteren Periode ab. Diese Wahrnehmung verändert sich, so daß man vielleicht Parallelen zwischen denen, die darauf beharren, daß Bach nur auf zeitgenössischen Instrumenten authentisch gespielt werden kann, und denjenigen, die ihre eigenen Einsichten über Bach auf modernen Instrumenten ausdrücken möchten, ziehen kann. Ich überlasse es meiner Leserschaft, über diese mögliche Erweiterung der Analogie nachzudenken.[133]
Das Modell Gottes als Komponist, der die Musik der Schöpfung komponiert, ist offensichtlich reichhaltig und fruchtbar, denn es eröffnet Einsichten sowohl über das Verhältnis Gottes als Schöpfer zur Schöpfung als auch über unsere menschliche Kenntnis und Teilhabe am Schöpfungsprozeß. Zusammen mit den anderen der Kunst entlehnten Modellen der göttlichen Schöpfungstätigkeit weist es auf einen Aspekt der Interaktion Gottes mit der Welt hin, den wir bislang nicht hinreichend berücksichtigt haben und dem wir uns jetzt zuwenden müssen. Es handelt sich um den Gedanken, daß man erwarten würde, daß der Schöpfergott auf eine noch zu untersuchende Art und Weise danach strebt, mit geschaffenen Personen zu kommunizieren, wenn man voraussetzt, daß Gott ein *personaler* Schöpfer ist, der in und durch eine geschaffene Ordnung gehandelt hat, der eine geschaffene Neigung innewohnt, selbstbewußte Personen hervorzubringen, die durch die einzigartige Fähigkeit gekennzeichnet sind, miteinander zu kommunizieren. Die Schöpfungstätigkeit des göttlichen Künstlers-Schriftstellers-Komponisten hätte wenig Sinn, wenn niemand sein/ihr Werk würdigen oder auf es reagieren würde, der Schöpfer anonym und unerkannt bliebe. Im Zusammenhang dieser Möglichkeit der Selbstmitteilung des Göttlichen in der natürlichen Ordnung können wir im Licht der bereits dargelegten Deutungen der Inter-

aktion Gottes mit der Welt das ausführlicher erörtern, was traditionell die „spezielle“ Vorsehung und „Wunder“ genannt wird.

4. Gottes Selbstmitteilung: Spezielle Vorsehung und Wunder[134]

Es ist nicht verwunderlich, daß die Reflexion der Frage, wie wir uns Gottes kontinuierliche Interaktion mit der Welt heute vorstellen können, zu dem altbekannten Modell Gottes als personalen Subjekts geführt hat, das mit der Welt interagiert und in ihr handelt – ein Modell, das durch die neueren Erkenntnisse über die Einheit des Mentalen und Physischen im Menschlichen-Gehirn-im-menschlichen-Körper und über die „Von-oben-nach-unten“-Kausalität modifiziert und bereichert wird. Nun wird der Sinn einer Handlung eines menschlichen Subjekts nicht mit Hilfe einer wissenschaftlichen Analyse der im Körper des Subjekts ablaufenden physiologischen, chemischen und mechanischen Prozesse erkannt, sondern durch die Feststellung der Gründe und Intentionen der Person, d.h. der mit der betreffenden Handlung verbundenen mentalen Ereignisse. Dieser Sinn wird mit Hilfe einer eigenen Sprache (der Vernunft, Intention usw.) ausgedrückt, selbst wenn er über physische Zeichen, auf Papier oder als Klangwellen oder auf irgendeine andere Weise vermittelt werden muß. Das Modell des personalen Subjektseins legt daher die Annahme nahe, daß wir, wenn Gott in einem gewissen Sinn als Subjekt gelten soll, das mit der Welt interagiert und in ihr handelt, den Sinn jener Ereignisse in *Gottes* Vernunft und Intentionen, d.h. in Gottes eigenen Zielen, suchen sollten. Denn die Behauptung Gottes als Schöpfer ist eine Antwort auf unsere Frage nach dem Sinn der Existenz der Welt und der in ihr stattfindenden Prozesse. Eine solche Zuschreibung von Sinn wird durch die analogen Zuschreibungen von Sinn mit Hilfe der mentalen Begriffe, die wir auf die physischen Handlungen menschlicher Subjekte beziehen, immerhin verständlich, selbst wenn wir ihre Anwendbarkeit nicht mit absoluter Sicherheit beweisen können. Es ist daher angemessen, nach den Gründen und Intentionen, d.h. den Zielen zu fragen, die Gott in der Welt verwirklicht – oder die er vielmehr, da es in der Welt geschaffene autonome Subjekte gibt, die seinen Zielen Hindernisse in den Weg legen können, verwirklichen *will*.

Das Modell des personalen Subjektseins für Gottes Interaktion mit und sein Handeln in der Welt hat eine weitere Implikation. Denn die Entwicklungspsychologie und die Erforschung des Spracherwerbs zeigen überdeutlich, daß unser Gefühl, ein Selbst, eine bestimmte Person zu sein, nur durch unsere Interaktion und Kommunikation mit *anderen* Personen entsteht. Die Konstitution unseres Selbst scheint nur vermittelt durch den personalen Kontakt zu anderen möglich zu sein – und dies ist ein tief verwurzeltes Bedürfnis, das unser ganzes Leben prägt. Jedes Modell, das auf uns selbst als Subjekt unseres Körpers und Gott als in einem gewissen Sinn personales Subjekt, das mit der Welt interagiert und in ihr handelt, beruht, impliziert daher den Gedanken, daß Gott ein *kommunizierendes* Selbst ist. Nun drücken wir unsere Ziele – unsere Intentionen, Gründe und Zwecke – über unseren Körper und besonders, wenn auch nicht ausschließlich, über unsere Sprechwerkzeuge aus. *Unsere* Ziele werden mit unterschiedlicher Genauigkeit von anderen personalen Subjekten erkannt, aber – so können wir mit Recht fragen – wer erkennt *Gottes* Ziele, die, wie im vorangegangenen Absatz dargelegt wurde, den Sinn der Welt und ihrer Prozesse konstituieren?

Anscheinend sind Menschen die geschaffenen Entitäten *par excellence*, die auf einzigartige Weise danach streben, Sinn in den Strukturen ihrer Existenz – den natürlichen, personalen und sozialen – zu erkennen, ja zu schaffen. Wir mußten betonen, daß Gottes Ziele genau in dem Netz der Prozesse, die die Welt konstituieren, zu finden sind. Innerhalb dieser Prozesse haben sich allerdings jene unendlich verzweigten und ineinander verzahnten Strukturen entwickelt, die wir das menschliche Gehirn nennen, dessen eigene Prozesse so ablaufen, daß sie in der natürlichen Welt und in ihren eigenen Prozessen Bedeutung erkennen können. Es ist, als habe der Schöpfer den Stoff des Universums, Materie-Energie-Raum-Zeit, mit einer in der Menschheit aktualisierten Neigung ausgestattet, den Sinn des kosmischen Prozesses, den der Schöpfer selbst ihm verliehen hat, zu erkennen. Denn in der Menschheit hat der Stoff der Welt eine Form und Funktionalität angenommen, die ihn befähigen, jenen Sinn der Existenz zu erkennen, der die Immanenz des transzendenten Gottes des ganzen kosmischen Prozesses ist. Gott sorgt dafür, daß er gehört und verstanden wird, indem er den Stoff der Welt im *homo sapiens* mit der Fähigkeit ausstattet, seine Ziele zu erkennen und seine Selbstmitteilung, sein Wort, in der Schöpfung zu hören. „Durch das *Wort* des Herrn wurden die Himmel geschaffen."[135] Wenn die Welt tatsächlich geschaffen wurde, dann ist diese Schöpfung Ausdruck der Ziele und der Intentionen Gottes, ihres Schöpfers, und diese Ziele drücken sich offensichtlich in und durch einen kosmischen Evolutionsprozeß aus, der Wesen (uns) hervorgebracht hat, die Gottes Zwecke erkennen und ihn hören können. Gott als personales Subjekt der Schöpfung hat Menschen geschaffen, die seine Selbstmitteilung empfangen können. Seine Ziele, jene Mitteilungen, die er an die Menschen, die diese Fähigkeit besitzen, richtet, können nur Bedeutungsmuster innerhalb der Welt der Natur sein. Wir erinnern uns[136], daß die „Von-oben-nach-unten"-Kausalität bei komplexen Systemen (besonders beim Verhältnis von Gehirn und Körper) oft durch einen Input und eine anschließende Weitergabe von „Information" an niedrigere Ebenen charakterisiert ist. D.h. daß es angemessen ist anzunehmen, daß Gott der Menschheit durch bestimmte Ereignisse und bestimmte Bündel oder Muster von Ereignissen, die er selbst durch seine allgemeine („Von-oben-nach-unten"-) Interaktion mit der Welt in Gang gesetzt hat, Signale sendet.

John Macquarrie hat eine hilfreiche Erklärung dafür entwickelt, was die Rede von Gottes „Zielen" in diesem Kontext bedeutet.[137] Er interpretiert den Beginn des Johannes-Evangeliums „Im Anfang war das Wort ..." frei als „Ziele sind für alles grundlegend ...", und fährt fort, daß „Gott für die Welt das ist, was Ziele für einen Prozeß oder eine Ereignisreihe sind", was vermutlich eine Interpretation von „... und das Wort war Gott" (Joh 1,1) darstellt. Wenn er von Gott als Ziel spricht, denkt er an

> „eine Einheit, die den Weltprozeß ordnet und den ihn konstituierenden Elementen Bedeutung verleiht; und ebenso die Vorstellung, daß dieser Prozeß eine Richtung hat und sich auf ein Ziel hin bewegt ... Der Theist behauptet im Unterschied [zum Atheisten], daß er einen Sinnzusammenhang erkennt und an ihm teilhat, der ihm vorangeht und unabhängig von ihm besteht."[138]

Da Gott angebetet wird, so sagt Macquarrie weiter, impliziert die Rede von Gott als einem Sinnzusammenhang, „daß dieser Zusammenhang [des Sinns] auf der personalen und historischen ebenso wie auf der physikalischen Ebene erkannt werden kann". Dennoch „gibt es keine einfache pantheistische Identifikation Gottes mit dem Weltprozeß. Gott ist der zum Teil verborgene, zum Teil offenbare Sinn, der in dem Prozeß zum Ausdruck kommt."[139]

Wir haben gesehen[140], daß die Ereignisse und Entitäten der Welt aus natürlichen Hierarchien der Komplexität bestehen, so daß auf den einzelnen Ebenen dieser Hierarchie die Aspekte der Ziele Gottes nur so weit ausgedrückt werden können, wie es die Kapazität der jeweiligen Ebene erlaubt. Daher können die auf den einzelnen, voneinander verschiedenen Ebenen der natürlichen Ordnung enthüllten Ziele Gottes, die so gewährte „Offenbarung" Gottes, nur komplementär, also als einzelne, isoliert von den anderen, unvollständig sein. Nicht alles, was die verschiedenen Ordnungen der Schöpfung und die Struktur der Ereignisse auf den vielfältigen Ebenen der Komplexität ausdrücken, wird für die Suche der Menschen nach Sinn und Bedeutung dieselbe Relevanz besitzen. Es ist anzunehmen, daß sie sich hinsichtlich dessen, was sie uns über Gottes Ziele mitteilen, hinsichtlich ihrer Fähigkeit, Gottes Zwecke zu enthüllen, unterscheiden, und zwar entsprechend der Ebenen in den natürlichen Hierarchien der Komplexität, auf denen sie sich befinden, Ebenen, über die wir ein klar definiertes Wissen besitzen. Wie Charles Raven es vor über dreißig Jahren ausgedrückt hat: In dem schöpferischen Prozeß „von Atom und Molekül bis zum Säugetier und zum Menschen drückt jedes durch die ihm eigene Ordnung und Funktion den ihm innewohnenden Zweck aus und trägt, soweit es ihm durch Erfolg oder Mißerfolg möglich ist, zur Erfüllung des gemeinsamen Ziels bei"[141]. So können wir erwarten, daß Gott, der transzendente Schöpfer, der der geschaffenen Welt, dem Ausdruck seiner selbst, immanent ist, seine Ziele jenen Geschöpfen, die Gottes eigenes Wesen der Transzendenz-in-Immanenz durch ihre subjektive Transzendenz gegenüber ihrem objektiven, physischen Leib widerspiegeln, menschlichen Personen, nicht nur am vollständigsten offenbart, sondern daß seine Offenbarung in diesen Geschöpfen und durch sie geschieht.

Überdies erleben Menschen, obwohl Gott nicht einer bestimmten Zeit oder einem bestimmten Ort gegenwärtiger ist als anderen (er ist nicht eine Substanz, die in unterschiedlicher Konzentration vorgefunden wird) – alles ist Gottes zu jeder Zeit –, daß Gott sein Ziel in manchen Ereignisfolgen in der geschaffenen Natur und in der menschlichen Geschichte deutlicher offenbart als in anderen. Gott ist allen Zeiten und Orten gleichermaßen und ganz gegenwärtig, aber das menschliche Bewußtsein dieser Gegenwart ist weder hinsichtlich seiner Intensität noch seines Inhalts uniform. Es kann durchaus vorkommen, daß Gottes Mitteilung seiner Ziele weder wahrgenommen noch verstanden wird. Bestimmte Ziele Gottes warten darauf, enthüllt zu werden, werden aber nicht erkannt: Einige Ereignisse werden enthüllender sein als andere. Mit einer solchen Vorstellung der unterschiedlich weitgehenden Enthüllung der Ziele, die Gott mit seiner Schöpfung verfolgt, oder der verschiedenen Grade dessen, was wir genauer „Offenbarung“ nennen können, entwickeln wir eigentlich nur das Modell des menschlichen Subjektseins für die Beziehung zwischen Gott und Welt weiter. Denn unser Körper bildet einen Kausalzusammenhang von Ereignissen, und wir sind die Subjekte vieler seiner Aktivitäten – dennoch sind einige unserer Handlungen, Gesten und Reaktionen für uns charakteristischer und offenbaren unser eigenes Selbst mehr als andere. Daher ist es nicht unangemessen, in der Welt nach jenen Ereignissen und Entitäten oder nach den Mustern solcher Ereignisse und Entitäten zu suchen, die Gottes Ziele am klarsten, effektivsten und deutlichsten offenbaren. Einige Ereignisse werden Gottes Gegenwart und Zwecke besser offenbaren, besser auf sie hinweisen als andere – wobei sie alle mit Hilfe der Erklärungen der Wissenschaft(en), die sich auf der betreffenden Ebene in den Hierarchien der natürlichen Komplexität bewegen, weiter verständlich bleiben.[142] Dennoch, wie Grace Jantzen sagt:

> „Es gibt eine Disanalogie zwischen Gottes offenbarender Gegenwart und der Gegenwart einer Person, die durch ihre Aktivitäten offenbar wird. Die Tatsache, daß einige Aktivitäten einer Person mehr über diese Person offenbaren als andere, ist zum Teil darauf zurückzuführen, daß Personen nur eine eingeschränkte Freiheit besitzen ... Daher fehlt im Fall Gottes einer der Gründe für die unterschiedliche Deutlichkeit, mit der das Verhalten einer Person deren Eigenart offenbart: Wir können nicht denken, daß es irgendwelche Handlungen Gottes gibt, die weniger seiner Absicht entsprechen oder weniger frei erfolgen als andere.“[143]

Gottes Handeln ist frei und unterliegt nur den Einschränkungen, die er sich selbst auferlegt hat, um seine Ziele letztlich zu verwirklichen, denn er hat seine Allmacht, alles logisch Mögliche zu tun, wie wir gesehen haben, selbst begrenzt.[144] Die Einschränkung der göttlich-menschlichen Kommunikation rührt von unserer Seite, von unserer begrenzten Fähigkeit, zu hören und zu erkennen, her. Es bleibt also bei der Einsicht in die unterschiedlichen Grade der Deutlichkeit der Offenbarung Gottes in den Ereignissen der Welt. In ihrem Licht sowie im Licht des Verständnisses der Interaktion Gottes mit der Welt insgesamt können wir jetzt jene Elemente in Langfords Klassifizierung[145] betrachten, die wir noch nicht erörtert haben, nämlich die „spezielle Vorsehung und Wunder".

Diese Begriffe sind mit verschiedenen Nuancierungen gebraucht worden, und ich kann meine Leserschaft nur auf die hilfreichen Beiträge von u.a. Langford und Macquarrie verweisen.[146] Unsere gegenwärtigen Reflexionen bedeuten für diese Diskussionen folgendes: Wir haben oben gesagt, daß *bestimmte* Ereignisse oder Bündel von Ereignissen, seien sie natürlicher, individueller und personaler oder sozialer und historischer Art, (a) den Menschen auf spezielle und besondere Weise die Gegenwart Gottes oder seine Ziele offenbaren können und daß sie (b) bewußt und speziell durch die Interaktion Gottes mit der Welt auf eine „von-oben-nach-unten"-verursachende Weise hervorgebracht sein können, die die von den Wissenschaften beobachteten Beziehungen, die auf der Ebene der betreffenden Ereignisse zum Tragen kommen, nicht aufhebt. Die Verbindung von (a) und (b) läßt die Vorstellung des speziellen providentiellen Handelns Gottes im Kontext der Perspektive der Wissenschaften verständlich und glaubwürdig werden. Dabei gilt immer der Vorbehalt, daß, wie Langford es ausdrückt, „die Gegenwart der speziellen Vorsehung durch Ereignisse nie garantiert wird; es handelt sich um eine Interpretation von Ereignissen, die vom Glauben abhängt. Sie mag mit der Vernunft vereinbar sein, aber sie kann nie eine absolute Forderung der Vernunft sein."[147]

Im Hinblick auf „Wunder" ist die Sachlage komplizierter. Wir können das Wort „Wunder" natürlich auf eine andere und neue Weise verwenden, die uns im gegenwärtigen intellektuellen Klima geeignet erscheint, und es ist im Lauf der Zeit tatsächlich einer weitgehenden Neudefinition unterzogen worden. Langford weist darauf hin,[148] daß unser Wort „Wunder" in einer *biblischen* Konkordanz eine Übersetzung für Worte ist, die für „Staunen", „einen machtvollen Akt" oder „ein Zeichen" stehen. Seit sich jedoch eine nichtbiblische Vorstellung einer „Ordnung" der Natur allgemein durchgesetzt hat, impliziert der gewöhnliche Gebrauch des Wortes „Wunder", und dies gilt nicht nur für Christen, „einen Gegensatz zur natürlichen Ordnung" und ein Ereignis, „das mit natürlichen Mitteln nicht vollständig erklärt werden kann"[149]. Dabei kann mit der „natürlichen Ordnung", die hier genannt wird, in unserem Zeitalter nur jene gemeint sein, die von den Wissenschaften nachgewiesen ist. Dies ist im Vergleich zur „speziellen Vorsehung" ein viel höherer Anspruch, denn Ereignisse, auf die diese Beschreibung zutrifft, erfordern auf der Ebene, auf der sie stattfinden, nicht notwendigerweise einen zusätzlichen, nicht-natürlichen kausalen Faktor. Ob man annimmt, daß tatsächlich Ereignisse aufgetreten sind, die diese Kriterien des Wunderbaren erfüllen, oder nicht, hängt letztlich von der Beurteilung der historischen Beweislage ab. Diese wird ihrerseits von der eigenen Haltung *a priori* im Hinblick auf die Möglichkeit solcher Ereignisse überhaupt beeinflußt sein und im Fall des Theisten zusätzlich von der Frage, ob das behauptete Wunder allgemein mit dem eigenen Verständnis des Wesens Gottes und seiner Ziele für die Welt und die Menschheit in Einklang steht oder nicht – Voraussetzungen, die ihrerseits wenigstens zum Teil von einer Offenbarung einer Art, die mit dem eigenen Wissen über die natürliche Welt durch die Wissenschaften vollständig übereinstimmt, abhängen.

Wenn wir voraussetzen, daß Gott der Schöpfer der Welt *ist* und daß Gott die Freiheit besitzt, die selbstgewählten Einschränkungen seiner eigenen Allmacht, die wir durch unsere Betrachtung der Eigenart der geschaffenen Welt entdeckt haben, aufzuheben (mit Ausnahme derer, die logisch notwendig sind), können wir dann die Möglichkeit ausschließen, daß Gott – im geläufigen Sinne dieses Wortes – „eingreifen" könnte, um Ereignisse herbeizuführen, für die es keine natürliche Erklärung gibt? Wir haben triftige Gründe genannt[150], die uns daran zweifeln lassen, daß ein solches unmittelbares „Eingreifen" mit anderen gut begründeten Behauptungen über das Wesen Gottes und über Gottes Verhältnis zur Welt vereinbar wäre. Selbst wenn wir uns mit dieser Auffassung des Wesens Gottes und seines Verhältnisses zur Welt im Irrtum befinden – die historischen Belege für eine solche Intervention müßten wirklich zwingend sein. Wir können aus den historischen Zeugnissen angesichts der wachsenden Fähigkeit der Wissenschaft, für eine immer größere Bandbreite von Phänomen verständliche natürliche Erklärungen zu geben, sehr wohl schließen, daß es letztlich keine Ereignisse gibt, die diesen Test bestehen. Andererseits jedoch kann diese Möglichkeit nie ganz ausgeschlossen werden. In der Zwischenzeit ist unter dem Druck der wissenschaftlichen Betrachtung des Laufs der Welt ein ganzheitlicheres und kohärenteres Modell der kontinuierlichen Interaktion Gottes mit der Welt und seines Handelns in der Welt entwickelt worden – eines, das mit unserem neuen Verständnis der natürlichen Ordnung in Einklang steht.

Kapitel 10: Resümee

In Teil II dieses Bandes habe ich zu zeigen versucht, wie wir im Licht unseres Wissens über das Sein und Werden in der Natur, wie es in Teil I dargelegt wurde, genauer und angemessener von jener letzten Realität, die Gott ist, sprechen können. Die Begriffe „Sein“ und „Werden“ haben, wenn sie auf die von den Wissenschaften beschriebene natürliche Welt angewandt werden, je ihre eigene Bedeutung. Denn es ist verständlich, wenn die natürliche Welt als eine betrachtet wird, die Entitäten und Strukturen enthält, die Prozesse durchlaufen, auch wenn die Quantenphysik im Hinblick auf solche einfach zu visualisierenden Unterscheidungen vorsichtiger sprechen muß. Solche Entwicklungen innerhalb der Physik verstärken philosophische Reflexionen wie die John Macquarries:

> „Die Tatsache, daß alles, was wird, gleichzeitig ist und nicht ist, weist darauf hin, daß die Unterscheidung zwischen Sein und Werden eine ganz besondere ist. Insofern das, was wird, ist, muß das Werden in das Sein eingeschlossen und zugleich von ihm unterschieden werden. Zwei Konsequenzen scheinen sich zu ergeben. Die erste lautet, daß das Sein nicht mit einem statischen, unveränderlichen, undifferenzierten Letzten identifiziert werden kann ... der fundamentale Gegensatz zwischen Sein und Nichts scheint nur insofern möglich zu sein, als das Sein das Werden einschließt und so differenziert wird; andernfalls wären Sein und Nichts nicht voneinander zu unterscheiden ... wir sprechen vom Sein und unterscheiden es vom Nichts, nur insofern es das Werden einschließt ... Die zweite Konsequenz ist die, daß das Werden ohne irgendeine Vorstellung des Seins, in die das Werden eingeschlossen ist, unverständlich bleibt. Ein bloßer ständiger Wandel wäre Chaos, und dasselbe gilt für einen reinen Pluralismus.“[1]

Wie aber verhält es sich mit dem *göttlichen* „Sein“ und „Werden“? Gott, so haben wir gesagt, ist die letzte Wirklichkeit, das Sein selbst, das „die ganze Zeit“ (wobei wir eingestehen müssen, daß wir *unsere* Zeit meinen) allen anderen, abhängigen Realitäten, die die Welt konstituieren, allem Sein, Dasein verleiht.[2] Da er Entitäten, Strukturen und Prozessen Dasein *in* der Zeit verleiht, kann Gott keine *statische* Beziehung zu dieser Zeit, die mit ihnen geschaffen wird, haben. Daher müssen wir von einem dynamischen göttlichen „Werden“ ebenso wie von einem göttlichen „Sein“ sprechen.[3]

Gott als letztes Sein verleiht geordnetes Sein („läßt sein“) einer Welt, die so weit geordnet ist, daß sie aus kontinuierlich bestehenden Entitäten und Strukturen gebildet wird; aber als letztes Werden gibt Gott der Welt zugleich eine Art des Daseins, die eine Entfaltung und Öffnung, eine Aktualisierung der geschaffenen Möglichkeiten zeigt, die zu einer Erfüllung und Blüte führen, der und in der Gott gegenwärtig ist. Das göttliche Sein ist nicht ein Wesen, das ein Existierendes unter anderen ist. Gott ist nicht *ein* „Seiendes“ in diesem Sinn oder auch nur die Summe alles Seienden, denn Gottes Sein ist die Quelle alles anderen Existierenden. Gott ist das Sein selbst. Gott ist der eine, der alles Sein „sein läßt" und der von ihm vollkommen verschieden ist: Gott ist „der ganz Andere". Diesen Sachverhalt fassen wir in der Aussage, daß Gott „transzendent" ist, zusammen.

Gott schafft jedoch und „läßt" dynamisch „sein" in der geschaffenen Zeit, und so interagiert Gott als das göttliche Werden beständig mit dem in der geschaffenen Ordnung Werdenden. Denn Gott wäre nicht der Schöpfer, wenn das göttliche Sein und das göttliche Werden nicht Facetten derselben letzten göttlichen Wirklichkeit wären. Ein so gedachter Gott ist mit der Zeit und dem natürlichen Werden eng verbunden. Gott ist zu allen Zeiten und an allen Orten und allen geschaffenen Entitäten, Strukturen und Prozessen gegenwärtig. Wir fassen dies in der Behauptung, daß Gott „immanent" ist, zusammen – und diese Aussage ist unserer Behauptung seiner Transzendenz keineswegs untergeordnet.

Gott ist der transzendente Eine, der der geschaffenen Welt immanent ist; Gott ist der immanente Eine, der der geschaffenen Welt gegenüber transzendent ist; und nur wenn Gott beides ist, kann Gott kontinuierlich Schöpfer sein. Die Rede von der Kreativität Gottes wurzelt in dieser Verbindung. „Kreativität" ist daher eine grundlegende Eigenschaft[4] Gottes, und sie ist eng mit anderen, fundamentaleren Aspekten des göttlichen Wesens, nämlich Gottes Transzendenz und Immanenz, der Tatsache, daß Gott das letzte Sein und Werden ist, verknüpft. Transzendenz *und* Immanenz müssen paradoxerweise von Gott ausgesagt werden. Ein berühmter Versuch von Gregor von Nyssa, dieses Paradox aufzulösen, beinhaltete die Behauptung eines anderen Paradoxes, das für annehmbarer gehalten wurde: daß nämlich Gott gleichzeitig erkennbar und nicht erkennbar ist. Gott, so nahm man an, ist seinem Wesen (*ousía*) nach unerkennbar, offenbart sich aber in seinen Energien (*energeíai*) – in seinen Werken, den Ergebnissen seiner Schöpfungstätigkeit. Die Brauchbarkeit dieses Gedankens hängt davon ab, was es bedeuten könnte, Gott „in seinem Handeln" zu erkennen.[5] Es ist nicht sicher[6], ob diese Unterscheidung Gregors von Nyssa tatsächlich die Grundlage für die spätere, mehr metaphysische des heiligen Gregor Palamas bildet, nach der „Gott zu erkennen heißt, sein ‚Handeln' zu kennen und daran teilzuhaben, das von den drei göttlichen Personen ausgeht, bei dem das göttliche Wesen, die den Personen gemeinsame, vollkommen geheimnisvolle, unbeschreibliche Wirklichkeit, jedoch ganz transzendent und nicht mitteilbar bleibt"[7]. Es zeigt sich hier, daß es keine Hilfe darstellt, einfach das Transzendente mit dem Unerkennbaren in Gott und die Immanenz mit dem Erkennbaren gleichzusetzen, denn wir müssen, aus Gründen der Kohärenz und weil es der religiösen Erfahrung entspricht, daran festhalten, daß Gott sowohl in seiner Transzendenz als auch in seiner Immanenz gleichzeitig offenbar *und* verborgen ist.

Wir haben viele personale Prädikate auf Gott angewandt, weil sie die am wenigsten mißverständlichen sind, die uns zur Verfügung stehen, und weil dies dem Verzicht darauf, überhaupt etwas über Gott zu sagen, vorzuziehen ist. Wir dürfen uns dadurch jedoch nicht dazu verleiten lassen, den Aspekt der Personalität so zu betonen, daß der Gedanke *einer* „Person" als eines individuellen Bewußtseinszentrums zu einer Schwächung der gleichzeitigen Betonung der Immanenz Gottes führt. Das Wesen der menschlichen Person selbst bietet uns ein Korrektiv gegen eine solche Tendenz, denn es gibt uns einen Hinweis, ein Zeichen, das auf eine Stelle deutet, an der sich der Nebel lichtet, indem es uns in eine Richtung weist, in der wir geschaffene Menschen Einsicht in diese Verbindung von Transzendenz und Immanenz Gottes gewinnen können. Denn wir haben gesehen, daß das Menschliche-Gehirn-im-menschlichen-Körper, die einzige Instanz des Personalen, über die wir unmittelbares Wissen besitzen, eine Transzendenz und eine Immanenz – beide geschaffen – aufweist. Als Subjekt beobachten wir unseren Körper ebenso wie die Welt, mit der dieser interagiert. Dennoch drückt das unserem Körper gegenüber transzendente „Ich" sein Selbstsein und seine Identität nur aus, indem es in, durch und mit den auf allen Ebenen in diesem Körper ablaufenden Prozessen handelt.[8] In der menschlichen Person kommt es zu einer Art Verschmelzung des transzendenten „Ich", des selbstbewußten Personseins, mit dem immanenten „Ich", das sich in und durch den Körper ausdrückt, ohne daß der Unterschied zwischen beiden aufgehoben würde.

Nun mußten wir erkennen, daß die Ziele, die Gott in der geschaffenen Ordnung enthüllen will, seine Selbstmitteilungen an die Menschen und für sie, nur um so fragmentarischer, gebrochener und unvollkommener sein können, je weiter die betreffende Ebene der Schöpfung vom Menschlichen und damit vom Personalen, in dem die Transzendenz des „Ich" als unserem Körper immanent erfahren wird, entfernt ist. Obwohl Gott also in einem gewissen Sinn überpersonal ist, können wir mit gutem Grund erwarten[9], im Personalen – d.h. in Personen, in der Geschichte, in der personalen Erfahrung, in der personalen Begegnung – Ziele Gottes zu entdecken, die auf eine Art und Weise enthüllt werden, die durch die Ziele, die Gott in die nichtmenschlichen, apersonalen Ebenen der Schöpfung eingetragen hat, möglicherweise nicht mitgeteilt werden. Die Ebene des Personalen (mit ihrer ganzen Einzigartigkeit, ihrer neuen Sprache, ihren irreduziblen Begriffen und neuen Erfahrungsformen usw.) ermöglicht die Kundgabe neuer Aspekte des in der Schöpfung zum Ausdruck kommenden Ziels und Zwecks Gottes, die mit Hilfe der nichtpersonalen und historisch früheren Ebenen, wenn überhaupt, dann nur unvollkommen ausgedrückt werden konnten. Je personaler und selbstbewußter die Entität ist, der Gott immanent ist, um so mehr besitzt sie die Fähigkeit, Gottes überpersonale Charakteristika auszudrücken, und um so mehr kann Gott dieser Entität auf personale Weise immanent sein.

Mit der Menschheit entwickeln die in der Schöpfung ablaufenden Prozesse ein Bewußtsein ihrer selbst und suchen nach ihrem eigenen Sinn – d.h. die

Prozesse (die die Immanenz des Schöpfergottes ausdrücken) erlangen die Dimension der Selbsttranszendenz, jene des „Ich“, die wir gerade betrachtet haben. Daraus erwächst die Möglichkeit (und damit die Hoffnung), daß die Immanenz Gottes in der Welt zumindest in der Menschheit einen Hinweis auf bzw. eine Art Reflexion der Transzendenz/Immanenz Gottes darstellt. Die Transzendenz-in-Immanenz der menschlichen Erfahrung weckt die Hoffnung und Vermutung, daß die Immanenz in der Menschheit eine transzendente Dimension in einem Maß zeigen könnte, das den Transzendenten-Schöpfer-der-immanent-Ist ohne Verzerrung auf eine einzigartig neue, gesteigerte Weise enthüllen würde – d.h. daß in der Menschheit (in einem Menschen oder in Menschen) die Gegenwart des Schöpfergottes in einer ganz neuen Klarheit und Herrlichkeit enthüllt werden könnte. Wäre es nicht möglich, daß ein Mensch Gott so widerspiegelt, so ganz und gar offen für Gott ist, daß Gottes Gegenwart dem Rest der Menschheit auf eine neue, gesteigerte und unerwartete Weise offenbar würde? Wenn dem so wäre, könnte man dann nicht sagen, die Immanenz Gottes habe in einer solchen Person eine transzendente Dimension in einem solchen Maß demonstriert, daß die Beschreibung der Eigenart und Einzigartigkeit der Gegenwart Gottes in der und für die konkrete psychosomatische Einheit jener Person neue, nicht reduzierbare Vorstellungen und eine ebensolche Sprache erforderte und erfordert? Daß eine solche Frage sich überhaupt stellt, kann nur unsere Hoffnung stärken, wenigstens einen Zipfel des Schleiers zu lüften, unter dem das Geheimnis Gottes in einer Handlung oder einem Prozeß, den Gott innerhalb des Nexus der Geschichte von Personen in Gang gesetzt hat, verborgen ist.

Anmerkungen

Andere, in den Anmerkungen zitierte Schriften des Verfassers werden wie folgt abgekürzt:

SCE Science and the Christian Experiment, Oxford 1971
CWS Creation and the World of Science, Oxford 1979
IR Intimations of Reality. Critical Realism in Science and Religion, Notre Dame, Indiana 1984
PCBO An Introduction to the Physical Chemistry of Biological Organization, Oxford 1983, Taschenbuchausgabe mit ergänzenden Literaturhinweisen 1989
GNB God and the New Biology, London 1986

Die Abkürzung NDCT bezieht sich auf :

A New Dictionary of Christian Theology, hg. v. A. Richardson/J. Bowden, London 1983

Einleitung: Die Anliegen von Theologie und Wissenschaft

1 B. Martin/R. Pluck, Young People's Beliefs (General Synod of the Board of Education of the Church of England, 1977), S. 22, 24, 59.
2 Lesslie Newbigin, „Den Griechen eine Torheit". Das Evangelium und unsere westliche Kultur, Neukirchen-Vluyn 1989, *passim*.
3 Thomas Sprat, The History of the Royal Society of London for the Improving of Natural Knowledge, London ^{2}1702, S. 370–372.
4 Vgl. z.B. John Durant, Darwinism and Divinity. A century of debate, in: Darwinism and Divinity, hg. v. John Durant, Oxford 1985, S. 18–23, einschließlich der Literaturhinweise in diesem Beitrag.
5 Es ist nämlich behauptet worden, das jüdisch-christliche Milieu des westlichen Christentums habe aufgrund des Glaubens an die Kontingenz der Ordnung der natürlichen Welt zumindest günstige Rahmenbedingungen für die Entstehung der modernen Wissenschaft geboten – obwohl eine unmittelbare Kausalität weniger leicht festzustellen und jedenfalls nicht nachzuweisen ist. Für eine Kritik des weitverbreiteten Glaubens an diese vermeintliche kausale historische Verknüpfung vgl. Rolf Gruner, Science, Nature and Christianity, in: Journal of Theological Studies 26(1975)55–81.
6 Für eine genaue Erläuterung der Bedeutung dieses Begriffs (der manchmal irreführenderweise mit „Humanwissenschaften" übersetzt wird) und seiner Geschichte vgl. W. Pannenberg, Wissenschaftstheorie und Theologie, Frankfurt 1973, S. 74ff.
7 Was wir mit dem Begriff „Gott" meinen, wird erst später deutlich werden. Ich beziehe mich hier aber auf Erfahrungen, um die Ausdrucksweise Alister Hardys und des nach ihm benannten Forschungszentrums zu benutzen, des „Bewußtseins einer wohlwollenden unkörperlichen Macht, die teilweise oder ganz außerhalb des Individuums und weit größer als dieses zu sein scheint" (Alister Hardy, The Spiritual Nature of Man, Oxford 1979, S. 1). „Religiöse Erfahrung" erstreckt sich natürlich auf einen sehr viel größeren Bereich, wie ein Blick auf die Literatur desselben Zentrums zeigt.
8 John Passmore, Science and its Critics, London 1978, S. 57.
9 AaO., S. 96.
10 H. Harris, Rationality in Science, in: Scientific Explanations, hg. v. A.F. Heath, Oxford 1981, S. 40.

11 Wobei dieser Begriff hier im weitesten Sinn verstanden wird, vgl. Anm. 7.

12 Vgl. IR und die dort angeführten Belege; A.R. Peacocke, Science and theology today. A critical realist perspective, in: Religion and Intellectual Life 5(1988)45–58. Eine hilfreiche Darstellung des kritischen Realismus als einer Wissenschaftstheorie sowie eine Analyse und Apologie ihrer Bedeutung für die systematische Theologie hat W. van Huysten in seinem Werk: Theology and the Justification of Faith, Grand Rapids 1989, Kap. 9, vorgelegt. Vgl. a. Michael Banner, The Justification of Science and the Rationality of Religious Belief, Oxford 1990.

13 J. Leplin, Introduction, in: Ders. (Hg.), Scientific Realism, 1984, S. 1.

14 AaO., S. 2.

15 Ernan McMullin, The case for scientific realism, in: Leplin, Scientific Realism, S. 26.

16 AaO., S. 30.

17 Janet Martin Soskice, Metaphor and Religious Language, Oxford 1984, Kap. 7.

18 W.H. Newton-Smith, The Rationality of Science, London 1981, S. 164–174.

19 Soskice, Metaphor, S. 159.

20 Ian Barbour, Issues in Science and Religion, New York 1971, S. 158.

21 Vgl. IR, S. 30, für eine ausführlichere Diskussion und Quellen.

22 Vgl. o., Anm. 12.

23 Vgl. z.B. B.G. Mitchell, The Justification of Religious Belief, London 1973; D. Pailin, Can the theologian legitimately try to answer the question: Is the Christian faith true?, in: Expository Times 84(1973)321–329; J.R. Carnes, Axiomatics and Dogmatics (Christian Journals), Belfast 1982, Kap. 5 (seine Kriterien sind: Schlüssigkeit, Prägnanz, Angemessenheit und existentielle Relevanz – sie überschneiden sich mit den bereits genannten); und Banner, Justification of Science.

24 AaO.

25 Ich kann die Quelle nicht ausfindig machen.

26 Hans Küng, Paradigm change in theology, eine an der Universität Chicago 1981 gehalteneVorlesung; sie wurde in veränderter Form veröffentlicht in: Hans Küng/ David Tracy (Hg.), Das neue Paradigma von Theologie. Strukturen und Dimensionen, Zürich/Gütersloh 1986, S. 205–216. Vgl. H. Küng, Theologie im Aufbruch. Eine ökumenische Grundlegung, München/Zürich 1987, Kap. B II: „Paradigmenwechsel in Theologie und Naturwissenschaft“, in Verbindung mit S. 27f der vorliegenden Arbeit.

27 Vgl. D.C. MacIntosh, Experimental realism in religion, in: Ders. (Hg.), Religious Realism, New York 1931.

28 Ich kann an dieser Stelle nicht umhin, meine Überzeugung preiszugeben, daß das traditionelle Vertrauen der anglikanischen Glaubensgemeinschaft u.a. auf einen umsichtigen Gebrauch der Quellen von Schrift und Tradition im Licht der Vernunft, die sich auf Erfahrung stützt (der „dreibeinige Stuhl“), die geeignetste Möglichkeit bietet, einen vertretbaren und glaubwürdigen Ausdruck des christlichen Glaubens zu entwickeln. Ein solcher Ausdruck des Glaubens könnte die Christen vereinen und die Welt nach der Aufklärung, die „postmoderne“ Welt, von seiner Wahrheit überzeugen – d.h. davon, daß er eine authentische Beschreibung der Wirklichkeit (oder vielmehr *der* Wirklichkeit, die Gott in Christus durch den Heiligen Geist ist) darstellt. Das Flechten einer solchen dreifachen Schnur (Schrift, Tradition und auf Erfahrung beruhende Vernunft) in einer Kirche der Zukunft, in der Autorität gemeinsam, kollegial, ohne Zwang und wesentlich dialogisch ausgeübt wird, kann, wie ich meine, dem christlichen Glauben in einer Welt, deren Skepsis nicht ganz ungerechtfertigt ist, langfristig eine Zukunft eröffnen.

29 Vgl. Kap. 2–4.

30 John Bowker, Licensed Insanities, London 1987, S. 13.

31 Vgl. IR, S. 18–22, für Belege.

32 Vgl. IR; van Huysteen, Theology; Banner, Justification of Science; McMullin, The case for scientific realism.

33 A.R. Peacocke, Introduction, in: Ders. (Hg.), The Sciences and Theology in the

Twentieth Century, Stocksfield/London/Notre Dame 1981, S. IX–XVIII.

34 R. J. Russell, A critical appraisal of Peacocke's thought on religion and science, in: Religion and Intellectual Life 2(1985)48–58.

35 AaO., S. 50.

36 Ernan McMullin, Realism in theology and science. A response to Peacocke, in: Religion and Intellectual Life 2(1985)39–47.

37 Vgl. CWS, Kap. 1 und die Belege dort.

38 Vgl. a. GNB, Kap. 1, 2.

39 Vgl. a. Kap. 8 und 10.

40 Vgl. die hilfreiche Diskussion dieser Vorstellungen bei Eric T. Juengst, Response. Carving nature at the joints, in: Religion and Intellectual Life 5(1988)70–78.

41 Und im Hinblick auf die Person Jesu, des Christus.

42 Wenn sich die Theologie also auf das bezieht, was „Die-Transzendenz-in-der-Immanenz" ist, könnte ihr Verhältnis zu anderen Disziplinen dann nicht als das einer stark demokratisierten konstitutionellen Monarchin, ein bißchen wie die „Königin-im-Parlament" in der Verfassung Großbritanniens, betrachtet werden?

Kapitel 1: Einleitung

1 Herbert Butterfield, The Origins of Modern Science, London 1968, S. VII.

2 AaO., S. VIIf.

3 Einleitung, Anm. 10.

Kapitel 2: Was gibt es?

1 Stephen Hawking, The direction of time, in: New Scientist, Nr. 115, 9. Juli 1987, S. 46–49; Eine kurze Geschichte der Zeit. Die Suche nach der Urkraft des Universums, Hamburg 1996, S. 192.

2 Vgl. z.B. Hawking, Kurze Geschichte der Zeit, Anm. 1; Steven Weinberg, Die ersten drei Minuten. Der Ursprung des Universums, München 1992; Paul Davies, The Runaway Universe, London 1978; sowie die Erörterung in SCE, Kap. 2.

3 H.K. Schilling, The New Consciousness in Science and Religion, London 1973, S. 126.

4 Ich beziehe mich auf Bücher wie: Peter Atkins, Schöpfung ohne Schöpfer. Was war vor dem Urknall?, Hamburg 1991; Adam Ford, Universe: God, Man and Science, London 1986; sowie SCE, Kap. 2 und 3.

5 F.H.C. Crick, Of Molecules and Man, Seattle/London 1966, S. 10.

6 Vgl. GNB für eine eingehendere Diskussion dieses Themas.

7 James P. Crutchfield/J. Doyne Farmer/Norman H. Packard/Robert S. Shaw, Chaos, in: Scientific American, Dezember 1986, S. 38–49.

8 J.S. Bell, On the Einstein-Podolsky-Rosen-Paradox, in: Physics 1(1964)95–200; J.F. Clauser/A. Shimony, Bell's theorem; experimental tests and implications, in: Reports on Progress in Physics 41(1978)1981–1927; Bernard d'Espagnat, The Quantum Theory and reality, in: Scientific American, Nr. 241, November 1979, S. 128–140; Abner Shimony, The reality of the Quantum World, in: Scientific American, Nr. 258, Januar 1988, S. 46–53.

Kapitel 3: Was geht vor sich?

1 R. Harré, The Principles of Scientific Thinking, London 1970, Kap. 4.

2 Vgl. z.B. Henri Poincaré, Wissenschaft und Methode, Leipzig 1914, 56ff.

3 Michael Berry, Breaking the paradigms of classical physics from within, in: 1983 Cercy Symposion, Logique et theorie des catastrophes.

4 AaO.; James P. Crutchfield/J. Doyne Farmer/Norman H. Packard/Robert S. Shaw, Chaos, in: Scientific American, Dezember 1986, S. 38.

5 Vgl. Crutchfield u.a., Chaos; PCBO, Kap. 2, 4, 5; sowie Paul Davies, Prinzip Chaos. Die neue Ordnung des Kosmos, München 1990, Kap. 3–6; vgl. a. John Polkinghorne, Science and Creation, London 1988, Kap. 3.

6 So offenbaren die Diagramme, mit deren Hilfe die Mathematiker üblicherweise Veränderungen des Zustands eines Systems darstellen (Diagramme im Phasenraum), bei jeder Vergrößerung ständig komplexe Phänomene und Folgen von Zuständen. Mit anderen Worten: Sie sehen aus wie die Bilder, die „Fraktale“ veranschaulichen, mit denen Mandelbrot uns vertraut gemacht hat. Tatsächlich ist es mathematisch beweisbar, daß die Regionen im Phasenraum, zu denen die Systeme gravitieren (in gewöhnlicher Sprache ausgedrückt: die Zustände, zu denen sie tendieren), Fraktale sind, die nichtintegrale Dimensionen haben und bei stärker werdender Vergrößerung mehr Einzelheiten erkennen lassen. Die Linie, die den Zustand des Systems abbildet, krümmt sich ständig auf sich selbst zurück, wobei sie Zustände durchläuft, die früheren sehr nahekommen, aber nie mit ihnen identisch sind – wie Teig mit einem Tropfen Farbstoff darin, der von einem Bäcker geknetet wird. Solche Systeme besitzen etwas, das man provozierend einen „fremden Attraktor“ nennt, um es von gewöhnlicheren „Attraktoren“, den Punkten, Linien oder Regionen im Phasenraum, auf die nichtlineare Systeme sich in der Zeit zubewegen können, zu unterscheiden. Dieser „fraktale“ Charakter der mathematischen Darstellung dieser besonderen nichtlinearen Systeme stellt eine andere Art und Weise dar, ihre spezielle Eigenart einer überaus großen Sensibilität für die Werte ihrer jeweiligen Parameter auszudrücken, die dazu führt, daß Zustände, die sehr nahe beieinander liegen, mit der Zeit zu ganz verschiedenen Ergebnissen führen. Mit anderen Worten: Kleine Fluktuationen im System können sehr große Folgen haben (wie der „Schmetterlingseffekt“). Dies geht mit dem Verlust der Möglichkeit, Vorhersagen zu treffen, einher.

7 Vgl. u.a. Ilya Prigogine, Vom Sein zum Werden. Zeit und Komplexität in den Naturwissenschaften, München/Zürich [6]1992; Ilya Prigogine/Isabelle Stengers, Order Out of Chaos, London 1984; sowie PCBO, Kap.2.

8 Crutchfield u.a., Chaos, S. 48.

9 Donald T. Campbell, „Downward causation“ in hierarchically organised systems, in: F. J. Ayala/T. Dobzhansky (Hg.), Studies in the Philosophy of Biology. Reduction and Related Problems, London 1974, S. 179–186.

10 Roger W. Sperry, Naturwissenschaft und Wertentscheidung, München/Zürich 1985, Kap. 6.

11 Ein weiteres Beispiel aus dem Gebiet einer anderen Wissenschaft: Paul Davies (Prinzip Chaos. Die neue Ordnung des Kosmos, München 1990) hat als Beispiel für das, was er „absteigende Verursachung“ nennt, einen Computer angeführt, der darauf programmiert ist, seine eigenen Schaltkreise mit Hilfe eines von ihm selbst kontrollierten Roboters zu ändern. In diesem hypothetischen (aber ganz und gar nicht unmöglichen) System verursachen Veränderungen der Information, die in der Software des Computers (sie gilt gewöhnlich als die „höhere“ Ebene) verschlüsselt ist, absteigend Modifikationen in der Hardware des Computers (der „niedrigeren“ Ebene) – ein Beispiel für Software–Hardware–Feedback.

12 Michael A. Arbib/Mary B. Hesse, The Construction of Reality, Cambridge 1986, S. 64.

13 F.J. Ayala, Introduction, in: Ayala/Dobzhansky, Studies in the Philosophy of Biology, S. IX.

14 Arbib/Hesse, Construction of Reality, S. 65.

15 AaO., S. 66.

16 Sperry, Naturwissenschaft und Wertentscheidung, S. 117f., 121–127.

17 Arbib/Hesse, Construction of Reality, S. 64.

18 Vgl. PCBO, Kap. 5.

19 M. Eigen, The self-organization of matter and the evolution of biological macromolecules, in: Naturwissenschaften 58(1971)519.

20 F. Jacob, The Logic of Living Systems, London 1974, S. 13.
21 Campbell, „Downward causation“, S. 181f.
22 Elisabeth Vrba, Patterns in the fossil record and evolutionary processes, in: M.W. Ho/P.T. Saunders (Hg.), Beyond Darwinism, London 1984, S. 121.
23 Vgl. für weitere Belege und Diskussion aaO., S. 121f.
24 R.C. Lewontin, Gene, organism and environment, in: D.S. Bendall (Hg.), Evolution from Molecules to Men, Cambridge 1983, S. 273–285.
25 Sir Alister Hardy, The Living Stream, London 1985, S. 161ff., 189ff.
26 Abschnitt 2(b), oben.
27 D.M. Mackay, The interdependence of mind and brain, in: Neuroscience 5(1980)1389–1391.
28 J. Searle, Geist, Hirn und Wissenschaft. Die Reith Lectures 1984, Frankfurt a.M. ^{2}1989, S. 25.
29 Sperry, Naturwissenschaft und Wertentscheidung, S. 125–128; vgl. a. Donald Mackay, Interdependence of mind and brain, für kurze Stellungnahmen und vollständige Quellenangaben.
30 SCE, Kap. 2, 3; CWS, Kap. II; Holmes Rolston III, Science and Religion. A Critical Survey, New York 1987, Kap. 2, 3.
31 Die Beschreibung dieses Prozesses als „Natur, Zahn und Klaue blutgetränkt“ (ein Ausdruck, den Tennyson noch vor Darwins Theorie einer Evolution durch natürliche Auslese geprägt hat) ist eine Karikatur, denn die natürliche Auslese ist, wie viele Biologen (z.B. G.G. Simpson, Auf den Spuren des Lebens. Die Bedeutung der Evolution, Berlin-Dahlem 1957) gezeigt haben, nicht einmal im übertragenen Sinn das Ergebnis eines eigentlichen Kampfes. Zum Prozeß der natürlichen Auslese gehören viele Faktoren, einschließlich einer besseren Integration in die ökologische Umwelt, einer effizienteren Verwendung der verfügbaren Nahrung, einer besseren Fürsorge für den Nachwuchs, einer größeren Kooperation in der sozialen Organisation – und einer größeren Fähigkeit, tatsächlich auftretende „Kämpfe“ zu überleben (wobei zu berücksichtigen ist, daß es im Interesse aller Raubtiere liegt, daß ihre Beute als Spezies überlebt).
32 Für eine eingehendere Diskussion dieses Themas vgl. GNB, Anhang.
33 Abschnitt 2(b), oben.
34 R. Winkler/M. Eigen, Das Spiel. Naturgesetze steuern den Zufall, München/Zürich ^{9}1985.
35 Vgl. CWS, Kap. III; D.J. Bartholomew, God of Chance, London 1984; John Polkinghorne, Science and Creation, London 1988, Kap. 3, 4; Science and Providence, London 1989, Kap. 3.
36 J. Wicken, in: Journal of Theoretical Biology 72(1978)191–204; GNB, Anhang, S. 141f.
37 Karl Popper vor dem Weltkongreß für Philosophie im August 1988 in Brighton, nach einem Bericht in: The Guardian, 29. August 1988.
38 W. McCoy, in: Journal of Theoretical Biology 68(1977)457.
39 J. Maynard Smith, in: C.H. Waddington (Hg.), Towards a Theoretical Biology. 2 Sketches, Edinburgh 1969, S. 88f.
40 P.T. Saunders/M.W. Ho, in: Journal of Theoretical Biology 63(1976)375–384; 90(1981)515–530; W. McCoy, aaO.; C. Castrodeza, in: Journal of Theoretical Biology 71(1978)469–471.
41 Für eine eingehendere Diskussion vgl. GNB, Anhang, sowie PCBO, Kap. 6.
42 H.A. Simon, The architecture of complexity, in: Proceedings of the American Philosophical Society 106(1962)467–482.
43 Z.B. G.G. Simpson, Auf den Spuren des Lebens. Die Bedeutung der Evolution, Berlin-Dahlem 1957.
44 Holmes Rolston, aaO., hat dieses Charakteristikum der biologischen Evolution im Rahmen des von ihm so genannten „kruziformen Naturalismus“ herausgearbeitet (S. 289ff.). Er vertritt die Ansicht, daß das Empfindungsvermögen sich zusammen mit der Fähigkeit, die „Hilfen“ von den „Hindernissen“ in der Welt zu unterscheiden, entwickelt: Mit dem Empfindungsvermögen tritt auch Fürsorge

auf (S. 287). Mit dem Auftreten von Leben können Organismen Ereignisse als für das Leben förderlich oder gegen es gerichtet betrachten, und es erscheinen Werte und „Unwerte" – die Welt wird zu einer „Bühne der Bedeutungen", und die Natur kann unterschiedlich bewertet werden: als „feindlich", „indifferent" oder „gastlich" (S. 244). „Der Schritt, der die Dramatik steigert, steigert das Leiden" (S. 288). „Schmerz" ist jedoch „eine Kraft, die Energie verleiht", so daß „Schmerz dort, wo er in die Evolutionstheorie integriert werden kann, im statistischen Durchschnitt einen hohen Wert für das Überleben besitzen muß, da die Auslese zugunsten eines solchen Schmerzes und zuungunsten eines kontraproduktiven Schmerzes erfolgt" (S. 288). „Schmerzen ... treiben uns zum Handeln an", und „zu Fortschritt kommt es immer im Zusammenhang mit Problemlösungen, wobei die Möglichkeit der Verletzung ein zentrales Problem des empfindungsfähigen Lebens darstellt. Im Verlauf der Evolution der Fürsorge wird der Organismus sich seiner Bedürfnisse bewußt" (S. 288). „Das Leiden ist ein Schlüssel zum Ganzen, nicht an sich, als Zweck an sich, sondern als Prinzip der Transformation, das gegenteilig bewertet wird" (S. 288).

45 C. Isham, Creation of the universe as a quantum tunnelling process, in: R.J. Russell/W.R. Stoeger/G.V. Coyne (Hg.), Physics, Philosophy and Theology. A Common Quest for Understanding, Vatikanstadt 1988, S. 397.

46 J.B. Hartle/S.W. Hawking, in: Physical Reviews D28(1983)2960; vgl. Ishams Beitrag: Creation of the universe, sowie Stephen Hawking, Eine kurze Geschichte der Zeit. Die Suche nach der Urkraft des Universums, Hamburg 1996, Kap. 8.

47 Isham, Creation of the universe, S. 400.

48 Für eine ausführlichere Diskussion vgl. CWS, Kap. VIII, sowie J. Polkinghorne, Science and Creation, London 1988, S. 64ff.

49 Freeman Dyson, Disturbing the Universe, London 1981.

Kapitel 4: Wen gibt es?

1 Für weitere Beiträge vgl. SCE, S. 99–106; CWS, S. 72–74; sowie Holmes Rolston III, Science and Religion. A Critical Survey, New York 1987, Kap. 4, 5.

2 Für einen neueren Überblick über eine große Bandbreite von Auffassungen der menschlichen Person und der konstitutiven Elemente der Personalität, die Naturalismus, Reduktionismus, Existentialismus, Dualismus und Theismus auf unterschiedliche Weise miteinander verbinden, aus wissenschaftlicher, philosophischer und theologischer Perspektive vgl. Arthur Peacocke/Grant Gillett (Hg.), Persons and Personality, Oxford 1987; vgl. a. den meisterlichen Überblick von John Macquarrie, In Search of Humanity. A theological and philosophical approach, London 1982.

3 Für eine Erörterung dieser Gedanken über eine evolutionäre Erkenntnistheorie und ihre philosophische Tragweite vgl. Peter Munz, Our Knowledge of the Growth of Knowledge, London 1985.

4 Eine solche wechselseitig definierte Darstellung (a) des Verhältnisses von Bewußtsein und Gehirnfunktionen sowie (b) der Evolution des so definierten Bewußtseins mit Hilfe einer Schema-Theorie ist vor kurzem von Michael A. Arbib und Mary B. Hesse, The Construction of Reality, Cambridge 1986, S. 76f, vorgelegt worden. Ein „Schema" ist in dieser Theorie eine Einheit der Repräsentation der Wirklichkeit. „Sprache" wird als metaphorisch betrachtet; „sie hat ihre Bedeutung innerhalb der offenen Netze von Schemata derer, die an einem Diskurs teilnehmen" (S. 67).

5 Richard Tur, The „person" in law, in: Peacocke/Gillet, Persons and Personality, S. 116–129.

6 Konrad Lorenz, Die Rückseite des Spiegels. Versuch einer Naturgeschichte menschlichen Erkennens, München 1973, S. 155.

7 I.T. Ramsey, Human Personality, in: I. T. Ramsey/Ruth Porter (Hg.), Personality

and Science, Edinburgh/London 1971, S. 128.
8 John Barrow/Frank Tipler, The Anthropic Cosmological Principle, Oxford 1986, S. 16.
9 J.H. Crook, The Evolution of Human Consciousness, Oxford 1980, S. 35.
10 AaO., S. 36.
11 Lorenz, Rückseite des Spiegels, S. 15.

Kapitel 5: Welchen Sinn hat alles?

1 F. Hoyle, The Nature of the Universe, Oxford 1960, S. 103.
2 Vgl. PCBO, Kap. 6.
3 A. Einstein, Out of My Later Years, Westport, Conn. 1970, S. 61.
4 H.K. Schilling, The New Consciousness in Science and Religion, London 1973.
5 Victor Weisskopf, Das Wunder des Wissens. Von der Universalität der Naturwissenschaften, München/Wien/Basel 1964), S. 100.

Kapitel 6: Die Frage „Warum?“: Die Suche nach Sinn und Bedeutung

1 Einleitung, Abschnitt 3.
2 J.J. Shepherd, Experience, Inference and God, London 1975, S. 76.
3 M. K. Munitz, The Mystery of Existence, New York 1965.
4 Keith Ward, The Turn of the Tide, London 1986, Kap. 3.
5 Keith Ward, The Concept of God, Oxford 1974, S. 148.
6 Einleitung, Abschnitt 1.
7 Genauer gesagt: „notwendig für die Existenz empfindungsfähiger Entitäten“.

Kapitel 7: „Gott“ als Antwort auf die Suche nach Sinn und Bedeutung

1 Keith Ward, The Turn of the Tide, London 1986, S. 67.
2 Einleitung, Abschnitt 3.
3 Vgl. Einleitung, Anm. 23.
4 John R. Carnes, Axiomatics and Dogmatics, Belfast 1982, Kap. 5.
5 AaO.
6 AaO.
7 Richard Swinburne, The Coherence of Theism, Oxford 1977; Die Existenz Gottes, Stuttgart 1987; Faith and Reason, Oxford 1981; Ward, Turn of the Tide; Alvin Plantinga, Reason and belief in God, in: A. Plantinga/N. Wolsterstorff (Hg.), Faith and Rationality, Notre Dame, Indiana 1983, S. 16–93.
8 Anthony Kenny, The God of the Philosophers, Oxford 1979; J. L. Mackie, The Miracle of Theism, Oxford 1982.
9 Mackie, Miracle of Theism; Richard Swinburne, Mackie, induction, and God, in: Religious Studies 19(1983)385–391.
10 Swinburne, aaO., S. 385.
11 Swinburne, Die Existenz Gottes, Stuttgart 1987, S. 16f.
12 Hier und in den folgenden Sätzen folge ich den Formulierungen Swinburnes (aaO., S. 16f.), die mit Anführungszeichen gekennzeichnet sind.
13 Swinburne, Die Existenz Gottes, S. 16f., Anm. 1. In diesem Zusammenhang ziehe ich es vor, Gott als „personal“ oder als „wenigstens personal“, statt als „eine Person“ zu bezeichnen, denn die Benennung Gottes als „Person“ scheint mir eine größere Einsicht in das Geheimnis der letzten Wirklichkeit, die Gott ist, zu implizieren, als vertretbar ist. Es handelt sich um den Versuch, die Erfahrung von Gläubigen auszudrücken, daß Gott sich persönlich zu ihnen in Beziehung setzt und daß Gott „so etwas wie“ (vgl. das Zitat aus E. McMullin, Einleitung,

S. 12 mit Anm. 15) ein personales Subjekt in ihrem Leben und, wie noch behauptet werden wird, in der Welt ist. Die Sprache der Theologie ist, wie in der Einleitung betont wurde, zwangsläufig metaphorisch, so daß modifizierende Adjektive („wenigstens personal") und Adverbien („persönlich") nicht modifizierten Substantiven („eine Person") in meinen Augen vorzuziehen sind, wenn von Gott die Rede ist.

14 Swinburne, S. 117.
15 AaO., S. 118f.
16 Swinburne, Mackie, induction, and God, S. 385.
17 Swinburne, Existenz Gottes, S. 39.
18 Swinburne, Mackie, induction, and God, S. 391.
19 Thomas V. Morris (Hg.), The Concept of God, Oxford 1987.
20 AaO., S. 6f.
21 Believing in the Church – the Corporate Nature of Faith. A report by the Doctrine Commission of the Church of England, London 1981.
22 We Believe in God. A report by the Doctrine Commission of the Church of England, London 1987.

Kapitel 8: Der Gottesgedanke: Implikationen der wissenschaftlichen Perspektiven

1 Vgl. Kap. 10 für eine weitere Erörterung dieser Unterscheidung; vgl. a. den „zweipoligen" Gottesgedanken der Prozeßtheologie.
2 Kap. 7, Abschnitt 1.
3 Vgl. o., Teil I und die Belege dort; vgl. a. John Polkinghorne, One World, London 1986, S. 22ff., 44ff.
4 Kap. 2, Abschnitt 1 und 2.
5 Kap. 2, Abschnitt 4.
6 Kap. 2, Abschnitt 3.
7 Kap. 5, Anm. 1, 3.
8 Kap. 3, Abschnitt 1(d), 3(a).
9 Kap. 2, Abschnitt 1.
10 STh I, q 2 a 3.
11 Kap. 2, Abschnitt 1.
12 AaO.
13 Ich gebrauche hier und an anderen Stellen (mangels einer besseren Alternative) die traditionellen Pronomina, beabsichtige damit aber nicht, „weibliche" Aspekte Gottes auszuschließen.
14 Kap. 3, Abschnitt 3.
15 Dieses Kapitel, Abschnitt 2.
16 Kap. 7, Abschnitt 1.
17 Z.B. Richard Swinburne, Die Existenz Gottes, Stuttgart 1987, S. 16f. und *passim*.
18 Kap. 7, Abschnitt 2.
19 Kap. 4, Abschnitt 2.
20 P.W. Atkins, The Creation, Oxford/San Francicso 1981.
21 D.J. Bartholomew, God of Chance, London 1984, S. 64f.
22 H. Montefiore, The Probability of God, London 1985; John Polkinghorne, Science and Creation, London 1988.
23 Vgl. z.B. die Diskussion bei J. Leslie, How to draw conclusions from a fine-tuned universe, in: Physics, Philosophy and Theology. A common Quest for Understanding, Vatikanstadt 1988, S. 297–311; vgl. a. ders., Universe, London/New York 1989.
24 Montefiore, Probability of God; Polkinghorne, Science and Creation.
25 CWS, S. 67–72.
26 AaO., S. 70f.

27 Kap. 4, Abschnitt 1.
28 A.N. Whitehead, Wissenschaft und moderne Welt, Frankfurt a. M. 1988, S. 55.
29 John Durant, Is there a role for theology in an age of secular science?, in: J. Fennema/I. Paul (Hg.), One World. Changing Perpectives on Reality, Twente 1990, S. 161–172.
30 Kap. 4, Abschnitt 1, und CWS, S. 70f.
31 Vgl. Kap. 2, Abschnitt 3.
32 Ich folge hier CWS, S. 72f.
33 G.E. Pugh, The Biological Origins of Human Values, New York 1977; vgl. CWS, S. 154, Anm. 13, für weitere Einzelheiten.
34 Vgl. R. Trigg, The Shaping of Man, Oxford 1982.
35 Kap. 3.
36 Kap. 2, Abschnitt 2, und Kap. 3, Abschnitt 3(a).
37 Kap. 8, Abschnitt 1.
38 C. Darwin, Die Entstehung der Arten durch natürliche Zuchtwahl, Darmstadt [3]1988, S. 565.
39 Genesis 1,31.
40 CWS, S. 108–111.
41 M. Eigen/R. Winkler, The Laws of the Game, New York 1981/London 1982.
42 Kap. 3, Abschnitt 1.
43 Vgl. z.B. Ilya Prigogine/Isabelle Stengers, Order Out of Chaos, London 1984; sowie PCBO für weitere Belege.
44 Kap. 3, Abschnitt 2(a).
45 Vgl. Kap. 3, Abschnitt 1(b).
46 Kap. 3, Abschnitt 2(b).
47 Jacques Monod, Zufall und Notwendigkeit. Philosophische Fragen der modernen Biologie, München [9]1991.
48 Bartholomew, God of Chance.
49 A.R. Peacocke, Chance, potentiality, and God, in: The Modern Churchman 17(1973)13–23 und in: J. Lewis (Hg.), Beyond Chance and Necessity, 1974, S. 13–25; Chaos or cosmos, in: New Scientist 63(1974)386–389; CWS, Kap. 3.
50 CWS, S. 94.
51 Ilya Prigogine, Vom Sein zum Werden. Zeit und Komplexität in den Naturwissenschaften, München [6]1992; Prigogine/ Stengers, Order Out of Chaos. Für einige neuere Darstellungen der wissenschaftlichen Arbeit der Brüsseler Schule und ihrer Bedeutung vgl. GNB, Anhang über „Thermodynamics and Life“, S. 133–160, sowie PCBO, bes. Kap. 2.
52 Eigen/Winkler, Laws of the Game; M. Eigen/P. Schuster, The Hypercycle, Berlin 1979; vgl. a. PCBO, Kap. 5.
53 Richard Dawkins, The Blind Watchmaker, Harlow 1986.
54 CWS, S. 105f.
55 AaO., S. 108–111.
56 AaO., S. 95.
57 Bartholomew, God of Chance, S. 97.
58 AaO.
59 AaO., S. 98.
60 AaO.
61 AaO., S. 102.
62 Kap. 8, Abschnitt 1.
63 Kap. 3, Abschnitt 1 und 2.
64 Kap. 7, Abschnitt 1.
65 J. Moltmann, Der gekreuzigte Gott. Das Kreuz Christi als Grund und Kritik christlicher Theologie, München 1972; C. Hartshorne, The Divine Relativity, New Haven 1948, sowie ders., Creative Synthesis in Philosophical Method, London 1970; W. H. Vanstone, Love's Endeavour, Love's Expense, London 1977.
66 Bartholomew, God of Chance, S. 138. Für ihn (S. 139ff.) gehört zu den Dingen, von denen anzunehmen ist, daß ein kreativer Gott sie zu tun wünscht: in „den

Triebfedern des kreativen Denkens des menschlichen Geistes" zu wirken; an menschlichen Entscheidungen beteiligt, in sie einbezogen zu sein; in den Augenblicken zu handeln, in denen der Mensch Fehler macht oder zu machen droht; zugunsten der Versöhnung streitender Parteien zu wirken; seine Gegenwart in schwierigen Situationen spürbar werden zu lassen und vielleicht „in ganz besonderen Situationen" Zufälle zu produzieren. Sie alle betreffen das Problem der Eigenart der Interaktion Gottes mit der Welt und werden später diskutiert, jedoch nicht notwendigerweise akzeptiert werden müssen.

67 Dieses Kapitel, Abschnitt 1(g).

68 Vgl. Arthur Peacocke, Theology for a Scientific Age. Enlarged Edition, London 1993, S. 331.

69 Kap. 3, Abschnitt 3; CWS, S. 198–202, 213f., 229f.

70 Paul S. Fiddes, The Creative Suffering of God, Oxford 1988, S. 3 (Hervorhebung im Original).

71 AaO., S. 45 (vgl. a. Kap. 2 *passim*).

72 Ich spiele hier auf meine weitgehende Zustimmung zu John Hicks „irenäischer" Theodizee in bezug auf das „natürliche" Böse (vgl. An Irenaean theodicy, in: Stephen T. Davis [Hg.], Encountering Evil, Edinburgh 1981, S. 39–52; sowie sein früheres Werk: Evil and the God of Love, London 1966, bes. Kap. 15 und 16) und auf die Position an, die Brian Hebblethwaite, Evil, Suffering, and Religion, London 1976, Kap. 5: „Physical suffering and the nature of the physical world", skizziert.

73 Vgl. in diesem Kapitel, Abschnitt 1, *passim*.

74 Zu den Themen seiner Personalität und seiner Fähigkeit, in der Welt zu handeln, vgl. J.R. Lucas, A Treatise on Time and Space, London 1973, Kap. 55, 56; Nelson Pike, God and Timelessness, London 1970; Keith Ward, Rational Theology and the Creativity of God, Oxford 1982.

75 Vgl. Lucas, Treatise on Time and Space, Kap. 55, 56; Pike, God and Timelessness; Ward, Rational Theology; P.T. Geach, The future, in: New Blackfriars 54(1973)208.

76 Dieses Kap., Abschnitt 1(e), S. 108f.

77 Lucas, Treatise on Time and Space, Kap. 17, *passim*.

78 Ward, Rational Theology, S. 151f.

79 John Polkinghorne, Science and Providence, London 1989, S. 82.

80 AaO. Vgl. die Diskussion C.J. Ishams mit J. C. Polkinghorne über: „The Block Universe" in den Akten der Second Vatican Observatory Conference (1991) mit dem Titel: Quantum Cosmology and the Laws of Nature, hg. v. R.J. Russell/N. Murphy/C.J. Isham, Vatikanstadt/Notre Dame 1993. Da von einem bestimmten Ereignis keine Lichtsignale ausgehen können, ehe es innerhalb seines eigenen Bezugssystems stattgefunden hat, hat dieses Ereignis in einem gewissen Sinn eine universal benennbare Zukunft hinsichtlich aller anderen, einschließlich Gottes, Bezugsrahmen.

81 „Niemals also hat es eine Zeit gegeben, wo du nicht schon etwas geschaffen hattest, weil du ja die Zeit selbst geschaffen hast." Die Bekenntnisse des heiligen Augustinus. Nach der Übersetzung von O. Bachmann, Köln o.J., XI, 14.

82 Ward, Rational Theology, S. 160.

83 Vgl. die Diskussion in diesem Kapitel, S. 125f und oben, sowie Kap. 7, Abschn. 1.

84 H. K. Schilling, The New Consciousness in Science and Religion, London 1973, S. 126.

85 Vgl. R. Swinburne, The Coherence of Theism, Oxford 1977, S. 175, wo er ein Verständnis der Allwissenheit entwickelt, das besagt, nicht daß Gott alles weiß, sondern daß er alles weiß, was zu wissen logisch möglich ist. Er schlägt folgende Auffassung der Allwissenheit vor: „Eine Person *P* ist allwissend zu einer Zeit *t*, wenn und nur wenn sie von jeder wahren Behauptung über *t* oder eine frühere Zeit weiß, daß sie wahr ist, *und* wenn sie außerdem von jeder wahren Behauptung über eine Zeit nach *t*, der Art, daß das, was diese Behauptung aussagt, durch eine Ursache zum Zeitpunkt *t* oder früher physikalisch notwendig gemacht wurde, weiß,

daß sie wahr ist. Gemäß diesem Verständnis der Allwissenheit ist *P* allwissend, wenn sie alles weiß außer jenen zukünftigen Zuständen und ihren Konsequenzen, die nicht durch etwas in der Vergangenheit physikalisch notwendig gemacht wurden; und wenn sie weiß, daß sie um diese zukünftigen Zustände nicht weiß."

86 Vgl. o. Kap. 7, Abschnitt 1, wo die Formulierungen R. Swinburnes in: The Coherence of Theism und Die Existenz Gottes, Stuttgart 1987, S. 16f. wiedergegeben werden.

87 Für eine philosophisch gründlichere Darlegung eines Verständnisses des Verhältnisses Gottes zur Zeit, das dem im Text entwickelten sehr nahe kommt, vgl. Ward, Rational Theology, Kap. 7. Dieser Abschnitt des Textes verdankt viel den Arbeiten von Keith Ward und John Lucas.

88 Wie R. Swinburne u.a. geltend gemacht hat (vgl. The Coherence of Theism, S. 211–215).

89 We Believe in God. A report by the Doctrine Commission of the Church of England, London 1987, S. 160.

90 AaO., S. 159f.

91 Kap. 3, Abschnitt 3(b); Stephen Hawking, Eine kurze Geschichte der Zeit. Die Suche nach der Urkraft des Universums, Hamburg 1996, Kap. 8; J.B. Hartle/S.W. Hawking, Physical Reviews D28(1983)2960.

92 Hawking, Kurze Geschichte der Zeit, S. 171–173.

93 AaO., S. 173.

94 AaO., S. 173.

95 AaO., S. 217.

Kapitel 9: Gottes Interaktion in der Welt

1 Michael J. Langford, Providence, London 1981, S. 6.

2 John Macquarrie, Principles of Christian Theology, London 1966, S. 219.

3 Christoph Schwöbel, Divine agency and Providence, in: Modern Theology 3(1987)225–244, bes. S. 241.

4 AaO., S. 241.

5 Vernon White, The Fall of a Sparrow, Exeter 1985, S. 54f.

6 Langford, Providence, S. 41.

7 AaO., S. 42.

8 Thomas F. Tracy, God, Action and Embodiment, Grand Rapids 1984, S. XII.

9 AaO.

10 Langdon Gilkey, Cosmology, ontology, and the travail of Biblical language, in: Journal of Religion 41(1961)194–205; Neudruck in: Owen C. Thomas (Hg.), God's Activity in the World, Chico, Cal. 1983 (Seitenangaben beziehen sich auf diese Ausgabe), S. 37. Hervorhebung von mir.

11 AaO., S. 42f.

12 David Brown, The Divine Trinity, London 1985, S. 5, 33. In diesem Zusammenhang kann die Theologie durchaus von der philosophischen Diskussion über das Geist-Körper-Problem lernen. Dort sprechen einige Autoren (z.B. Donald Davidson, Mental events, in: L. Foster/J. W. Swanson [Hg.], Experience and Theory, [University of Massachusetts Press] 1970) davon, daß geistige Ereignisse die neuronalen Aktivitäten des Gehirns „ergänzen", statt in sie einzugreifen, womit gesagt werden soll, daß geistige Ereignisse nachweisbar zumindest einen kontrollierenden, lenkenden, überwachenden Einfluß auf Ereignisse im Gehirn haben, ohne daß sie auf diese reduziert werden könnten oder sie unterbrechen oder sprengen würden. Um Browns Position fair zu beurteilen, sollte man berücksichtigen, was er in der Einleitung (S. XV) zu „The Divine Trinity" sagt, nämlich daß es sein Ziel sei zu begründen, daß Intervention „Teil der normalen Muster des Handelns Gottes" ist. Er hat seine Position in der Folgezeit weiter verdeutlicht, und zwar in dem Aufsatz: God and Symbolic Action (in: B. Hebblethwaite/E. Henderson

[Hg.], Divine Action. Studies Inspired by the Philosophical Theology of Austin Farrer, Edinburgh 1990), in dem er einräumt, daß seine Position besser als „interaktionistisch“ bezeichnet werden könnte, denn sein Hauptanliegen besteht darin, Gott zumindest dieselbe Vollmacht und Würde des Handelns zuzuschreiben, die wir selbst für uns in unserem Verhältnis zu anderen in Anspruch nehmen.

13 William P. Alston, God's action in the world, in: Ernan McMullin (Hg.), Evolution and Creation, Notre Dame, Indiana 1985, S. 197–220.

14 AaO., S. 213f.

15 AaO., S. 217.

16 Weit von allem entfernt; vgl. a. Alston, aaO., S. 210–214.

17 David E. Jenkins, God, Miracle, and the Church of England, London 1987, S. 64.

18 AaO., S. 63f.

19 Schubert M. Ogden, The Reality of God and other Essays, New York 1963, Kap. VI: What sense does it make to say: „God Acts in History“?; Nachdruck in: O. C. Thomas, God's Activity, S. 77–100.

20 Gordon D. Kaufman, God the Problem, Cambridge, Mass. 1972.

21 Eine solche Kritik an Ogdens Position äußerten James Wm. McClendon, Can there be talk about God-and-the-world?, in: Harvard Theological Review 62(1969)33–49, und David H. Kelsey, Can God be an agent without a body?, in: Interpretation 27(1973)358–362. Ersterer bemerkt (Anm. 12), daß Ogden, „indem er die Unterscheidung zwischen ‚innen‘ und ‚außen‘ trifft, die die moderne Philosophie Descartes verdankt, einer Schar von Problemen die Tür öffnet“, und letzterer (S. 359), „daß Ogden eine dualistische Auffassung der ‚Person‘ zu haben scheint ... Diese scheint sich manchmal in einem Geist-Gehirn-Dualismus auszudrücken.“ Ähnliche Kritik ist an Kaufmans Position laut geworden, die als „Rest-Cartesianismus“ bezeichnet wurde (E. Michael McLain, On theological models, in: Harvard Theological Review 62(1969)155–187). Darauf hat Kaufman im Vorwort zu „God the Problem“ (Anm. 20) geantwortet.

22 Tracy, God, Action, and Embodiment, S. XVf.

23 Vgl. z.B. den erhellenden und fundierten Aufsatz von R. Ellis, „God“ and „Action“, in: Religious Studies 24(1989)463–482. (Ich bin Dr. Ellis und der Cambridge University Press dankbar für die Genehmigung, das folgende Zitat wiederzugeben.) Hilfreicherweise bestimmt Ellis fünfzehn Thesen über das menschliche Handeln, die sich aus der gegenwärtigen philosophischen Analyse ergeben, und zählt sie auf (S. 475f.). Er setzt diese – was für unsere gegenwärtige Fragestellung relevant ist –, dann analog zu dem Gedankens eines „Handelns“ Gottes in Beziehung. Da seine Analyse in der vorliegenden Erörterung vorausgesetzt wird, halte ich es für das beste, eine Zusammenfassung mit seinen eigenen Worten zu geben (S. 478–481; die römischen Ziffern in Klammern beziehen sich auf seine Numerierung der fünfzehn Thesen):

„... wenn von Gott ausgesagt werden soll, daß er im Vollsinn *handelt* ... sollte er (I) eine Intention in bezug auf einen bestimmten Zustand haben. Gottes Handeln (II) ist seine Intention in bezug auf ein bestimmtes Ereignis ... Gott kann (III) über seine Handlungen sehr viel rationaler und mit sehr viel mehr Weitsicht nachdenken. Gottes Intention bezieht sich (IV) auf die Zukunft, d.h. (XV) sie richtet sich auf einen ausdrücklich gewünschten Zustand; er intendiert dies, nicht jenes. Gott (V) ist sich seiner Intention bewußt, und (VI) Aussagen über seine Intentionen sind die Art, wie die Frage: „Warum?“, die im Hinblick auf manche Ereignisse gestellt wird, beantwortet wird. (VII) Alle von Gott intendierten Handlungen sind freiwillig ... Handlungen Gottes können ausschließlich dann vielleicht als unfreiwillig betrachtet werden, (a) wenn es Zustände in der Welt gibt, von denen Gott wünscht, sie wären nicht so, wie sie sind, und die er bei seinem Handeln „berücksichtigen“ muß ... (b) wenn in einer gegebenen Situation das beste, was Gott intendieren kann, noch immer unvermeidlich Zwietracht und Leiden mit sich bringt ...

Gott ist verantwortlich (X) für alle Ereignisse, die gemäß und als Folge seiner Intention auftreten. Eine solche Handlung ist *seine* Handlung ... Er ist außerdem

verantwortlich für Wirkungen, deren Auftreten zu verhindern man billigerweise von ihm hätte erwarten können, d.h. die nicht außerhalb seiner Kontrolle waren ... Wenn eine Handlung als eine Handlung Gottes gelten soll, muß er sie intendieren und sie zu dem machen, was sie ist.
... (XI) die Unterscheidung zwischen grundlegenden und komplexen Handlungen. Gottes grundlegende Handlung ist seine schlichte liebende Zuwendung zu seinen Geschöpfen, bei der er (obwohl dies nicht oft bewußt erkannt wird) seine Intention und seinen Einfluß anbieten kann. Auf diese grundlegende Weise handelt Gott zu jeder Zeit an allem, was existiert ... Dies ist der Inhalt eines großen Teils dessen, was wir über die Vorsehung sagen ... Aber Gott handelt auch auf komplexe Weise, was die Realisierung seiner Intention durch andere frei Handelnde einschließt ... Wir sprechen dann von einem „doppelten Handeln". Gott kann (XIV) durch das freie Handeln anderer hindurch handeln, und doch können wir noch immer sagen, daß eigentlich und hauptsächlich *er* dabei gehandelt hat ...
Wir müssen im Gedächtnis behalten, was über die Eigenart komplexer Handlungen gesagt wurde: Sie bringen eine größere Möglichkeit des Mißerfolgs mit sich (VIII, XIII) ...
... wenn wir eine Theorie des komplexen Handelns Gottes in der Geschichte, verbunden mit einer Vielfalt freier Handelnder, vertreten, dann scheint die Aufgabe unser Eingeständnis zu fordern, daß die Handlungen mit steigender Komplexität zugleich „riskanter" werden ... Es könnte sinnlos sein zu versuchen, eine Vorstellung des Handelns Gottes zu entwickeln, wenn wir dieses Handeln nicht als in anderen autonomen Handelnden wirksam auffassen ...
Gottes grundlegendes Handeln kann nicht fehlschlagen, aber seine komplexen Handlungen sind zwangsläufig unsicherer. Wir meinen also, daß „Handeln" sehr wohl den Gedanken eines möglichen Scheiterns einschließt ...
Gottes Ziel und Intentionen sind beständig, und er handelt immer (grundlegend) und versucht zu handeln (komplex) entsprechend seiner beständigen Liebe."

24 Richard Swinburne scheint eine ungewöhnliche Gestalt unter den zeitgenössischen Religionsphilosophen zu sein, insofern er eine dualistische Interpretation des Geist-Körper-Problems vertritt (in: The Evolution of the Soul, Oxford 1986, wo die „Seele" als eine eigene Entität, aber nicht als selbstverständlich unsterblich betrachtet wird), und dies wirkt sich ganz unmittelbar auf sein Verständnis des Handelns Gottes in der Welt aus.

25 D.J. Bartholomew, God of Chance, London 1984, S. 123; vgl. a. o., Kap. 3(b).

26 Thomas, God's Activity, S. 234f.

27 AaO., S. 235f.

28 Der Ansatz, der Darstellungen in wissenschaftlicher und theistischer Sprache einfach als zwei alternative Perspektiven betrachtet, die innerhalb ihrer jeweiligen „Sprachspiele" gleichermaßen gültig sind. Die Schwäche dieses Ansatzes liegt darin, daß man, wenn man sowohl wissenschaftliche als auch theologische Behauptungen kritisch-realistisch betrachtet, die Verbindung zwischen dem, was die zwei Sprachen über die eine tatsächliche, wirkliche Welt behaupten, nicht ignorieren kann.

29 Thomas, God's Activity, Kap. 14.

30 Daher wird hier kein allgemeiner Versuch gemacht, Autoren entsprechend ihrer verschiedenen Ansätze einzuordnen.

31 Vgl. oben, Anm. 19 und 20.

32 G.D. Kaufman, God the Problem, Cambridge, Mass. 1972.

33 Die Antwort von Prozeßtheologen auf die „Wie?"-Fragen C und E („Mit welcher Wirkung?" und „In welchem Maß?") ist eher Bestandteil ihrer Beschreibung der Ziele Gottes als ihrer Vorstellung der Art, wie Gott an tatsächlichen Prozessen beteiligt ist.

34 Maurice Wiles, Religious authority and divine action, in: Religious Studies 7(1971)1–12; Neudruck in Thomas, God's Activity, S. 181–194.

35 Tatsächlich distanziert Wiles (u., Anm. 37) sich von jenen, die die Welt als „ein geschlossenes, deterministisch geordnetes System" betrachten (God's Action in the

World, S. 65), ebenso wie von „extremen Dualisten" und ihrem „Verständnis der menschlichen Person" (S. 30). Er schreibt Gott analog „mentalistische" Eigenschaften wie „Intentionen" und „Zwecke" zu, die sich für ihn in Gottes einem, kontinuierlichen Schöpfungsakt manifestieren. Dennoch geht er nicht weiter auf die Art der Kausalität ein, die am Werk ist, wenn menschliche („mentalistische") Intentionen sich in der Form von Handlungen in einer physikalischen Welt manifestieren. Dies ist für die Plausibilität der Analogie zwischen dem Handeln Gottes und dem von Personen im Hinblick auf den Zusammenhang physikalischer Ereignisse in der Welt entscheidend. Darüber hinaus wird die Unvorhersehbarkeit vieler makroskopischer Systeme (vgl. Kap. 3, Abschnitt 1) von Wiles oder irgendeinem der anderen Autoren nicht berücksichtigt, obwohl einige von ihnen (wie es scheint) die Unbestimmtheit der physikalischen Welt auf der Ebene der Quanten erkennen.

36 Kaufman, God the Problem, S. 137.

37 Maurice Wiles, God's Action in the World, London 1986, S. 20, 28f., 93.

38 Austin Farrer, Faith and Speculation, London 1967.

39 Kaufman, Problem of God, Vorwort; Brian L. Hebblethwaite, Providence and divine action, in: Religious Studies 14(1978)223–236; David Galilee, The Remaking defended, in: Theology 78(1975)554f.

40 Farrer, Faith and Speculation, S. 159.

41 Brian Hebblethwaite nennt Farrers Analogie „das Paradox des doppelten Handelns: Die verborgene Hand Gottes läßt auf jeder Ebene der Komplexität in und durch die Interaktion jeder geschaffenen Energie das Geschöpf sich selbst schaffen und verwirklicht so die besonderen göttlichen Ziele in der Evolution des Menschen, in der Heilsgeschichte und im Leben der Menschen, die sich dem Willen Gottes öffnen und so einander Träger des Handelns Gottes werden" (Providence and divine action, S. 229, Anm. 39).

42 Farrer, Faith and Speculation, S. 66.

43 Maurice Wiles, Farrer's concept of divine agency, in: Theology 84(1981)248.

44 Langford, Providence, S. 76.

45 AaO.

46 AaO., S. 87.

47 AaO.

48 AaO., S. 89.

49 Vgl. a. in diesem Kapitel, Abschnitt 3b.

50 Langford, Providence, S. 90.

51 AaO.

52 White, Fall of a Sparrow, S. 108.

53 Vernon Whites (aaO., S. 104f.) und D.J. Bartholomews (God of Chance, S. 142) Rückgriff auf wenig gesicherte Behauptungen, daß es „psychokinetische" Phänomene gibt, kann nur als aus der Verzweiflung geboren, wenn nicht als eine gänzliche Verirrung beurteilt werden.

54 Vincent Brummer, What Are We Doing When We Pray?, London 1984.

55 AaO., S. 64.

56 Vgl. Kap. 3, Abschnitt 1.

57 Für eine Diskussion der irreduziblen Unvorhersagbarkeit nichtlinearer dynamischer Systeme auf der makroskopischen Ebene vgl. S. 57–60.

58 John Polkinghorne, Science and Providence, London 1989, S. 31.

59 John V. Taylor, The Go-between God, London 1972, S. 28.

60 Polkinghorne, Science and Providence, S. 31.

61 AaO., S. 32. Polkinghorne bezieht sich hier nicht auf die Zufälligkeit individueller *Quanten*-Ereignisse als der Basis für das göttliche Handeln in den „flexiblen Prozessen" makroskopischer Ereignisse – eine Vorstellung, die er, meiner Meinung nach zu Recht, ablehnt (aaO., S. 27). Die „kleinen Auslöser" (aaO., S. 32), die „große Wirkungen haben könnten" (aaO., S. 32) und die in seinen Augen der Ort des immanenten göttlichen Handelns sein könnten (vgl. die im Haupttext, S. 156f, zitierten Formulierungen), können nur Veränderungen (d.h. Fluktuatio-

nen) in kleinen Bereichen jener ursprünglichen Bedingungen sein, auf die die makroskopischen Ereignisse so sensibel reagieren (z.B. die Konzentration bestimmter Moleküle). Eine solche Veränderung solcher örtlich begrenzter Bedingungen durch Gott wäre eine Handlung innerhalb des Kausalzusammenhangs auf dieser Mikroebene. Dr. Polkinghorne hat mir jedoch mündlich mitgeteilt, daß ein solches „interventionistisches" Verständnis seiner Ausführungen eine Fehlinterpretation darstellen würde.

62 Zusammen mit Taylor und Polkinghorne möchte ich mit allem Nachdruck betonen, daß Gott kontinuierlich mit der Welt interagiert, um seine Ziele zu verwirklichen, bin aber gleichzeitig der Meinung, daß sein Einfluß auf die Ereignisse sich mit Hilfe eines kontinuierlichen Inputs absteigender Kausalität in die Welt als ganze geltend macht, und zwar auf eine Weise, die später in diesem Abschnitt näher erläutert wird. Ich stimme John Polkinghorne zu, daß man sich diesen „Input", der sich in meinen Augen auf das System als Ganzes richtet, am besten als einen Input von Information vorstellen kann, aber ich akzeptiere außerdem, daß ein solcher Input gewöhnlich mit einem Austausch von Energie einhergeht (wie wir gesehen haben, vertritt Hawking ebenfalls den Standpunkt, daß es keine Speicherung von Information ohne Energieverbrauch geben kann [Kap. 2, Abschnitt 1 mit Anm. 1]). Selbst „die Perle oben auf einem vertikalen, glatten, U-förmigen Draht" (Polkinghorne, Science and Providence, S. 32) kann nicht weniger als ein Quantum Energie benötigen, damit sie sich in die eine statt in die andere Richtung bewegt. Man kann dem Rätsel der „kausalen Verbindung" niemals ganz entfliehen! Obwohl der *Begriff* der Information von dem der Energie klar unterschieden werden kann, scheinen uns in der wirklichen Welt keine Informationstransfers zu begegnen, die keinen Austausch von Materie/Energie beinhalten, so klein relativ zur Größe des betreffenden Systems dieser auch sein mag.

63 Kap. 8, Abschnitt 2.

64 Zu den Gründen, warum die Mehrheit der Physiker die Existenz „verborgener Variabler", die den von der Quantentheorie gemachten Vorhersagen von Wahrscheinlichkeiten zugrunde liegen, durch die die Theorie deterministisch würde, ablehnt, vgl. J.C. Polkinghorne, The Quantum World, Harmondsworth 1986, Kap. 5 und 7. Vgl. auch unsere frühere Erörterung des göttlichen Wissens (Kap. 8, Abschnitt 2(c)) zu der Frage, was eine solche „Selbstbegrenzung" Gottes bedeuten könnte.

65 Kap. 3, Abschnitt 1.

66 Kap. 8, Abschnitt 2(c).

67 Kap. 3, Abschnitt 3(a).

68 Karl Popper, Vorlesung vor dem World Philosophy Congress in Brighton im August 1988; veröffentlicht in: The Guardian, 29. August 1988.

69 Bartholomew, God of Chance, S. 138.

70 Kap. 8, Abschnitt 2(b).

71 Kap. 3, Abschnitt 1 und 2.

72 Kap. 3, Abschnitt 1(d).

73 Kap. 3, Abschnitt 2(b).

74 Kap. 3, Abschnitt 2(c).

75 Z.B. der Verfasser der vorliegenden Arbeit in CWS, S. 45, 141, 201, 207, 352, wo diese Redeweise als „pan-*en*-theistisch" bezeichnet wird. Dieser Begriff wird folgendermaßen definiert (Oxford Dictionary of the Christian Church, 2. überarb. Aufl., hg. v. F.L. Cross/E.A. Livingstone, Oxford 1983, S. 1027): „Der Glaube, daß das Sein Gottes das ganze Universum einschließt und durchdringt, so daß jedes seiner Teile in Ihm existiert, daß aber (gegen den Pantheismus) das Sein Gottes mehr ist als das Universum und nicht in diesem aufgeht." Seit der Panentheismus durch K.C.F. Krause (1781–1832) definiert wurde, scheint er aus nicht unmittelbar einleuchtenden Gründen auf einige Mißbilligung gestoßen zu sein. In unserem Jahrhundert haben ihn vor allem die Prozeßtheologen aufgegriffen. Im Grundsatz scheint mir diese Vorstellung, wie sie in diesem Text und im Oxford Dictionary of the Christian Church definiert wird, überhaupt nicht von jenem

speziellen metaphysischen System abhängig und als hilfreiches räumliches Modell mit dem christlichen Theismus vollkommen vereinbar zu sein.

Ich zumindest gebrauche diesen Begriff so, daß er auf keine Weise impliziert (vgl. John Polkinghorne, Science and Creation, London 1988, S. 53), die Welt sei in irgendeinem Sinn ein *Teil* Gottes, d.h. sie sei ihrem Wesen nach wie Gott. Eine solche Auffassung würde in der Tat die fundamentale Verschiedenheit Gottes von allem von ihm Geschaffenen leugnen und implizieren, daß die Welt aus demselben Stoff oder derselben „Substanz" besteht wie Gott. Dies folgt jedoch nicht aus der Definition dieses Begriffs, die die Annahme einer ontologischen Differenz zwischen der Art des Seins Gottes und des Seins der Welt ermöglicht, während sie zugleich zwei entscheidende Merkmale der Beziehung zwischen Gott und der Welt betont: die Zugänglichkeit alles Seienden für Gott und Gottes letzte ontologische „Jenseitigkeit", die in diesem Modell mit Hilfe einer räumlichen Metapher ausgedrückt wird. Wegen der Mißverständnisse, die mit dem Wort „Pan-en-theismus" verbunden sind, werde ich den Gebrauch dieses Begriffs, nicht aber die damit bezeichnete Vorstellung im Sinne der obigen Definition, weitgehend vermeiden.

In seinem Buch: God and the Processes of Reality, London/New York 1989, Kap. 5, bietet David Pailin eine hilfreiche Erläuterung des Gedankens des „Panentheismus", wobei er sich in erster Linie auf die Ausführungen Charles Hartshornes stützt. Beide setzen ihn dem „klassischen Pantheismus" und dem „klassischen geschlossenen Theismus" entgegen. Für den klassischen Pantheismus „ist das göttliche Wesen durch die Summe alles Wirklichen konstituiert" (aaO., S. 77), das Göttliche verhält sich gegenüber allen Ereignissen in der Welt vollkommen rezeptiv; zudem wird „Gottes echte Unabhängigkeit von der Welt geleugnet" (S. 77). Für den klassischen Theismus besitzen „Gott und die Bestandteile der Welt jeweils ihr eigenes Maß an Autonomie, und das Wesen des Göttlichen ist so beschaffen, daß zwischen beiden keine nennenswerte Gegenseitigkeit möglich ist" (S. 78); er leugnet jegliche Abhängigkeit Gottes von der Welt. Der Gott des „klassischen Theismus" ist gemäß der Beschreibung Hartshornes und Pailins notwendig, absolut und vollkommen – wie der Gott einiger Philosophen. Keiner dieser Theismen entspricht dem Gott des christlichen Glaubens, wie wir bereits angedeutet haben (Kap. 7, Abschnitt 2, und Kap. 8), und wie die genannten Theologen möchte ich daran festhalten, daß Gott von der Welt kausal unabhängig ist, daß die Welt ein abgeleitetes Dasein hat und daher von Gott abhängig ist *und* daß Gott kontinuierlich mit in der Welt interagiert. Folglich ist „der Panentheismus keine neue Position, sondern eine neue Wertschätzung der eigentümlichen gedanklichen Struktur einer wichtigen Tradition des Glaubens an Gott" (S. 81). Der Fachausdruck „Panentheismus" für den christlichen Theismus, so problematisch er auch ist, drückt doch zumindest offen das Anliegen aus, den Zusammenhang von Transzendenz und Immanenz Gottes im Verhältnis zur Welt zu wahren. Darüber hinaus betrachten Pailin und Hartshorne ihren „zweipoligen Panentheismus als „eine Auffassung Gottes als ewig-zeitliches Bewußtsein, das die Welt kennt und sie in sich einschließt" (S. 84).

Einige oder alle diese Eigenschaften sind Gott auch von anderen Autoren zugeschrieben worden (z.B. von R. Swinburne; vgl. Kap. 7, Abschnitt 1), wohlgemerkt mit Argumenten, die mit der Metaphysik des „Prozeßdenkens", mit dem der Begriff „Panentheismus" leider allzu eng verknüpft worden ist, nichts zu tun haben. In meinen Augen neigt die Prozeßtheologie dazu, die *totale* Rezeptivität Gottes gegenüber allen Ereignissen in der Welt in einer Weise überzubetonen, die Gott wenig Unterscheidungsvermögen zuzuschreiben scheint. Wenn ich in der Vergangenheit den Begriff „Panentheismus" gebraucht habe, wollte ich damit weder eine ebenso unmittelbare Beteiligung Gottes an allen Ereignissen behaupten, noch wollte ich andeuten, daß Gott von allen Ereignissen in gleicher Weise und im selben Sinn betroffen ist – was häufig eine Implikation der Prozeßtheologie zu sein scheint.

76 Apg 17,28.

77 Die Bekenntnisse des heiligen Augustinus. Nach der Übersetzung von O. Bach-

mann, Köln o.J., VII, 5.

78 Vgl. u.a. C. Blakemore, The Mechanics of the Mind, Cambridge 1976, die Aufsätze, die in der Publikation des Scientific American: The Brain, San Francisco/Oxford 1979, gesammelt sind, sowie die umfassende Information in Richard L. Gregory, The Oxford Companion to the Mind, Oxford 1987.

79 Vgl. das bereits genannte Zitat von I.T. Ramsey, einem christlichen Religionsphilosophen, Kap. 4, Abschnitt 1 mit Anm. 7.

80 A.R. Peacocke, CWS, S. 119–122, 128–131; ders., A Christian materialism?, in: M. Shafto (Hg.), How We Know, San Francisco 1985, S. 146–168.

81 AaO., S. 147–149, 163f.

82 Kap. 3, Abschnitt 2(c).

83 S. 68.

84 Dieses Kapitel, Abschnitt 4, sowie C. Wassermann/R. Kirby/B. Rordorff (Hg.), The Science and Theology of Information (Akten der Dritten Europäischen Konferenz über Wissenschaft und Theologie in Genf 1990), Genf 1992.

85 Kaufman, God the Problem; Wiles, God's Action in the World.

86 Hugh Montefiore, The Probability of God, Oxford 1985, S. 98.

87 Z.B. in CWS, S. 104ff., 210, *passim*.

88 In GNB, S. 97ff.

89 Diese Antwort erscheint David Pailin, God and the Processes of Reality, London/New York 1989, jedoch nicht als zufriedenstellend. Er argumentiert, daß eine Betonung der den Naturprozessen innewohnenden Kreativität noch immer nicht die Implikation vermeiden kann, „daß Gott zwar die Möglichkeiten der Elemente jenes [Evolutions-]Prozesses ursprünglich begründet hat, *dieser sich aber automatisch entwickelt* … die göttliche Kreativität so zu verstehen, legt die Vorstellung nahe, daß Gott keinen Einfluß darauf ausübt, welche Daseinsformen genau sich innerhalb der natürlichen Ordnung entwickeln … So scheint Gott weder einen direkten, noch auch nur einen indirekten Einfluß darauf zu besitzen, was geschieht – bis vielleicht zu dem Zeitpunkt, an dem Menschen … in Erscheinung treten (S. 136; Hervorhebung von mir).

Wenn aber, wie ich es hier vertrete, Gott mit dem gesamten System der Welt durch einen absteigenden kausalen Einfluß auf das Ganze interagiert, dann wäre dies (a) für uns nur aufgrund der Aktualisierungen der Möglichkeiten der grundlegenden Entitäten des Universums und der natürlichen Prozesse, die sie durchlaufen, wie sie sich in ihrer inhärenten Tendenz hin zu Komplexität, Sensibilität und Offenheit (und so zu Bewußtsein und Freiheit) manifestieren, erkennbar; und (b) könnte dies gleichzeitig das Mittel sein, mit dessen Hilfe Gott seine Ziele erreicht, indem er Ereignisse auf besondere Konkretisierungen eben dieser Möglichkeiten hin und als besondere Manifestationen ihrer inhärenten Tendenzen steuert – und doch gäbe es keinerlei „Eingreifen Gottes", das auf einer Ebene unterhalb der des Ganzen, d.h. auf irgendeiner der niedrigeren Ebenen, die von den jeweiligen Einzelwissenschaften analysiert werden, auftreten würde.

Ich meine, daß diese Interpretation der kontinuierlichen Interaktion Gottes mit der Welt als ganzer im Sinne einer absteigenden Kausalität eine schlüssige Möglichkeit bietet, eine starke Betonung der Immanenz Gottes in der Welt mit der Transzendenz Gottes gegenüber der Welt und ihren Prozessen zu verbinden. Bereits früher (in CWS und GNB) habe ich darauf hingewiesen, daß die Wahrung des Zusammenhangs zwischen beiden die Voraussetzung für eine zufriedenstellende Beschreibung des Verhältnisses Gottes zur Welt darstellt. Diese Verbindung des Gedankens der Immanenz mit dem der absteigenden Kausalität (und mit den anderen im Haupttext dargelegten Überlegungen) scheint mir mit der Fähigkeit der Naturwissenschaften, die Prozesse der natürlichen Welt auf vielen der Beobachtung zugänglichen Ebenen zu interpretieren, besser vereinbar zu sein als das Postulat der Prozeßtheologie, es gebe irgendeinen unmittelbaren göttlichen Einfluß auf *jedes* einzelne Naturereignis (der oft eine „Lockung" genannt wird, als hätten alle Ereignisse geistige Elemente).

Gemäß der hier vertretenen Auffassung kann Gottes allgemeine Interaktion mit der Welt als ganzer bestimmte Folgen haben, wenn Gott sie entsprechend seinen allgemeinen Zielen in bezug auf das Universum und seine Geschöpfe will, aber dies muß nicht der Fall sein. Dabei kommt es nicht zu einer Intervention (oder, in der Sprache der Prozeßtheologie, einer „Zielsetzung" oder „Lockung") auf der Ebene innerhalb des ganzen Systems natürlicher Prozesse, auf der das bestimmte, zu beeinflussende Ereignis auftritt.

90 Vgl. o., S. 148.

91 Vgl. o., Anm. 62.

92 David Galilee/Brian Hebblethwaite, Farrer's concept of double agency. A reply, in: Theology 35(1982)7–10.

93 AaO., S. 9.

94 AaO.

95 Kap. 8, Abschnitt 1 und 2.

96 John Macquarrie, God and the World, in: Theology 75(1972)394–403.

97 AaO., S. 394.

98 AaO., S. 394f.

99 Vgl. Sallie McFague, Models of God, London 1987, S. 63ff. Für McFague verdienen die monarchischen Modelle wegen ihrer patriarchalischen Assoziationen keine Berücksichtigung. Der Verzicht auf diese Modelle ist in meinen Augen jedoch ungerechtfertigt, denn sie zeugen von einem Bewußtsein der personalen Transzendenz Gottes gegenüber der Welt, das wesentlich zum Gottesgedanken gehört, auch wenn jede falsche Vorstellung einer „Männlichkeit" der Gottheit ganz zu Recht ausgemerzt wird.

100 We Believe in God. A report by the Doctrine Commission of the Church of England, London 1987, S. 148ff.

101 AaO., S. 149.

102 AaO.

103 McFague, Models of God, *passim*.

104 Z.B. der Verfasser in CWS (S. 141ff.), wo ich darauf hinweise, daß, wenn die Welt in einem gewissen Sinn „in" Gott ist (eine räumliche Metapher), Gott „mehr als" die Welt und Schöpfer *der* Welt ist, eine naheliegende Analogie die einer Mutter ist, die ihr Kind in sich trägt, wobei diese Analogie offensichtlich ein einschränkendes („ist nicht") Merkmal hat, nämlich daß Gott die Quelle des Seins dessen, was Gott innerhalb „ihrer" selbst erschafft, bildet, wohingegen die menschliche Mutter nicht die *Schöpferin* des wachsenden Embryos, den sie in sich trägt, ist.

105 We Believe in God, S. 154.

106 Für ausführlichere Darstellungen vgl. IR (Kap. 1) sowie A.R. Peacocke, Science and theology today. A critical realist perspective, in: Religion and Intellectual Life 5(1988)45–58 und die Belege dort; weiterhin Janet Martin Soskice, Metaphor and Religious Language, Oxford 1985, und McFague, Models of God.

107 McFague, Models of God, S. 69–78; Grace Jantzen, God's World, God's Body, London 1984.

108 Nach Julius Lipner könnte dies außerdem, nimmt man es ernst, für den Dialog zwischen Christentum und Hinduismus sehr wertvoll sein, und zwar im Licht der Theologie Ramanujas, eines tamilischen Brahmanen, der im elften oder zwölften Jahrhundert (n. Chr.) gelebt hat (J.J. Lipner, The world as God's „body". In pursuit of dialogue with Ramanuja, in: Religious Studies 20[1984]145–161.

109 Unser Hauptaugenmerk gilt hier den Modellen, die das *kreative* Handeln Gottes in der Welt ausdrücken, aber natürlich ist die Bandbreite von Metaphern, die Gottes allgemeines Handeln in der Welt artikulieren, damit nicht ausgeschöpft. I.T. Ramsey z.B. zeigt in seinem Buch: Models for Divine Activity, London 1973, wie „Geist" (= „Wind" oder „Atem") sich in der jüdisch-christlichen Tradition als Modell für Gottes Handeln entwickelt hat. „*Geist ist ein Substantiv*, dessen logische Tradition eigentlich die eines Verbs ist: *aktiv sein, der aktive Gott*. Es benennt ein Werden, nicht ein *Sein*" (S. 14). Ramsey zeigt außerdem, daß das Modell der „Ökonomie" (mit seinen Bedeutungen: Verwaltung, Vorsorge für Bedürf-

nisse und Disziplin) einst unter christlichen Theologen als Modell für Gottes Handeln weit verbreitet war, dann aber außer Gebrauch kam. Schließlich entwickelt er das Modell der Ubiquität oder Allgegenwart Gottes, das mit der Rede von Gottes nicht personaler oder personaler Gegenwart an einem bestimmten Ort gegeben ist. Die letztere Konnotation, die der personalen Gegenwart Gottes, ist von M. Wiles, Faith and the Mystery of God, Oxford 1982, S. 122ff., verwandt worden, um Gottes Handeln in der Welt im Verhältnis zum Gebet und zu dem Begriff des „Geistes" und, darin G.W.H. Lampe, God as Spirit, Oxford 1977, folgend, im Verhältnis zur Inkarnation auszudrücken.

110 Macquarrie, Principles, S. 200–209.

111 AaO.

112 Stephen Hobhouse, The Selected Mystical Writings of William Law, Oxford 1938, S. 250.

113 Aus William Law, An Appeal (1740), zit. n. Hobhouse, Selected Mystical Writings, S. 36.

114 Macquarrie, Principles, S. 200–209.

115 Z.B. Macquarrie, Principles, S. 202. In neuerer Zeit ist dieses Modell als hilfreich und weiterführend in We Believe in God, Nr. 77, S. 151ff., aufgegriffen worden.

116 Dorothy L. Sayers, Homo Creator. Eine trinitarische Exegese des künstlerischen Schaffens, Düsseldorf 1953, S. 46.

117 AaO., S. 140.

118 AaO., S. 53f. Sie betont, daß „Idee" in diesem Zitat nicht im traditionellen philosophischen Sinn gebraucht wird, sondern in dem Sinn, in dem es ein Schriftsteller verwendet, wenn er sagt: „Ich habe eine Idee für ein Buch"; ähnlich werden „Formkraft" und „Geist" in ihrem alltäglichen, nicht physikalischen Sinn verwendet.

119 AaO., S. 69f.

120 Austin Farrer, A Science of God?, London 1966, S. 76.

121 Wiles, God's Action, S. 37; vgl. a. die Diskussion des Entwurfs von Wiles bei John Polkinghorne, Science and Providence, London 1989, S. 84.

122 We Believe in God, S. 151.

123 Sayers, Mind of the Maker, S. 74–76.

124 Zitiert von Karl Popper in seiner „intellektuellen Autobiographie", Unended Quest, London 1976, S. 59; vgl. S. 206, Anm. 59, für Einzelheiten.

125 AaO.

126 Vgl. CWS, S. 82–84.

127 Kap. 3, Abschnitt 3(a).

128 Vgl. CWS, S. 105f.

129 Dieser und der vorherige Absatz lehnen sich eng an IR, S. 72f., an.

130 Das faszinierende Wesen der Musik hat auch Colin Gunton Vorstellungen erschlossen, die für die Interpretation der christlichen Inkarnationslehre hilfreich sind (vgl. Yesterday and Today. A Study of Continuities in Christology, London 1983, S. 115ff.); und es hat sich für M. Eigen und R. Winkler als reiche Fundgrube bei der Erklärung von Aspekten der modernen Biologie und anderer Wissenschaften (Laws of the Game, New York 1981/London 1982) ebenso wie vieler ansonsten verblüffender Merkmale der von der modernen Physik entwickelten Vorstellungen der Welt erwiesen (vgl. a. A.R. Peacocke, The theory of relativity and our world view, in: M. Goldsmith/A. Mackay/J. Woudhuysen [Hg.], Einstein. The First Hundred Years, Oxford/London 1980, bes. S. 87–89, wo auf die Verwendung von Bildern aus der Welt der Musik durch M. Capek, The Philosophical Impact of Contemporary Physics, Princeton 1961, S. 371ff., hingewiesen wird).

131 T.S. Eliot, The Dry Salvages, in: The Four Quartets, 11.210–12.

132 Für eine frühere Erläuterung dieses Vorschlags vgl. SCE, S. 194–196, sowie CWS, Kap. 7, bes. S. 304–311.

133 Ich schulde Sir David Lumsden Dank für seine hilfreichen Beiträge zu meinen in diesem Absatz, ja in diesem ganzen Abschnitt über musikalische Kreativität entwickelten Gedanken.

134 Einige der in diesem Abschnitt dargelegten Ideen wurden ursprünglich in CWS vorgestellt.
135 Psalm 33,6.
136 Vgl. Kap. 3, Abschnitt 2; Kap. 9, Abschnitt 2(b), (c).
137 John Macquarrie, God and the world: one reality or two?", in: Theology 75(1972)394–403.
138 AaO., S. 400f.
139 AaO., S. 401.
140 Kap. 3, Abschnitt 1.
141 C.E. Raven, Natural Religion and Christian Theology. Gifford Lectures, Reihe 2, 1952: Experience and Interpretation, Cambridge 1953, II, S. 157.
142 Vgl. CWS, S. 208f.
143 Grace M. Jantzen, God's World, God's Body, London 1984, S. 98.
144 Kap. 8, Abschnitt 2(c).
145 Vgl. o., S. 138.
146 Langford, Providence, S. 13–24; Macquarrie, Principles, Kap. XI.
147 Langford, Providence, S. 17.
148 AaO., S. 18.
149 AaO., S. 19.
150 Dieses Kapitel, Abschnitt 1.

Kapitel 10: Resümee

1 John Macquarrie, Principles of Christian Theology, London 1966, S. 101.
2 „Sein-läßt", im Sprachgebrauch Macquarries, aaO.
3 Für eine interessante Darstellung und Analyse dieser Begriffe im Zusammenhang der Theologie von Charles Hartshorne und Karl Barth vgl. Colin E. Gunton, Being and Becoming, Oxford 1978. [Für Karl Barth vgl. auf Deutsch auch: E. Jüngel, Gottes Sein ist im Werden. Verantwortliche Rede vom Sein Gottes bei Karl Barth. Eine Paraphrase, Tübingen ^{3}1976; Anm. d. Red.]
4 Vgl. David Pailin, God and the Processes of Reality, London/New York 1989, bes. Kap. 7. Pailin vertritt einen strengeren als den hier eingenommenen Standpunkt, nämlich daß Gott *notwendig* schöpferisch ist: „... ‚Wenn Gott, dann Schöpfer' scheint eine notwendige Folgerung zu sein (denn ein Wesen, das nicht der schöpferische Grund aller Wirklichkeit wäre, würde der Definition dessen, was es bedeutet, ‚Gott' zu sein, nicht entsprechen); und ‚Wenn Schöpfer, dann immer und überall an den Ereignissen beteiligt', scheint eine plausible Implikation zu sein (denn ein Gott, der den Schöpfungsprozeß in Gang setzte und die Schöpfung dann achtlos sich selbst überließe ... verdiente es wohl kaum, verehrt zu werden) ... Wenn man die Möglichkeit einer sinnvollen Rede von Gott als Schöpfer in Zweifel zieht, dann zieht man zugleich den Sinn des theistischen Denkens in Zweifel" (S. 123). Da das Göttliche als personal betrachtet wird, muß angenommen werden, daß es zu dem, was nicht Gott selbst ist, in Beziehung steht, weil Personalität nur in Beziehung zu anderen möglich ist. Ähnlich kann man geltend machen, daß Gott als der höchste Wert als liebend betrachtet werden muß ... und daß die Liebe Objekte erfordert, auf die sie sich richtet ... Es gibt kein schlüssiges Verständnis Gottes ohne eine Welt, folglich muß Gott als notwendig schöpferisch gelten" (S. 126).
5 A. Louth, The Origin of the Christian Mystical Tradition, Oxford 1981, S. 91, zitiert Gregor von Nyssa: „... denn er ist seinem Wesen nach unsichtbar, wird aber in seinen Energien sichtbar, denn er kann in den Dingen, die ihm anvertraut sind, betrachtet werden" (Hom. VI, 12690, nach H. Graefs Übersetzung). Louth weist im folgenden darauf hin, daß für Gregor von Nyssa Gott zu kennen bedeutet, ihn zu besitzen, und nicht, über ihn informiert zu sein. Die Seele ist ein Spiegel, der das Bild Gottes widerspiegelt, und sie betrachtet Gott daher, indem sie das Bild

Gottes, das sie in sich selbst trägt, betrachtet. „In dem Dunkel des Nichtwissens betrachtet die Seele Gott in dem Spiegel, der sie selbst ist.“ (Louth, aaO.)

6 Nach Rowan Williams, The Wound of Knowledge, London 1979, S. 54f.

7 AaO., S. 54.

8 Vgl. CWS, S. 131ff.

9 Vgl. CWS, S. 212f.